古典文獻研究輯刊

三七編

潘美月・杜潔祥 主編

第 1 冊

《三七編》總目

編 輯 部 編

四庫文獻要籍敍錄（上）

張 曉 芝 著

國家圖書館出版品預行編目資料

四庫文獻要籍敘錄（上）／張曉芝 著 -- 初版 -- 新北市：花
木蘭文化事業有限公司，2023〔民 112〕
序 4+ 目 8+228 面；19×26 公分
（古典文獻研究輯刊 三七編；第 1 冊）
ISBN 978-626-344-464-5（精裝）
1.CST：四庫全書 2.CST：四庫學 3.CST：文獻學
4.CST：研究考訂
011.08   112010501

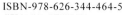
ISBN-978-626-344-464-5

9 786263 444645

古典文獻研究輯刊
三七編 第 一 冊   ISBN：978-626-344-464-5

四庫文獻要籍敘錄（上）

作　　者　張曉芝
主　　編　潘美月、杜潔祥
總 編 輯　杜潔祥
副總編輯　楊嘉樂
編輯主任　許郁翎
編　　輯　張雅淋、潘玟靜　美術編輯　陳逸婷
出　　版　花木蘭文化事業有限公司
發 行 人　高小娟
聯絡地址　235 新北市中和區中安街七二號十三樓
　　　　　電話：02-2923-1455／傳真：02-2923-1452
網　　址　http://www.huamulan.tw 信箱 service@huamulans.com
印　　刷　普羅文化出版廣告事業
初　　版　2023 年 9 月
定　　價　三七編 58 冊（精裝）新台幣 150,000 元　　版權所有·請勿翻印

《三七編》總目

編輯部　編

《古典文獻研究輯刊》三七編　書目

《古典文獻研究輯刊》三七編
各書作者簡介・提要・目次

第一、二冊　四庫文獻要籍敍錄

作者簡介

　　張曉芝，文學博士，四川外國語大學副教授，中國古代文學專業碩士生導師，南開大學文學院博士後。四川外國語大學「嘉陵青年學者」，重慶市「巴渝學者・青年學者」。兼任重慶市古代文學學會秘書長、《貴州文史叢刊》特約研究員。主要從事中國古代文學研究，近年來研究領域為「四庫學」「總目學」。在《光明日報（理論版）》《讀書》等刊物發表論文 30 餘篇。主持國家社科基金項目，教育部哲學社會科學研究後期資助項目，博士後面上基金項目等 10 餘項。獨立出版學術專著 3 部，合作出版著作 2 部，主編教材 1 部。與何宗美先生合著《〈四庫全書總目〉的官學約束與學術缺失》一書，2016 年入選國家哲學社會科學成果文庫，2020 年獲教育部第八屆高等學校科學研究優秀成果獎（人文社會科學）二等獎。

提　要

　　「四庫文獻要籍敍錄」是給研究生介紹「四庫學」相關文獻，學生可按圖索驥購書閱讀。為使研究生能夠對「四庫學」相關文獻有概觀性瞭解，此書對「敍錄體」研究方式進行擴充，按書籍內容進行必要評論，同時亦「敍」亦「錄」，「敍」者，簡述文獻內容；「錄」者，迻錄有研究價值的資料。「四

庫文獻要籍敘錄」對文獻內容和原始資料進行著重關注，特別是對不常見或不易得抑或是無人研究、整理的文獻，如橋川時雄《四庫全書編纂考》等，進行較為詳細的介紹。此書分三編內容，其一為四庫原典文獻，包括《四庫全書總目》《四庫全書初次進呈存目》《辦理四庫全書檔案》等。其二為四庫研究文獻，涵蓋《四庫全書》研究著作、《總目》研究著作、目錄彙編等多個方面。《四庫全書》研究著作如《四庫全書概述》《四庫全書簡說》等；《總目》研究著作如《四庫提要辨證》《四庫全書總目提要補正》等；目錄彙編如《四庫全書總目索引》《四庫全書總目及未收書目引得（引得第七號）》等。其三為四庫關聯文獻，或可稱為「廣四庫文獻」。「四庫關聯文獻」首先是與「四庫學」相關的文獻；其次，「關聯」是指與「四庫學」研究相關的成果；再次，部分關於四庫館臣的研究，也將其納入「四庫關聯文獻」。

目　次

下　冊

第三、四冊　古代類書的文化歷程

作者簡介

　　司馬朝軍，上海社會科學院歷史研究所研究員、《傳統中國》主編、《文澄閣四庫全書》總編纂、《司馬氏志》總編輯，原任武漢大學國學院經學教授、歷史學院專門史教授、信息管理學院文獻學教授、黃侃研究所研究員、中國傳統文化研究中心研究員、文獻學研究所副所長、四庫學研究中心主任、武漢大學珞珈特聘教授。著有《四庫全書總目研究》《四庫全書總目編纂考》等四庫學系列著作，主編《辨偽研究書系》，此外出版國學系列著作多種。組織主持「經學論壇」與「江南學論壇」，主編學術集刊《傳統中國研究集刊》。

　　劉全波，蘭州大學敦煌學研究所、蘭州大學歷史文化學院教授，主要從事歷史文獻學、敦煌學、中西交通史、西北區域史研究。出版《類書研究通論》《魏晉南北朝類書編纂研究》《唐代類書編纂研究》《類書研究合集》《中西交通史研究論稿》等專著，在《世界宗教研究》《敦煌學輯刊》《江海學科》《孔學堂》《讀書》等期刊雜誌發表各類科研論文 90 餘篇。

提 要

　　此書為教育部重點基地重大招標項目「古代類書的文化歷程」
（12JJD750012）的結項成果。從文化進程的角度，選取類書作為研究對象，
採用文獻學與文化學二元互證方法，在系統梳理類書的歷史進程的同時，不
單為了客觀呈現文獻與文化雙條並進的發展線索，更是為了建構二者之間的
內在關聯。從「知識再生產」等新視角提出了很多新觀點，是類書研究的重
要收穫。

目 次

第五、六冊　《葉八白易傳》疏證

作者簡介

　　陳開林（1985～），湖北麻城人。2009 年畢業於重慶工商大學商務策劃學
院，獲管理學學士學位（市場營銷專業商務策劃管理方向）。2012 年畢業於湖
北大學文學院，獲文學碩士學位（中國古代文學先秦方向）。2015 年畢業於華
中師範大學文學院，獲文學博士學位（中國古代文學元明清方向）。現為鹽城

師範學院文學院副教授、江蘇省「青藍工程」優秀青年骨幹教師培養對象。主要研究元明清文學、經學文獻學。完成江蘇高校哲學社會科學基金項目「錢穆佚文輯補與研究」（2017SJB1529），在研國家社科基金後期資助「《古周易訂詁》整理與史源學考辨」（21FZXB017）。出版《〈全元文〉補正》《劉毓崧文集校證》《〈周易玩辭困學記〉校證》《〈純常子枝語〉校證》《杜詩闡》《陳玉澍詩文集箋證》《詩經世本古義》《〈青學齋集〉校證》《〈讀易述〉校證》《陸繼輅集》《〈曝書亭集詩注〉校證》，並在《圖書館雜誌》、《文獻》、《中國典籍與文化》、《古典文獻研究》、《圖書館理論與實踐》、《中國詩學》等刊物發表論文百餘篇，另有「史源學考易」系列、元明清《春秋》系列、明清《詩經》系列、清代別集系列等待刊。

提　要

　　《周易》作為群經之首，歷代研《易》之書層出不窮，形成了「兩派六宗」的局面。其中李光、楊萬里「參證史事」以解《易》，即為史事宗一派。自宋肇其端，至明清而極盛。學界對史事宗極為用力，研究成果輩出。但基礎文獻的整理則頗為滯後，僅楊萬里《誠齋易傳》、曹為霖《易學史鏡》有新式標校本。

　　葉山《葉八白易傳》十六卷，「其書專釋六十四卦爻詞，而於《彖》、《象》、《文言》、《十翼》皆不之及。大旨以誠齋《易傳》為主，出入子史，佐以博辨。蓋借《易》以言人事，不必盡為《經》義之所有，然其所言亦往往可以昭法戒也」。（《四庫全書總目提要》卷五）書中廣引史事，亦屬史事宗一脈。

　　本書為著者「史源學考易」系列第八種，為該書首個整理本。同時，出注千餘條，內容包括主要對書中所涉人事加以注解，對所引文獻未加標注者補充史源，對其訛誤加以辨正，以便讀者參考。

目　次

上　冊

第七冊　劉師培與《白虎通義》訂釋之研究

作者簡介

　　黃偉豪，從台灣中國文化大學取得文學士學位後，一度夢想以學術作為志業，輾轉進入香港新亞研究所修讀，期間跟隨學習的莫不是學養俱佳的老師，垂範後輩。所裏形成活潑進取的學習氣氛，互敬互助，自有芳菲。曾記雪泥鴻跡，負責支援學校行政工作的書記處文員小姐氣我意志消沉，忍不住叮唸，開導我放鬆心情。重得李師學銘幫助，縱令群山萬壑驚濤，浪遏孤舟，仍會當以身任之。復徐徐覺知，可笑多情華髮生。而哪管我在聽完校內李學銘、何廣棪老師，校外委員趙令揚、李志文教授評審歷史博士論文的講評之後，深荷不棄謹陋，承殷殷寄語，以至得到李啟文學長適時提醒，點檢應考報備文件等事項，謹虛心一一受教。

提　要

　　本論文以劉師培（1884～1920）對《白虎通義》的斠補和訂釋為研究重心，論述他的斠補、訓釋方法及其在文獻校訂和詮釋經學語義方面所取得的成就。即以劉氏對《白虎通義》的研究成果為標的，討論其訂釋之得失。我的研究範圍有三方面：首先，陳述劉氏的生平與經學方面的表現；其次，述說劉氏訂釋《白虎通義》的方法；最後，解說劉氏訂釋《白虎通義》的內容。

　　《白虎通義》與劉師培的訂釋《白虎通義》都注重「廣異說」，劉氏校改的原則與心得，可以舉出一些例子，如：劉氏校改務求恢復底本原來面貌，執著甲書出乙書後，不得據甲書改乙書；認為《白虎通義》當中一節採用今文某說，引今文典籍來引證《白虎通義》是順理成章的；《白虎通義》多存異說，劉氏訂釋《白虎通義》亦存異說；劉氏觀察《白虎通義》提及上古帝王稱號，否定陳立《白虎通疏證》的說法，認為上古帝王稱號均以聲近之字互相為訓，像「舜、僢」二字音實諧協。劉氏提示我們不要以為「僢」字只解作「相背」，其實「僢」兼含「相背、相互」的意思，「相背」某程度上即同「相對」，所以他在這裏取「舜」與「僢」兩稱號相互為義。

　　有關劉氏與《白虎通義》的研究校勘，我主要參考盧文弨《抱經堂》本（乾隆嘉慶盧氏刊本）、陳立《白虎通疏證》（1994年北京中華書局）、劉師培《白虎通義斠補》、《白虎通義定本》（附錄於陳立《白虎通疏證》）等。

目　次

第八冊　《唐律疏議》問答體疏證研究

作者簡介

馮煒（1971～　），吉林大學教師，博士，主要從事歷史文獻學、漢語言文字學研究。在學術期刊發表《〈唐律疏議〉問答體疏證正反問句結構類型》、《〈唐律疏議〉問答體疏證特指問句探析》等多篇學術論文。

提　要

《唐律疏議》是唐代的刑法典。自商鞅改法為律後，中國古代成文法一直以律為主，律也是歷代立法的重點。唐之前歷代律典均未完整保存下來，而唐律中的《永徽律》及其立法解釋、司法解釋即今傳《唐律疏議》，完整地保存到了現代，是中國現存最早、最完整、也是中華法系最具代表性的封建法典，亦是封建法制臻於成熟和定型的標誌。

《唐律疏議》由律文（含注文）及律疏組成，律疏對律文及注文逐句逐條進行立法解釋與司法解釋，這種解釋屬有權解釋，即律疏與律條具有同等的法律效力。《唐律疏議》法律解釋的基本手段為訓詁，作為律學訓詁的典範性著作，《唐律疏議》不僅在中國法制史與律學史上意義重大，漢語史、語言學史領域也有重要的研究價值。

《唐律疏議》主要的律學訓詁方式之一為法律問答體，以「問曰」、「答曰」的形式虛擬對話，預設司法實踐中的疑難案例，並給以詳盡解析，這種問答體疏證共出現 178 處。本文首先對問答體疏證問式與答式的語篇結構、問答的會話合作原則與會話結構進行分析，並將重點放在問答體疏證訓詁特點的研究上，從微觀角度深入問答體疏證內部，探討其訓釋內容、訓釋程序、方法、用語等，歸納特點，總結規律。

目　次

第九至十二冊　平定阿爾布巴之亂紀略——西藏土鼠年衛藏戰爭，七輩達賴遷康史料輯註

作者簡介

　　蔡宗虎，甘肅省平涼市人，二○○○年畢業於哈爾濱工業大學，獲工學學士學位，二○○五年畢業於西安交通大學，獲工學碩士學位，史地愛好者。

提　要

　　康熙五十九年清軍定藏，清廷完成對西藏之統一，建殊勳於中國歷史，其功厥偉。當清聖祖之末年尚可堅持定見駐軍西藏，一防準噶爾部之再次侵襲，二者穩定西藏之局勢。清廷既統有西藏，封後藏貴族康濟鼐、頗羅鼐及前藏貴族阿爾布巴、隆布鼐、扎爾鼐五人為噶倫以理藏務。清世宗繼位之初寵信年羹堯，採年羹堯之議撤軍西藏以省糜費，繼有青海羅卜藏丹津之亂。青海之亂既平即羅織罪名興大獄以除政敵允禩、允禵、允禟、允祉及於其繼位過程與謀之隆科多、延信、年羹堯之流。雖疊據奏報西藏前後藏貴族間不睦之情形已同水火，但清世宗處置失措，陞康濟鼐為貝子總理藏務，招阿爾布巴等之忌愈深。雍正五年六月十八日（藏曆），前藏貴族阿爾布巴、隆布鼐、扎爾鼐夥同七世達賴喇嘛之父殺總理藏務貝子康濟鼐於大昭寺，且遣兵追殺避往後藏之頗羅鼐，頗羅鼐集後藏阿里兵以拒之，時清廷於西藏無兵可資彈壓，西藏陷內戰之中，雍正五年為藏曆土鼠年，藏人稱此次內戰為土鼠年藏衛戰爭。西藏既陷內亂，然清廷出兵甚難，出兵則恐七世達賴喇嘛及五世班禪額爾德尼為阿爾布巴等裹挾入準噶爾部，則西藏蒙古西域皆搖動矣，後清廷措置得宜，平息內亂，頗羅鼐總理藏政。康濟鼐之被殺七世達賴喇嘛之父實預其中，且其時七世達賴喇嘛年幼，不免為其父操縱，亂雖已平然總理藏務頗羅鼐與七世達賴喇嘛父子裂隙已深，清廷知七世達賴喇嘛若居藏藏局必亂，故遷七世達賴喇嘛入西康惠遠廟居之以穩藏政，兼有避準噶爾於西藏威脅之意。繼之清廷與準噶爾疊次作戰，互有勝負，雙方力疲，盟誓罷兵，準噶爾於西藏之威脅解除，雍正十三年清廷允七世達賴喇嘛返藏。今史料陸續公佈，本書將散見於諸書關涉之奏摺一一輯錄，彙為一書，實雍正一朝關涉西藏之奏摺粗備於此，仿清代紀略體名之《平定阿爾布巴之亂紀略》，於翻譯異名之人名地名稍加校註，以為歷史研究者所取資。

第十三冊 《商君書》綜合研究

作者簡介

　　黃效，男，文學博士，1989.12.12 生，華中師範大學中國古典文獻學碩士，暨南大學中國古典文獻學博士，碩博皆師從高華平教授。曾在《暨南大學學報》（CSSCI 核心期刊）《江西師範大學學報》（CSSCI 核心期刊）《諸子學刊》（CSSCI 核心來源集刊）《先秦文學與文化》《管子學刊》等刊物發表學術文章 12 篇。博士畢業論文校外盲審全優、答辯全優。所著論文曾獲《管子學刊》2021 年度優秀論文獎。

提　要

　　商鞅身世實際存在兩種不同的可能。他應該在秦孝公六年才正式開始第一次大規模變法，並於秦孝公十年開始第二次大規模變法。《商君書》是歷時性的產物，可能是秦始皇在推行「書同文，車同軌」時官方所編，並在魏晉南北朝時期或唐初被重新整合。它開始缺佚的時間應為韓愈之後的唐代後期。《群書治要》本《商君書》在書名、篇目、遣詞造句、文本繁簡、思想側重點等都和後世流傳的版本存在較大差異。明代眾多版本大都不外乎馮覲點評本、綿眇閣本和《范氏奇書》本這三個系統。商鞅思想中最直接、最根本的來源，是魏文侯後的魏國文化。秦孝公、秦穆公及其朝臣、秦國原來的風俗制度都曾對商鞅產生巨大影響。《商君書》中的「君臣」思想非常複雜。商學派在整體上較為重視法、公和功的觀念，這些觀念應該是整個商學派「君臣」思想的底色。《商君書》中有關「壹」的思想異常豐富，有國家層面的「壹」，也有民眾層面的「壹」。民眾層面的「壹」是對國家層面「壹」的因應，它的精華就在於「搏力」和「殺力」。《商君書》中的「定分」應該是指對權利、職責、地位、程序和規則的明確和界定。《鹽鐵輪》時期，是商鞅學說在西漢接受的轉折點，《商書君》的傳播與時代關係非常密切。

目　次

第十四、五冊　《日知錄》導讀

作者簡介

　　司馬朝軍，司馬光後裔，管理學博士，中國語言文學博士後，現為上海社會科學院歷史研究所研究員、《傳統中國》主編、《文澄閣四庫全書》總編纂、《司馬氏志》總編輯。曾任武漢大學珞珈特聘教授、教育部人文社會科學重點研究基地武漢大學中國傳統文化研究中心研究員、黃侃研究所研究員、武漢大學文獻學研究所副所長、四庫學研究中心主任、國學院經學教授、歷史學院專門史教授、信息管理學院文獻學教授，擔任經學、專門史、文獻學三個方向博士生導師。出版各類著作數千萬字，遍及四部。主持多種論壇，引領學術潮流。

提　要

　　本書為《日知錄》的解讀之作。導引部分介紹《日知錄》的作者、成書與流傳過程、主要內容、歷史地位、當代價值及主要傳世版本。導讀部分精心選擇篇目，先列原文，再加以校勘、注釋，並作簡明扼要之點評。全書與眾不同之處在於，旨在凸顯顧炎武經世致用之本心，闡明其心法。

目　次

上　冊

第十六、十七冊　元代詩文集整理與研究舉隅

作者簡介

　　陳建軍，男，1974 年生，九三學社社員，北京語言大學博士研究生畢業，文學博士學位。現為遼寧省朝陽師範高等專科學校副教授。主要從事漢語史、訓詁學與漢語歷史詞彙、文獻語言學等方面的研究。在《蘭臺世界》、《古籍整理研究學刊》、《圖書館學刊》、《吉首大學學報（社會科學版）》、《青海師範大學學報（哲學社會科學版）》等刊物上發表論文 30 餘篇。主持遼寧省教育廳科研項目 2 項，參與國家社科基金重大項目《東亞漢字文化圈〈切韻〉文獻集成與研究》（19ZDA316）及國家社科基金冷門「絕學」和國別史研究專項《敦煌本王韻與唐宋諸本韻書比較研究》（19VJX126）的科學研究。

提　要

　　點取「一南一北」兩大富有代表性的元代詩文集個案作為研究對象，針對各自的古籍具體情況進行適切的整理和研究。內在隱含的線索是先進行古籍點讀、校勘和注釋，還原古籍的本真面貌，為相應的文獻語言研究提供最「真實」、並且最有價值的第一手材料；然後秉持文獻學和語文學相結合的研究方法，從文字、音韻和訓詁等方面入手，開展對詩文集的相關專題研究。進而為全面描寫元代南北不同方言之語音、詞彙等語言風貌奠定基礎，為漢語史的研究提供詳實可靠的資料。

　　北方代表性詩文集，選擇耶律鑄創作的《雙溪醉隱集》，這個集子至今還處於稿本和刻本的原初狀態，李文田和王國維分別對其作了手批箋注和校箋。我們對該集進行點校和注釋整理，並在此基礎上，進行初步的研究，探討其征戰術語特色以及蘊含的遼西方言語音特徵；南方代表性詩文集，選擇李孝光創作的《五峰集》，由於陳增傑對於此集已經作了較為詳審的整理，並出版了校注本古籍。我們用材料說話，重文獻語言事實，通過對李孝光詩文用韻進行全面考證，探討李孝光的詩文用韻體系，並解釋部分方音與古音的關係，在為音韻研究提供材料的基礎上，有助於甌語方音史的研究。

　　藉此，期望本書的出版能對 13、14 世紀漢語史的勾勒做出點滴貢獻。

目　次

上　冊

第十八、十九冊　程鉅夫研究

作者簡介

　　劉潔，女，博士畢業於北京師範大學古籍與傳統文化研究院，現為首都醫科大學教師，研究方向：醫學人文學、中國古典文獻學。

提　要

　　本書是關於作家作品的個案研究。程鉅夫程鉅夫作為元代重要的政治人物，在政治、文化方面頗有建樹，其詩文創作及文學活動在當時都有一定的影響。

　　論文分為上、下兩編。

　　上編四章，全面論述程鉅夫的政治成就及其在文學史和文化史上的地

位。下編為《程鉅夫年譜》。

　　第一章分析宋元易代之際入元士人面臨的新處境並對程鉅夫生平、交遊進行考證。包括封建一統與大元氣象、漢法的推行與蒙古舊俗的延續、儒吏關係與科舉取士、史學與理學的發展。

　　第二章討論了程鉅夫的政治作為，包括：江南訪賢、倡導元代科舉與關心民瘼。作為程鉅夫江南訪賢影響的結果和餘緒，南方士人被逐漸接受，元廷對南方的政策逐漸放鬆。

　　第三章分析程鉅夫在文化建設方面的成就，包括其學術思想與文化涵養、興建國學、修繕學校、建藏書閣。程鉅夫的學術思想表現為具有濃厚的理學涵養。

　　第四章主要分析《雪樓集》中詩文詞創作，包括其詩文觀與其「平易正大」的詩文風格；俊偉詩風和具有氣格的詩歌創作；雪樓詞五十五首內容及風格。詩文觀包括：文章雖要學古但不必一味泥古。

　　下編為《程鉅夫年譜》。本年譜旨在系統考述程鉅夫的家世、行歷、仕履、交遊及文學等情況，揭示程鉅夫對元代南北統一和扭轉元代文風的重大影響。

目　次

第二十、二一、二二冊　清代筆記小說敘錄

作者簡介

　　宋世瑞，男，1981 年生，山東東明人，文學博士，山東大學儒學高等研究院訪問學者，今任教於阜陽師範大學文學院，講師職稱。從教中講授《中國文學史》《古典文獻學》《中國文學理論批評史》等課程。在《文學遺產》《文學與文化》《古籍整理研究學刊》《四庫學》《全清小說論叢》等學術期刊發表論文十餘篇，主持阜陽師範大學人文社會科學重點項目 1 項、安徽省哲學社會科學年度規劃項目 1 項、國家社科基金後期資助一般項目 1 項。

提　要

　　《清代筆記小說敘錄》著錄清代（包括部分民國作品）筆記小說作品約 1460 種（其中清代 1410 種，民國 50 種。亡佚 522 種，實存 938 種），敘錄中於每種作品之名稱、卷數、作者、存佚、內容、價值，一一介紹，故此雖名為「敘錄」，實則可視為一代筆記小說之史。具體而言，本書據清《四庫全書總目》例、余嘉錫《四庫提要辯證》、張舜徽《清人筆記條辨》、寧稼雨《中國文言小說總目提要》意寫作而成。考慮到目前筆者掌握的文獻情況與自身的學術積累，本書以清代列朝為經，以筆記小說類型（雜家筆記類、野史筆記類、地理雜記類、故事瑣語類）為緯，以「敘事、議論、考證、載記」四種體式為文本觀照之法，論從史出，或見「雜而不越」「杼軸獻功」之效。

目　次

第二三冊　禹貢長箋

作者簡介

　　鍾雲瑞，男，山東壽光人。山東理工大學文學與新聞傳播學院副教授，碩士生導師，山東省高校優秀青年創新團隊帶頭人，山東大學中國古典文獻學博士，師從許嘉璐先生、杜澤遜教授，主要研究方向為《尚書》學。目前主持國家社科基金項目、教育部人文社科青年項目、全國高校古委會項目各一項，出版專著一部，整理古籍十餘部。

　　姜曉奕，女，山東煙臺人。山東理工大學文學與新聞傳播學院碩士研究生，主要研究方向為中國古典文獻學。

提　要

　　朱鶴齡，字長孺，號愚庵，吳江（今江蘇吳江）人，明朝諸生。生於明神宗萬曆三十四年（1606），卒於清康熙二十二年（1683），年七十七歲。初專力詞賦，著有《愚庵詩文集》。長於箋疏之學，嘗箋注杜甫、李商隱詩，纂有《杜工部集輯注》《李義山集箋注》，影響較大。後轉治經學，著有《尚書埤傳》《禹貢長箋》《易廣義略》《詩經通義》《春秋集說》《讀左日鈔》等。他在江南遺民團體中享有較高聲譽，與錢謙益、吳偉業、曹溶、朱彝尊等皆有交往，與黃宗羲、顧炎武、李顒並稱「海內四大布衣」。

　　《禹貢長箋》十二卷，專門注解《尚書・禹貢》一篇。前列《考定禹貢九州全圖》等二十三圖，導山、導水之圖皆備。正文首列經文，逐節注釋，援今據古，博採眾說，而以己意折衷之。《禹貢》自宋元以來，注釋者不下數

十家，以清代胡渭《禹貢錐指》最稱善本。《禹貢長箋》作於胡渭《禹貢錐指》之前，雖不及《錐指》薈萃精博，但旁徵博引，亦多創解。是書於古今貢道、漕河經由脈絡，最為留意，較他書可謂詳盡。

　　本次整理以文淵閣《四庫全書》本為底本。書中異體字、俗體字，徑改為規範繁體字。避諱字徑改回本字，不出校。

目　次

第二四冊　陳祥道《論語全解》、周宗建《論語商》點校

作者簡介

鍾雲瑞，男，1990 年生，山東壽光人。山東理工大學文學與新聞傳播學院副教授，碩士生導師，山東省高校青年創新團隊帶頭人。山東大學儒學高等研究院中國古典文獻學博士，師從許嘉璐先生、杜澤遜教授。主持國家社科基金項目、教育部人文社科青年項目、全國高校古委會項目。發表核心期刊論文 5 篇，出版專著一部，整理古籍十餘部。

尹勇力，男，1999 年生，山東淄博人。山東理工大學文學與新聞傳播學院碩士研究生，研究方向為古代文學。

提　要

陳祥道《論語全解》作為詮釋《論語》的專門著作，解釋經文引據諸經，儒家典籍多在引證範圍之內，佐證闡釋，旁引曲證，頗有見地。陳祥道關注道家經典，引用老莊之說解釋《論語》，藉以揭示《論語》蘊含的價值理念。陳祥道承襲王安石的注疏精神，掙脫漢學章句的束縛，以簡潔的筆法訓釋經義，注重闡發聖賢經典著作中蘊含的性命之理和道德之意。《論語全解》不關注名物訓詁，重在微言大義，抉發其中的性命學問。《論語全解》融會全書，通經明義；博採群經，以禮釋經；兼採群書，尤重老莊，是荊公學派《論語》學研究的集大成之作，是《論語》學由漢學轉向宋學的標誌性成果之一。

明代的《論語》學研究，基本上是在朱熹《論語集注》的籠罩下進行的。永樂年間，胡廣等人奉敕撰修《四書大全》，其中《論語大全》二十卷，該書理論貢獻雖少，但影響很大，圍繞它產生了系列科舉著述。明代儒學派別頗多，諸如崇仁學派、白沙學派、河東學派、陽明學派等，各派推出了各具特色的著述，如王肯堂《論語義府》、呂柟《四書因問》、周宗建《論語商》。他們補充發揮，質疑反駁，有學術轉向的蛻變，也有廓清迷霧的異議。《論語商》二卷，是周宗建授徒湖州時與諸生講論而成。其學沿襲王陽明姚江末派，頗

近於禪，在明代《論語》學研究領域旨趣特殊，反映了明代《論語》研究的一個側面。

目　次

第二五、二六冊　莊子通（外三種）

作者簡介

陳開林（1985～），簡介見第五冊

提　要

沈一貫（1531～1615），字肩吾，號蛟門，別號大圓居士，浙江寧波府鄞

縣（今浙江寧波市鄞州區）人。沈明臣從子。萬曆朝內閣首輔。著有《易學》十二卷、《老子通》二卷、《莊子通》十卷、《喙鳴文集》二十一卷、《詩集》十八卷、《敬事草》十九卷。

　　沈一貫由於官位顯赫，以致學界對其印象，主要著眼於他的政治家身份，而忽略了其作為文學家、思想家的存在，導致其文學、思想等領域的成就很少被人提及，基礎文獻也無人整理。如《易學》，何楷《古周易訂詁》、張次仲《周易玩辭困學記》等書多加徵引，則其價值可知。

　　《莊子通》是沈一貫研治《莊子》的結晶，頗多心得。正如黃紅兵所言：「沈氏以前的莊注，基本上沒有批判莊子本身的。而沈氏是帶著審視的眼光來注解和評點莊文的，這個審視的參照物是儒家的觀點和社會現實」；「沈一貫基本上是以儒家的觀點和社會現實來審視和評判莊子，這是其注莊的一個最大特色，在莊學史上提供了一個解莊的新視角。」（《沈一貫的莊學思想研究》，《江漢大學學報》，2010 年第 1 期）

　　本書以萬曆十五至十六年蔡貴易刻老莊通本為底本，以明萬曆二十四年八閩書林鄭氏光裕堂刻本為校本，係《莊子通》的首個整理本，期於能為相關研究提供便利。另附錄莊學著述三種：李士表《莊列十論》、胡樸安《莊子章義》、楊文煊《南華直旨》，以備參考。

目　次

第二七冊　山海經彙說

作者簡介

　　劉朝飛，1987 年生於河北南皮，獨立學者，曾出版點校本《山海經箋疏》（2019 年華東師範大學出版社）《李賀歌詩箋注》（2021 年中華書局），又曾有學術隨筆集《志怪於常：山海經博物漫筆》（2020 年浙江古籍出版社）。

提　要

　　《山海經彙說》是清代晚期有關《山海經》研究的重量級研究專著，長期以來鮮為學界所知，更沒有有過點校本或影印本面世。作者陳逢衡力排歷代學者加諸《山海經》的奇談怪論，以經解經，提出很多平實可信之論，開近代以來科學研究《山海經》之先河。

目　次

整理說明

第二八冊　山海經新校正

作者簡介

　　劉朝飛，1987 年生於河北南皮，獨立學者，曾出版點校本《山海經箋疏》（2019 年華東師範大學出版社）《李賀歌詩箋注》（2021 年中華書局），又曾有學術隨筆集《志怪於常：山海經博物漫筆》（2020 年浙江古籍出版社）。

提　要

　　《山海經新校正》是清代影響最大的三部《山海經》研究著作之一，校正者畢沅首次深入探討了有關《山海經》的地理、篇目問題，並且對文字校勘提出了很多獨到簡介。本次整理，又收入了同時期知名學者盧文弨、孫星衍等對此書的批校，使得此點校本有了更加獨特的價值。

目　次

第二九冊　山海經存

作者簡介

　　劉朝飛，1987 年生於河北南皮，獨立學者，曾出版點校本《山海經箋疏》（2019 年華東師範大學出版社）《李賀歌詩箋注》（2021 年中華書局），又曾有學術隨筆集《志怪於常：山海經博物漫筆》（2020 年浙江古籍出版社）。

提　要

　　《山海經存》是同時期另一部別開生面的《山海經》注解本，注者汪紱拋開歷史上的繁多解讀，直指本經，使得其書清通可讀。同時汪紱又工於繪事，為此書繪製了大量精美的插圖。

目　次

第三十、三一冊　《瀛舟筆談》點校本

作者簡介

　　羅怡，男，本名怡，曾用名昊宸，字伯宇，西元 1986 年生，湖北應城人，

歷史學碩士，現為湖北省博物館館員，主要從事古籍版本學、校勘學、出土文獻與古文字學的研究工作，在各類學術刊物及學術會議上公開發表論文 30 餘篇，編撰著作 2 部，點校古籍 1 部，參與國家級重大、重點、一般社科項目數項。

張曉沖，女，西元 1981 年生，湖北武漢人，現為湖北省博物館館員，主要從事古籍保護研究工作，發表論文數篇。

提　要

《瀛舟筆談》一書，為阮元堂弟阮亨所編，其內容主要記錄了阮元鎮壓海盜、辦賑救災、詩文唱和以及與目錄學、金石學研究有關的史事、文章，著書目的大致是為表揚阮元的學術與政績。全書共十二卷，大略以事分卷，內容十分豐富。由於書中保存了一批不見於他書的珍貴史料，且所收錄之詩文與通行本存在大量異文，因而對於阮元本人、東亞海盜史、版本目錄學、金石考據學、乾嘉學人以及學術史等方面的研究都具有重要價值，故近代以來不少學人曾加以評介或引用，如葉德輝、梁啟超、張舜徽、來新夏、漆永祥等。

《瀛舟筆談》原刻於嘉慶二十五年（1820），迄今再無他版，也從未有學者對其進行過整理點校，相關專題研究幾近於無。一直以來，此書都只有原刻本流傳，但頗為少見，近來雖有影印本行世，亦不易得。由於年代久遠、流傳不廣以及版刻錯誤較多等原因，極大影響了學者對此書的研究與利用。本次點校，力爭為學界提供一個相對便捷的本子，以期促進有關學術進步。

目　次

上　冊

第三二、三三、三四冊　辟疆園杜詩注解

作者簡介

陳開林（1985～），簡介參考第五冊

提　要

　　清代是繼宋代之後的又一個杜詩學研究的高峰期，注杜之作大量湧現。部分著述蜚聲學林，廣為傳佈，如錢謙益《錢注杜詩》、朱鶴齡《杜工部詩集輯注》、仇兆鰲《杜詩詳注》、浦起龍《讀杜心解》、楊倫《杜詩鏡銓》等。但也有一些著述，曾經頗為輝煌，風行一時，後世卻備受冷落，顧宸《辟疆園杜詩注解》即為一例。

　　顧宸於順治年間完成杜詩全注，但僅五言律、七言律付梓以行世。《辟疆園杜詩注解》共收錄杜詩五言律十二卷，選詩 627 首；七言律五卷，選詩 151 首；卷首有年譜一卷。該書要言不煩，內容豐富，勝義紛呈。梁曦勻稱「仇兆鰲《杜詩詳注》對其徵引約有二百二十餘條，清人楊倫《杜詩鏡銓》徵引其內容約七十條，清人浦起龍《讀杜心解》引用約二十六條」（《顧宸及其〈辟疆園杜詩注解〉研究》，西北大學 2019 年碩士論文），其學術價值據此可窺一斑。

　　《辟疆園杜詩注解》僅有清康熙二年（1663 年）吳門書林刻本。本書是該書的首個整理本，期於能為相關研究提供便利。

目　次

上　冊

第三五、三六冊　曝書亭詩錄箋注

作者簡介

陳開林（1985～），簡介參考第五冊

提　要

兼學者與文人於一身的朱彝尊，無論是學術研究，還是詩古文詞創作，都取得了很高的成就。晚年手定詩文集《曝書亭集》八十卷，其中卷二至卷二十三為詩，按年編次，共收錄自順治二年（1645）至康熙四十八年（1709）六十五年間的古近體詩約二千五百首。隨後，出現了十餘種注釋朱詩之作，其中，以江浩然《曝書亭詩錄箋注》十二卷、楊謙《曝書亭集詩注》二十二卷、孫銀槎《曝書亭集箋注》二十三卷（含賦一卷）最為有名。令人遺憾的是，這幾種注本迄今都沒有整理本。

江浩然雖然只選注了《曝書亭集》三分之一的詩作，但注釋精當，楊注、孫注對之多有取資，但未加以標注。職是之故，其學術價值可見一斑。《曝書亭詩錄箋注》有惇裕堂乾隆二十四年（1759）初刻本和乾隆三十年（1764）覆刻本。本次整理，以乾隆三十年惇裕堂刊本為底本，以便參考。

目　次

上　冊

第三七冊　國故新土

作者簡介

　　司馬朝軍，上海社會科學院歷史研究所研究員、《傳統中國》主編、《文淵閣四庫全書》總編纂、《司馬氏志》總編輯，原任武漢大學國學院經學教授、歷史學院專門史教授、信息管理學院文獻學教授、中國傳統文化研究中心研究員、黃侃研究所研究員、文獻學研究所副所長、四庫學研究中心主任、武漢大學珞珈特聘教授，此外還充任上海交通大學、武漢大學、湖南大學、湖北師範大學、衢州學院等校兼職教授。著有《四庫全書總目研究》《四庫全書總目編纂考》等四庫學系列著作，主編《辨偽研究書系》，此外出版國學系列著作多種。組織主持「經學論壇」與「江南學論壇」，主編學術集刊《傳統中國研究集刊》。

　　王文暉，文學博士，復旦大學中文系副教授。主要研究漢語史，側重文獻語言學與詞彙學。發表論著數十種，整理《群書治要》。

提　要

　　本書近二十萬字，將出土文獻分為四大部分，即甲骨文獻、金石文獻、簡帛文獻、敦煌吐魯番文獻。對每類文獻的發現、整理與研究狀況做了簡明扼要地介紹。本書為通論性著作，也可用作教材。書後附錄專題論文三篇，皆是有關出土文獻方面的。此書結集主要是為了拓展文獻學研究領域，對這幾大顯學有所預流。我們重視傳世文獻，但也不輕視出土文獻。將此書命名為《國故新土》，也顯示在深耕舊地的同時開拓新土的一點野心。

目 次

第三八冊　《安徽大學藏戰國竹簡（二）》集釋

作者簡介

孫永波，男，1993 年，漢族，山東臨沂人。本科就讀於曲阜師範大學文學院漢語言文學專業，碩士就讀於北京師範大學文學院中國古典文獻學專業，現為山東大學文學院出土文獻與古文字學專業在讀博士生。碩士畢業後，曾在孔子研究院工作三年，期間曾借調到尼山世界儒學中心工作。主要研究方向為出土文獻與古文字學（偏戰國楚簡）、先秦傳世文獻（偏儒家文獻）等。曾在《濟寧日報》、《走進孔子》等期刊發表多篇文章，主持或參與市廳級課題兩項。

提 要

本書主要是搜集整理不同學者對《安徽大學藏戰國竹簡（二）》（以下簡稱《安大簡二》）一書所公佈內容的討論。《安大簡二》一書，包含《仲尼曰》和《曹沫之陣》兩篇簡文。《仲尼曰》一篇是記錄孔子語錄的，共計 25 條簡文；《曹沫之陣》則是記錄魯莊公和魯國將軍曹沫之間的對話，對話內容主要是曹沫向魯莊公陳述治兵強國之道。兩篇簡文公佈後，引起了相關領域的學者廣泛關注，相關學術網站或論壇等產生了大量的相關觀點，這些觀點繁雜且眾多，水平也參差不齊，對於一般的、非專業的讀者來說，想要利用網站上各家不同的眾多觀點，是非常麻煩的事情。本書的主語內容就是搜集並整理各家對於這兩篇簡文的不同意見，以觀點發表的時間先後為順序，羅列在一起，並對某些觀點進行討論。對於書中某些疑難簡文或者各家意見分歧比較大者，如果我們有新的看法，往往以較長按語的形式進行討論；而對於較

為簡單的簡文或我們暫時無法解決的問題，我們也以按語形式點出，而按語較為簡略。為了兼顧本書的資料彙編性質和可讀性，我們在搜集並整理完各家觀點按照一定順序排列並下完按語後，還進行了語譯的工作，即將簡文釋文翻譯為現代漢語，使得一般讀者即使不看原文，只看譯文，也能知道簡文講的是什麼事情。

第三九冊　散見宋金元墓誌地券輯錄六編

作者簡介

周峰，男，漢族，1972 年生，河北省安新縣人。中國社會科學院民族學與人類學研究所研究員，歷史學博士，博士生導師。主要從事遼金史、西夏學的研究。出版《完顏亮評傳》《21 世紀遼金史論著目錄（2001～2010 年）》《西夏文〈亥年新法·第三〉譯釋與研究》《奚族史略》《遼金史論稿》《五代遼宋西夏金邊政史》《貞珉千秋——散佚遼宋金元墓誌輯錄》《談金：他們的金朝》等著作 22 部（含合著），發表論文 100 餘篇。

提　要

本書為《散見宋金元墓誌地券輯錄》的第六編，共收錄宋金元三代的墓誌、地券 100 種，其中宋代 78 種，金代 4 種，元代 18 種。每種墓誌地券內容包括兩部分：拓本或照片、錄文。拓本及照片絕大部分來源於網路，大部分沒有公開發表過。墓主大部分為不見經傳的普通百姓，為我們瞭解宋金元時期民眾的生活提供了第一手的寶貴資料。

第四十冊　散見明代墓誌地券輯錄二編

作者簡介

周峰，簡介參考第三九冊。

提　要

本書為《散見明代墓誌地券輯錄》的第二編，共收錄明代的墓誌、地券 99 種，其中墓誌 93 種，地券 6 種。每種墓誌地券內容包括兩部分：拓本或照片、錄文。拓本及照片都來源於網路，部分沒有公開發表過。墓主大部分為不見經傳的普通百姓，為我們瞭解明代民眾的生活提供了第一手的寶貴資料。

第四一冊　散見明代墓誌地券輯錄三編

作者簡介

周峰，簡介參考第三九冊。

提　要

本書為《散見明代墓誌地券輯錄》的第三編，共收錄明代的墓誌、地券88種，其中墓誌81種，地券4種，制書2種，墓磚1種。每種墓誌地券內容包括兩部分：拓本或照片、錄文。拓本及照片都來源於網路，部分沒有公開發表過。墓主大部分為不見經傳的普通百姓，為我們瞭解明代民眾的生活提供了第一手的寶貴資料。

第四二冊　韓南及其中國白話小說研究析論

作者簡介

張乃云，台灣省雲林縣人，1990年生。銘傳大學應用中文系畢業，國立雲林科技大學漢學所碩士畢業。碩士論文《韓南及其中國白話小說研究析論》。研究所期間，承蒙恩師李哲賢指導，得一窺美國漢學的浩瀚領域，目前雖未投身研究行列，仍希望有朝一日能繼續美國漢學的研究。

提　要

韓南（Patrick Hanan，1927～2014）在西方漢學界頗負盛名。他是哈佛大學東亞系中國古典文學教授，曾任哈佛燕京學社第一位研究中國文學的社長，大力推動中美學術交流。韓南對中國古典小說的研究有著不可抹滅的功績，除了《金瓶梅》及《紅樓夢》的研究外，在白話小說研究、李漁研究以及言情小說研究等方面，都提出許多新的發現及獨到見解。他提出「風格判準」（Style Criteria），利用寫作風格、用詞等，來推論一些無法確定寫作時期作品的寫作時期，他也從敘事學的角度出發，應用西方敘事理論詮釋中國白話小說的特色之處。韓南的研究之所以備受推崇，主要是由於他對考證所下的功夫，許多鮮為人知的文獻材料都是由於他的發現及使用，才開始為學術界所知。

韓南對中國白話小說的研究有其獨特性，他是第一位針對中國白話小說編者提出疑問的學者，透過「風格判準」，他將中國白話短篇小說做了時間的分期推斷，韓南對於中國白話小說的研究實可作為中國學界研究之借鏡。他

貫通中西的學術觀點、嚴謹的科學研究方法，對其後的美國漢學界研究亦有重大且深遠的影響。

雖然，韓南是美國漢學界研究中國白話小說的大家，然而，有關韓南的研究，台灣迄今尚未有全面而深入的探討，因此，本文針對韓南在美國從事中國白話小說研究所發表的英文論著及各期刊發表的論文為準，就其研究成果作一整體析論，希望提供中文學界之參考與借鏡，並說明其未來可能之研究發展方向。

目　次

第四三至五五冊　《四分律刪繁補闕行事鈔》集釋

作者簡介

王建光，男，1963 年 11 月生，安徽省濉溪縣人，哲學博士，南京農業大學政治學院教授，主要從事中國佛教及律宗思想史的學習與研究。發表論文100 餘篇，主要著作有《中國律宗通史》《中國律宗思想研究》《新譯〈梵網經〉》《如是我樂：佛教幸福觀》《神聖與世俗》（翻譯）等，參加合著多種。曾獲江蘇省哲學社會科學優秀成果獎一次、江蘇省高校哲學社會科學研究優秀成果獎兩次。主持國家社科基金項目兩項。

提　要

《四分律刪繁補闕行事鈔》通常簡稱為《行事鈔》或《鈔》，乃唐代著名佛教思想家、佛教史家道宣律師的重要著作。《四分律刪繁補闕行事鈔》不僅

標誌著中國佛教律宗的成立，也奠定了律宗的思想基礎，成為南山律宗最核心的文獻，因此在後世得到戒律思想家們的不斷注疏與傳講。歷史上，從道宣之後至北宋時期，對《四分律刪繁補闕行事鈔》所作疏記釋文者有六十餘家，但目前僅見存幾種。《四分律刪繁補闕行事鈔集釋》是對《四分律刪繁補闕行事鈔》進行的釋文集注，其主要內容有三項：一是對鈔文進行校勘，並加以現代標點，同時也對一些問題進行必要的學術點評；二是對現存漢文藏經中的幾種注疏加以擷取，採用鈔文與疏文相對應的方式組織集釋的文本結構，以利方便閱讀檢索；三是注意吸收後世佛教思想家及當代法師學者的研究成果，尤其是吸收了弘一律師相關著作的知識和觀點，對一些問題進行了補充說明。《四分律刪繁補闕行事鈔集釋》力爭做到文獻性、學術性、思想性、實用性和現代性的統一，希望能夠為對中國佛教戒律學感興趣的法師、專家和讀者提供一定的參考。

目　次

第五六、五七冊　國故新評

作者簡介

　　司馬朝軍，上海社會科學院歷史研究所研究員、《傳統中國》主編、《文澄閣四庫全書》總編纂、《司馬氏志》總編輯，原任武漢大學國學院經學教授、歷史學院專門史教授、信息管理學院文獻學教授、黃侃研究所研究員、中國傳統文化研究中心研究員、文獻學研究所副所長、四庫學研究中心主任、武漢大學珞珈特聘教授。著有《四庫全書總目研究》《四庫全書總目編纂考》等四庫學系列著作，主編《辨偽研究書系》，此外出版國學系列著作多種。組織

主持「經學論壇」與「江南學論壇」，主編學術集刊《傳統中國研究集刊》。

提　要

　　這是一本國學論文集。全書三十餘萬字，分為四輯，第一輯為綜論，收入 6 篇；第二輯為專論，收入 9 篇；第三輯為綜述，收入 7 篇；第四輯為書評，收入 6 篇。內容各異，形式多樣，但形散而神不散，都屬於國故之學，故以《國故新評》為題，且與《國故新證》《國故新語》《國故新略》《國故新土》配套。作者高舉「新國故」的旗子，持續推出系列作品。

目　次

第五八冊　傳統中國：珞珈先賢紀念專輯

作者簡介

　　司馬朝軍，上海社會科學院歷史研究所研究員、《傳統中國》主編、《文淵閣四庫全書》總編纂、《司馬氏志》總編輯，原任武漢大學國學院經學教授、歷史學院專門史教授、信息管理學院文獻學教授、中國傳統文化研究中心研究員、黃侃研究所研究員、文獻學研究所副所長、四庫學研究中心主任、武漢大學珞珈特聘教授，此外還充任上海交通大學、湖南大學、湖北師範大學、衢州學院等校兼職教授。著有《四庫全書總目研究》《四庫全書總目編纂考》等四庫學系列著作，主編《辨偽研究書系》，此外出版國學系列著作多種。組織主持「經學論壇」與「江南學論壇」，主編學術集刊《傳統中國研究集刊》。

提　要

　　本書為學術集刊《傳統中國》之「珞珈先賢紀念專輯」，以紀念中文系「五老八中」群體為主，兼及歷史系唐長孺先生、石泉先生與哲學系的「三駕馬

車」（即蕭箑父先生、唐明邦先生、李德永先生）。既有回憶性文章，也有評述性文章，所選文章大都出自門人弟子之手，耳聞目睹，真實可信，此冊足以為「珞珈人文學派」保存一點掌故與史料。山不在高，有仙則靈。珞珈之靈，彪炳千秋。

目　次

四庫文獻要籍敘錄（上）

張曉芝　著

作者簡介

張曉芝，文學博士，四川外國語大學副教授，中國古代文學專業碩士生導師，南開大學文學院博士後。四川外國語大學「嘉陵青年學者」，重慶市「巴渝學者・青年學者」。兼任重慶市古代文學學會秘書長、《貴州文史叢刊》特約研究員。主要從事中國古代文學研究，近年來研究領域為「四庫學」「總目學」。在《光明日報（理論版）》《讀書》等刊物發表論文30餘篇。主持國家社科基金項目，教育部哲學社會科學研究後期資助項目，博士後面上基金項目等10餘項。獨立出版學術專著3部，合作出版著作2部，主編教材1部。與何宗美先生合著《〈四庫全書總目〉的官學約束與學術缺失》一書，2016年入選國家哲學社會科學成果文庫，2020年獲教育部第八屆高等學校科學研究優秀成果獎（人文社會科學）二等獎。

提　　要

　　「四庫文獻要籍敘錄」是給研究生介紹「四庫學」相關文獻，學生可按圖索驥購書閱讀。為使研究生能夠對「四庫學」相關文獻有概觀性瞭解，此書對「敘錄體」研究方式進行擴充，按書籍內容進行必要評論，同時亦「敘」亦「錄」，「敘」者，簡述文獻內容；「錄」者，迻錄有研究價值的資料。「四庫文獻要籍敘錄」對文獻內容和原始資料進行著重關注，特別是對不常見或不易得抑或是無人研究、整理的文獻，如橋川時雄《四庫全書編纂考》等，進行較為詳細的介紹。此書分三編內容，其一為四庫原典文獻，包括《四庫全書總目》《四庫全書初次進呈存目》《辦理四庫全書檔案》等。其二為四庫研究文獻，涵蓋《四庫全書》研究著作、《總目》研究著作、目錄彙編等多個方面。《四庫全書》研究著作如《四庫全書概述》《四庫全書簡說》等；《總目》研究著作如《四庫提要辨證》《四庫全書總目提要補正》等；目錄彙編如《四庫全書總目索引》《四庫全書總目及未收書目引得（引得第七號）》等。其三為四庫關聯文獻，或可稱為「廣四庫文獻」。「四庫關聯文獻」首先是與「四庫學」相關的文獻；其次，「關聯」是指與「四庫學」研究相關的成果；再次，部分關於四庫館臣的研究，也將其納入「四庫關聯文獻」。

本書為四川外國語大學 2020 年度學術專著後期資助重點項目（SISU202060）最終成果

序　言

　　2017 年秋季，我開始給研究生講授《四庫全書專題研究》課程，此課程要講授一學期，時間為 20 周（授課時間 18 周）。2017 年下半年，帶學生精讀《四庫全書總目》，自四部總敘和四十四類小敘開始，再精選經史子集四部提要講解。但是在給學生提供參考文獻時發現，學生對《四庫全書總目》補正、辨證等著作並不熟悉，甚至是茫然，即便是《總目》中明顯錯訛之處亦不知從哪些文獻查找已有研究成果。課程進行至 10 周，學生覺得此課程最大的難度在於不熟悉文獻，對「四庫學」文獻範圍特別是已有研究成果無整體概念。又用數周時間，我給學生介紹《四庫全書》系列叢書、《四庫全書》編纂史料、《四庫全書總目》研究著述等，特別是將我所藏「四庫學」基礎文獻和研究文獻帶到課堂，給學生示範講授，如《辦理四庫全書檔案》《于文襄手札》等線裝本。部分學生第一次近距離接觸四庫文獻，而上述兩書余所藏均為民國時期刊本，學生開始對「四庫學」文獻產生興趣。之後的學習中，我又將余嘉錫《四庫提要辨證》、胡玉縉《四庫全書總目提要補正》、張昇先生《四庫全書館研究》等帶入課堂，講解這些研究成果的學術價值。但 18 周時間，學生對「四庫學」基礎文獻及研究成果依然沒有完整概念。於是，2018年開始，我陸續將所藏「四庫學」著述進行簡要評述，以期第二年講授《四庫全書專題研究》課時，能夠給學生一個相對完整的「四庫學」文獻範圍。此書的寫作緣由如上所述。

　　「四庫文獻要籍敘錄」是給研究生介紹「四庫學」相關文獻。其實對於研究生而言，《四庫全書專題研究》課應該給學生提供文獻閱讀及學術研究方法，所以將「四庫學」文獻目錄提供給學生即可，學生可按圖索驥購書閱讀。但「四

庫學」文獻浩繁，特別是基礎文獻及研究類文獻，學生從書目入手到熟悉文獻依然需要時間，加之授課時間有限，課程內容與學術研究方法的講授就存在一定的矛盾。學生不瞭解基礎文獻，無法通過閱讀原典文獻進行研究，特別是已有研究，若不能了然於胸，學術自然無法進益。因此，從準備僅給學生提供書目，到介紹相關文獻，也是經過了思考和實踐。而作「敘錄」體，這是我第一次嘗試，雖《唐集敘錄》《宋人別集敘錄》《宋人總集敘錄》《金代藝文敘錄》《古詩文要籍敘錄》等均有所閱讀，但以上著述主要針對書籍版本源流進行縝密詳實的考辨，然而「四庫學」文獻又與此不同，除《四庫全書總目》等少有的基礎文獻涉及版本流傳，其他文獻基本不涉及版本問題。事實上「敘錄」除考證書籍版本、校勘、流傳外，還涉及書籍主旨、價值得失、學術源流、研究意義等方面內容。余嘉錫《目錄學發微·古書通例》云：「敘錄之體，源於書敘，劉向所作書錄，體制略如列傳，與司馬遷、揚雄自敘大抵相同。其先淮南王安作《離騷傳敘》，已用此體矣。」〔註1〕具言之則是「（一）論考作者之行事。凡考作者之行事，蓋有附錄、補傳、辯誤三例焉」〔註2〕；「（二）論考作者之時代。凡考作者之時代，亦有四例。一曰，敘其仕履而時代自明。二曰，作者之始末不詳，或不知作者，亦考其著書之時代。三曰，敘作者之生卒，並詳其著書之年月。四曰，不能得作者之時，則取其書中之所引用，後人之所稱敘，以著其與某人同時，或先於某人，在某人後，以此參互推定之」〔註3〕；「（三）論考作者之學術」〔註4〕。

為使研究生能夠對「四庫學」相關文獻有概觀性瞭解，現不妨對「敘錄體」研究方式進行擴充，按書籍內容進行必要評論，同時亦「敘」亦「錄」，「敘」者，簡述文獻內容；「錄」者，迻錄有研究價值的資料。「四庫文獻要籍敘錄」則對文獻內容和原始資料進行著重關注，特別是對不常見或不易得抑或是無人研究、整理的文獻，如橋川時雄《四庫全書編纂考》等，進行較為詳細的介紹。又如《續修四庫全書總目提要》的編纂，此書有民國時期數十位著名學者撰寫的提要；又有傅璇琮、趙昌平、劉石、高克勤四人擔任主編的新《續修四庫全書總目提要》。這兩份提要，自然要給學生講述清楚。而民國《續修四庫全書總目提要》的撰寫，時代稍遠，加之當時為抗戰時期，史料散佚較多，因

〔註1〕余嘉錫：《目錄學發微·古書通例》，北京：中華書局，2007年，第42頁。
〔註2〕余嘉錫：《目錄學發微·古書通例》，北京：中華書局，2007年，第46頁。
〔註3〕余嘉錫：《目錄學發微·古書通例》，北京：中華書局，2007年，第53～56頁。
〔註4〕余嘉錫：《目錄學發微·古書通例》，北京：中華書局，2007年，第59頁。

而已有文獻實屬珍貴，所以在「敘錄」時，逐錄了諸多重要史料，也是為了能夠讓學生有具體的感知。

在整理「四庫學」文獻時發現，部分文獻雖屬「四庫學」範疇，但實際意義不大，如《四庫術數叢書》《四庫全書術數類大全》《四庫術數類集成》等，此類文獻暫不收錄。然並非類此者全部不收，如《四庫明人文集叢刊》《四庫唐人文集叢刊》等，則予以收錄。因而，此書由「四庫文獻敘錄」之名改為「四庫文獻要籍敘錄」。需要指出的是，部分典籍在「四庫學」研究史上有重要地位，但書籍未見，或已失傳，抑或以稿本形式存於某圖書館。如金梁《四庫全書纂修考》，此書未見，僅據郭伯恭《四庫全書纂修考》自序知：「民國九年，政府有影印是書（按，指《四庫全書》）之議，陳援庵（垣）先生特檢閱文津，撰《四庫書目考異》四十卷，凡卷冊頁數，一一注明，又關於敕修《四庫》之記載，亦摘錄甚詳。金息侯（梁）先生借錄一過，略加整比，間有整補，題曰《四庫全書纂修考》。惜未付梓，無由得窺。」〔註5〕又如葉德輝《四庫全書板本考》，此書亦未經眼，據《書林清話·敘》言：「二十年前，撰《四庫全書板本考》一書，已成經、史、子三部，而集久未定。以四庫著錄之詩文集，但次時代，不別條流。且有應收未收，不應收而收，及禁燬銷毀之功令。濫登不可，割愛不能，一擲雲霄，幾將覆瓿。然宋元明刻，約具此編。」〔註6〕諸如此類典籍，日後若有所得，當補是書之未備。

此書分三編內容，其一為四庫原典文獻，包括文淵閣《四庫全書》《四庫全書總目》《四庫全書簡明目錄》《四庫全書初次進呈存目》《辦理四庫全書檔案》《于文襄手札》《翁方綱纂四庫提要稿》等。其二為四庫研究文獻，涵蓋《四庫全書》研究著作、《總目》研究著作、目錄彙編等多個方面。《四庫全書》研究著作如《四庫全書概述》《四庫全書簡說》《四庫全書學典》《四庫全書答問》《四庫全書纂修考》《四庫全書編纂考》等；《總目》研究著作如《四庫提要辨證》《四庫全書總目提要補正》《四庫提要補正》《四庫全書總目辨誤》《四庫提要訂誤（增訂本）》《四庫提要叢訂》《〈四庫全書總目〉研究》《〈四庫全書總目〉編纂考》《〈四庫全書總目〉學術思想研究》《「四庫總目學」史研究》等；目錄彙編如《四庫全書總目索引》《索引式的禁書總錄》《四庫全書總目及未收書

〔註5〕郭伯恭：《四庫全書纂修考·自序》，北京：商務印書館，民國二十六年（1937），第2頁。
〔註6〕葉德輝：《書林清話·敘》，上海：上海古籍出版社，2008年，第2頁。

目引得（引得第七號）》《四庫系列叢書目錄‧索引》《四庫全書研究論文篇目索引（1908～2010）》等。其三為四庫關聯文獻，或可稱為「廣四庫文獻」。「四庫關聯文獻」首先是與「四庫學」相關的文獻；其次，「關聯」是指與「四庫學」研究相關的成果；再次，部分關於四庫館臣的研究，也將其納入「四庫關聯文獻」。關於原典文獻、研究文獻、關聯文獻的含義，在每編內容之前略有簡述，不周延之處亦在所難免，頗期同好批評指正。

　　因本書編寫初衷是給研究生提供「四庫學」參考文獻，也是為了教學相長，因而偶有遺漏之篇，讀者諒之。全書體例也未必合理，考慮按年代排布，但又過於駁雜，所以三編內容兼顧了書籍研究對象，盡可能將同一類研究成果集中。余嘉錫說：「考證之學貴在徵實，議論之言易於蹈空。徵實則雖或謬誤，而有書可質，不難加以糾正。蹈空則虛驕恃氣，惟逞詞鋒。」〔註7〕此書或算不得考據之書，但所見之書均經眼閱讀，不求有益於學術幾何，但求能為初入「四庫學」研究之門者提供一些參考。「四庫學」在不斷發展，每年又有新成果出現，後續將對此書進行補充增訂。

二〇二三年農曆新年於重慶北碚

〔註7〕余嘉錫：《目錄學發微‧古書通例》，北京：中華書局，2007年，第62頁。

第一編　四庫原典文獻

　　「原典」是最原始、最本源的源頭式典籍，即理論歸納之前的原型文獻。四庫原典文獻包括《四庫全書》編纂史料、編纂成果及其副產品。四庫原典具有原始性，「原始」之意當為最初的第一手文獻，但其所指卻可分而論之。其一，《四庫全書》編纂直接成果，如《欽定文淵閣四庫全書》者也；其二，《四庫全書》編纂產生的副產品，如《欽定四庫全書總目》《欽定四庫全書考證》《四庫全書辨正通俗文字》者也；其三，由於時代因素，當時已然產生的文獻尚未彙編整理，此類文獻經後人整理成編，當以原典文獻視之，如《辦理四庫全書檔案》《纂修四庫全書檔案》《文津閣四庫全書提要彙編》《〈日知錄〉文淵閣本抽燬餘稿》者也；其四，續四庫文獻者，若以《四庫全書》為基點，在此基礎上進行文獻彙編者，當視以原典文獻，如《四庫禁燬書叢刊》《四庫全書存目叢書》《四庫全書底本叢書》者也。其五，影印、選印、輯錄《四庫全書》相關文獻，未改變文獻原貌者，當以原典視之，如《景印文淵閣四庫全書》《四庫全書珍本初集》《影印（文淵閣）四庫全書四種》者也。值得說明的是，在原典文獻基礎上進行箋注、考證、詮釋、研究者，則入四庫研究文獻類。舉例言之，《四庫全書簡明目錄》入四庫原典文獻，而《朱修伯批本四庫簡明目錄》《四庫全書簡明目錄標注》等則為四庫研究文獻。

文淵閣四庫全書

　　《四庫全書》者，乾隆中，愛新覺羅·弘曆敕纂。全書按照西漢以來歷代沿用的經史子集四部分類法編纂，每大部又分若干類，類下細別為屬，共四十四類。經部有易、書、詩、禮、春秋、孝經、五經總義、四書、樂、小

學十類；史部有正史、編年、紀事本末、別史、雜史、詔令奏議、傳記、史鈔、載記、時令地理、職官、政書、目錄、史評十五類；子部有儒家、兵家、法家、農家、醫家、天文算法、術數、藝術譜錄、雜家、類書、小說家、釋家、道家十四類；集部有楚辭、別集、總集、詩文評、詞曲五類。每類中除所收書外，還各有「存目」，共存六千八百餘種書之目。乾隆三十七年詔令各省督撫、學政徵集書籍。次年成立四庫全書館，至四十六年，第一部書基本告成，是為文淵閣《四庫全書》。以後又陸續分鈔六部，直至五十八年才全部完成，分別貯於北京內廷文淵閣、京郊圓明園文源閣、奉天故宮文溯閣、承德避暑山莊文津閣，合稱北四閣。又在鎮江金山寺建文宗閣、揚州大觀堂建文匯閣、杭州西湖行建文瀾閣，即江浙三閣，各藏鈔本一部。部分底本發還獻書之人，大部分則存於翰林院之中。七部《四庫全書》，文源、文宗和文匯三部藏書，連同原翰林院底本，已全部燬於戰火。現存三部半，文淵閣本藏於臺灣，文津閣本貯於北京，文溯閣本現藏甘肅蘭州，另有半部文瀾閣，藏於浙江杭州。〔註1〕

　　文淵閣地處宮禁，貯藏最先纂修完成的《四庫全書》〔註2〕。乾隆四十一年（1776）六月，文淵閣竣工，四十七年（1782）春，第一份《四庫全書》入藏文淵閣。書籍尚未入藏，文淵閣官制職掌與閣書管理章程就事先擬定。據《纂修四庫全書檔案》記載，乾隆四十一年六月初三日《諭內閣著大學士會同吏部翰林院議定文淵閣官制及赴閣觀覽章程》頒布。此旨內容如下：

　　　　昨四庫館呈進裒集《永樂大典》散篇內，有《麟臺故事》一編，為宋時待制程俱撰，具詳當時館閣之制。所載典掌三館秘閣書籍，以執政領閣事，又有直秘閣、秘閣校理等官，頗稱賅備。方今蒐羅遺籍，彙為四庫全書，每輯錄奏進，朕親披閱鰲定。特於文華殿後，建文淵閣以弆之，以充策府而昭文治，淵海縹緗，蔚然稱盛。第文淵閣國朝雖為大學士兼銜，而非職掌，在昔並無其地。茲既崇構鼎

〔註1〕參見趙永紀等編《清代學術辭典》，北京：學苑出版社，2005年，第809頁。
〔註2〕參見張崟《七閣四庫成書之次第及其異同》，載《國立北平圖書館館刊》第七
　　　　卷第五號（一九三三年五月），收錄存萃學社編《〈四庫全書〉之纂修研究》，
　　　　香港：大東圖書公司，1980年，第305～319頁；王樹楷《七閣四庫全書之存
　　　　燬及其行世印本》，載《大陸雜誌》第一九卷第六期（一九五九年九月），收錄
　　　　存萃學社編《〈四庫全書〉之纂修研究》，香港：大東圖書公司，1980年，第
　　　　320～327頁。

新，琅函環列，不可不設官兼掌，以副其實。自宜酌袞宋制，設文淵閣領閣事總其成。其次為直閣事，同司典掌。又其次為校理，分司註冊、點驗。所有閣中書籍，按時檢曝。雖責之內府官屬，而一切職掌，則領閣事以下各任之，於內閣、翰詹衙門內兼用。其每衙應設幾員，及以何官兼充，著大學士會同吏部、翰林院定議，列名具奏，候朕簡定。令各分職繫銜，將來即為定額，用垂久遠。

至於四庫所集，多人（間）未見之書，朕勤加採訪，非徒廣金匱石室之藏，將以嘉惠藝林，啟牖後學，公天下之好也。惟是鐫刊流傳，僅什之一，而鈔錄儲藏者，外間仍無由窺觀。豈朕右文本意乎？翰林原許讀中秘書，即大臣官員中，有嗜古勤學者，並許告之所司，赴閣觀覽。第不得攜取出外，致有損失。其如何酌定章程，並著具議以聞。〔註3〕

此旨中主要內容是議定文淵閣官制和赴閣中看書章程兩事。據諭旨所言擬設文淵閣官制有以下諸職：一是文淵閣領閣事，總理一切事務；二是文淵閣直閣事，同司典掌；三是文淵閣校理，分司註冊、點驗。但此時具體章程如何，尚未確定，因而乾隆要求大學士會同吏部、翰林院議定，列名具奏，令各分職繫銜，以形成定制。至於官員赴閣觀覽，規定不許攜書外出，具體章程如何亦需具議。乾隆四十一年六月二十六日大學士舒赫德、于敏中，協辦大學士阿桂、程景伊，吏部左侍郎德保、董誥，吏部右侍郎瑚世泰、吳嗣爵奏遵旨詳議文淵閣官制及赴閣閱鈔章程〔註4〕；七月初六日諭「大學士舒赫德、于敏中著以原銜充文淵閣領閣事。署內閣學士劉墉、詹事金士松，侍讀學士陸費墀、陸錫熊，侍講學士紀昀、朱珪，俱著以原銜充文淵閣直閣事」〔註5〕。相關考證見《于敏中致陸錫熊手札箋證》第五十三通〔註6〕。正是因為文淵閣官制職掌的設置，使得閣書保存完整。

〔註3〕中國第一歷史檔案館：《纂修四庫全書檔案》上冊，上海：上海古籍出版社，1997年，第518頁。

〔註4〕參見《大學士舒赫德等奏遵旨詳議文淵閣官制及赴閣閱鈔章程摺》，《纂修四庫全書檔案》上冊，上海：上海古籍出版社，1997年，第523～528頁。

〔註5〕中國第一歷史檔案館：《纂修四庫全書檔案》上冊，上海：上海古籍出版社，1997年，第529頁。

〔註6〕〔清〕于敏中撰，張曉芝箋證：《于敏中致陸錫熊手札箋證》，北京：中華書局，2021年，第439～444頁。

　　黃愛平在「內廷四閣全書的存燬」中詳細介紹了文淵閣庫書的歷史情形。1917 年，內務府大臣派漢章、晉昌、錫泉、錫彬等人清查過文淵閣《四庫全書》，對闕書、闕卷按照文津閣《四庫全書》原本進行了補鈔，並編有《清查四庫全書架榍函卷考》四冊。1924 年，清皇室搬出故宮，文淵閣《四庫全書》歸清室善後委員會接管。1925 年故宮博物院成立，正式管理文淵閣《四庫全書》。1930 年再次清點文淵閣《四庫全書》，無缺失現象（實際上闕唐司空圖《詩品》）。1931 年，九一八事變爆發，故宮博物院為防不測，於 1933 年將文淵閣《四庫全書》運往上海，後十餘年間，閣書運往重慶、南京，全國解放前夕運往臺灣，現藏於臺灣「故宮博物院」。文淵閣《四庫全書》影印事宜見單磊《四庫學百年大事記》〔註7〕。

　　據「欽定四庫全書勘閱繕校諸臣職名」，四庫全書館任職者近四百餘人，正總裁官有永瑢（高宗第六子）、永璇（高宗第八子）、永瑆（高宗第十一子）、劉統勳、劉綸、舒赫德、阿桂、于敏中等十六人，副總裁有梁國治、曹秀先、劉墉、金簡等十人，總閱官有德保、周煌、莊存與等十五人，總纂官有紀昀、陸錫熊、孫士毅三人，總校官陸費墀一人，翰林院提調官有夢吉、祝德麟等二十二人，武英殿提調官有彭紹觀等七人，總目協勘官有汪如藻等七人，校勘《永樂大典》纂修兼分校官有劉校之、王爾烈、俞大猷、邵晉涵、戴震等三十九人，校辦各省送到書纂修官有鄒奕孝、姚鼐、翁方綱、朱筠等六人，以及黃簽考證官二人、天文算學纂修官兼分校官三人，繕書處總校官四人，繕書處分校官一百七十九人，篆隸分校官王念孫、謝登雋二人，繪圖分校官門應兆一人，督催官三人，翰林院收掌官二十人，繕書處收掌官三人，武英殿收掌官十四人，監造官三人。其中有許多人為當時之著名學者。

　　《四庫全書》選書來源主要有五，其一為內府藏本，明清以來內廷藏書甚多，且多佳本。其二從明《永樂大典》中錄出，輯本近四百種，《永樂大典》收古書八千餘種，但只有正副二部寫本，正本已於明末燬佚，副本也於八國聯軍入侵時焚燬劫掠，因而《永樂大典》之書靠《四庫全書》保存了一部分。其三為各省採進本及藏書家私人進獻本，此類書占比重頗大，清政府並於徵書過程中大量抽查、禁燬所謂有礙正統之著作，並曾興起文字大獄多起。其四為通行本，其五為敕纂官書。全書除收錄中國歷代各種典籍外，還有朝鮮、越南、

日本以及印度和明清之際來華的歐洲傳教士的一些著述。每種書前有四庫館臣所撰提要。

因《四庫全書》卷帙浩繁，在清代除抽印部分著作為《武英殿聚珍版叢書》外，一直未曾全部印行。民國二十三年（1934）商務印書館選印二百三十二種，名為《四庫全書珍本初集》。其後臺灣商務印書館又續刊第二至十二集。1983 至 1986 年臺灣商務印書館才將運至臺灣的文淵閣本全部影印，此部叢書才得公之於世。該書之優點：第一，此書是我國歷史上收輯古代著作最多的大型叢書，中國古代典籍賴此得以保存流傳，內容包括學術文化各種門類，凡政治、經濟、軍事、哲學、歷史、地理、文學、藝術，以及天文、曆法、數學、水利、農業、醫藥等無所不包。第二，該書在古籍整理方面，貢獻頗大，所選著作不僅精選善本，且大都加以校勘，校勘者又多係學者，無論是版本還是內容方面都作了大量訂證補漏工作。附於全書之末的王太嶽彙輯的《四書全書考證》百卷，是極好的證明。第三，該書在目錄學方面可謂達四部之頂峰。全書按經史子集傳統四部分類法編排，故稱之「四庫」。但在具體分類上注意科學性、系統性和完整性，四部下又分四十四類，其中十五類又細分六十六屬，各部各類各屬分別以重要典籍為中心，收列有關著作，如經部圍繞十三經，輔以解經、考訂、辨偽、名物等有關經學著作；史部以二十四史為主幹，旁及編年、紀事本末、別史、雜史、詔令奏議、傳記、史鈔之屬，以及與史學有關的地理、職官、政書、史評之類著作。子部集部，也大體相似。第四，每種書前都附有對該書作者、內容、版本等方面知識的介紹和考證，相當於書目解題及評價，後來紀昀彙輯成冊，即是解題目錄書《四庫全書總目》。其提要對初讀者有辨章學術指示深入研究之門徑的作用。全書最大缺點有二：一是凡觸清朝忌諱之著作，均遭禁燬抽改，不僅使許多重要著作亡佚，甚至收入著作也面目改變，非復原貌。另一是主持編修者囿於所謂正統思想，在學術上又堅持門戶之見，詆毀進步或不同思想著作，輕視生產技術，蔑視小說戲曲等，遂使傳統文化中一些重要著作未被收錄。例如李贄、顧炎武、黃宗羲等人許多著作多遭排斥，儒學中尊程朱而否定其他學派等，也有失公允。此外，《四庫全書》也同其他書籍尤其是官修書一樣，存在其他方面的缺點錯誤。儘管如此，其整理和保存大量歷史文獻、典籍之功是不可抹殺的。《四庫全書》除著錄部分外，也另有只存書名之著作六千餘種，九萬餘卷。文淵閣本今存 36375 冊，連同《總目提要》（殿本）128 冊，

《四庫全書考證》72 冊，分架圖 8 冊，共計 36583 冊，是現存諸閣本冊數最多、保存較完好的一部。臺灣商務印書館影印時又逐本逐卷清查，對缺卷、缺頁、誤號及字跡模糊 1320 處均加注說明，部分缺頁等又加以補正，可以說是該書最好底本。〔註8〕

　　文淵閣《四庫全書》有 1983 至 1986 年臺灣商務印書館本、1987 年上海古籍出版社據以刊行的縮印本。現在學者常用的文淵閣《四庫全書》電子版，是 1999 年上海人民出版社與香港迪志文化出版有限公司聯合發行。電子版以臺灣商務印書館文淵閣《四庫全書》影印本為底本，提供全文檢索、分類檢索、書名檢索、著者檢索和複製功能等。

文津閣四庫全書

　　文津閣《四庫全書》的相關內容按照成書時間、裝幀裝潢、鈐印、冊數、函數、架數、復校、曝曬、收藏、出版等關鍵詞擬從七個方面予以總結。

（一）文津閣《四庫全書》的成書時間

　　學術界一般認為《四庫全書》的編纂始於乾隆三十七年（1772），終於乾隆四十七年（1782）。書成後鈔成七部，其中北四閣，南三閣。北四閣中承德避暑山莊藏有一部文津閣《四庫全書》，係清廷內閣中的第四部。

　　文津閣《四庫全書》的成書時間，學界說法不一。主要觀點如下：（1）王伯詳認為文津閣《四庫全書》成書於乾隆四十八年後不久〔註9〕；（2）杜定友認為文津閣書第四部成書於乾隆甲辰，也就是乾隆四十九年；（3）陳垣認為是乾隆五十年《四庫全書》第四部成〔註10〕；（4）任松如認為乾隆四十七年正月，四庫全書第一份鈔成，同年七月第二份第三份第四份鈔成〔註11〕；（5）楊家駱認為文淵閣本成於乾隆四十六年，乾隆四十七年七月第二第三第四三份書成〔註12〕；（6）張崟認為第四份《四庫全書》成書於甲辰冬，即乾隆四十九

〔註8〕李學勤、呂文郁主編：《四庫大辭典》下冊，長春：吉林大學出版社，1996 年，第 2077～2078 頁。

〔註9〕王伯詳：《四庫全書述略》，《小說月報》，1925 年第 16 卷第 12 期。

〔註10〕陳垣：《編纂四庫全書始末》，《四庫學論著》，北京：商務印書館，2012 年，第 13 頁。

〔註11〕任松如：《四庫全書大事表》，《四庫全書答問》，成都：巴蜀書社，1988 年，第 20 頁。

〔註12〕楊家駱：《四庫全書概述》，《四庫大辭典》，中國圖書大辭典編輯部，1932 年，第 1～35 頁。

年〔註13〕；（7）郭伯恭認為第四部分成書於乾隆四十九年〔註14〕；（8）呂堅以清宮檔案為依據，認為文津閣書成書於乾隆四十九年十一月二十五日〔註15〕。上述八種觀點，以呂堅說法最為準確，黃愛平《四庫全書纂修研究》亦同意此說。

（二）文津閣《四庫全書》的裝幀裝潢、鈐印等

文津閣《四庫全書》採用包背裝，並用四種不同的顏色對書冊封皮進行裝潢。陳垣《陳垣四庫學論著》稱，「經部用青色絹，史部用赤色絹，子部用白色絹，集部用灰黑色絹」。這一說法與《文津閣作歌》完全一致，詩云：「浩如慮其迷五色，挈領提綱分四季。經誠元矣標以青，史則亨哉赤之類。子肖秋收白也宜，集乃冬藏黑其位。如乾四德歲四時，各以方色標異同。」文津閣封面裝潢不同於文淵閣，施廷鏞《故宮圖書記》記文淵閣：書皮及帶均以色別，經部綠色，史部紅色，子部藍色，集部灰色（施廷鏞：《故宮圖書記》，《圖書館學季刊》1926年第1卷第1期）。為了便於使用和保存，書冊裝訂裝潢後還需要放入書套或者木匣中，文津閣全書書匣為楸木，夾板則用楠木。《文津閣詠古詩》云：「四庫編書成十年，四閣庋書構九歲。山莊之閣曰文津，適以今春藏全備。」乙巳春，即乾隆五十年（1785）第四份全書裝潢完竣，命原辦之禮部侍郎陸費墀送至承德避暑山莊入藏。內廷四閣入藏的《四庫全書》鈐印各有不同，文津閣全書首頁鈐「文津閣寶」，末頁鈐「避暑山莊」「太上皇帝之寶」，小篆朱文方印各一方。史部的《八旗通志》成於嘉慶初年，後補入文津閣《四庫全書》，故此書內有「嘉慶御覽之寶」印。

（三）文津閣《四庫全書》的冊數、函數、架數

1920年陳垣先生清點文津閣《四庫全書》103架3462種36277冊6144函2291100頁。現藏於國家圖書館的文津閣《四庫全書》據統計有36304冊6144函128架。關於數字的差異，參看李曉明在《文津閣四庫全書排架考》〔註16〕，羅蘭《文津閣〈四庫全書〉的成書與流傳》〔註17〕。

〔註13〕張鋆：《七閣四庫成書之次第與異同》，《國立北平圖書館官刊》，1933年第7卷第5期。

〔註14〕郭伯恭：《四庫全書纂修考》，國立北平研究院史學研究會，1937年，第131頁。

〔註15〕呂堅：《四庫全書七閣成書時間考》，《文獻》，1984年第21期。

〔註16〕李曉明：《文津閣四庫全書排架考》，《文獻》，2004年第1期。

〔註17〕羅蘭：《文津閣〈四庫全書〉的成書與流傳》，《四庫學》第三輯，北京：社會科學文獻出版社，2018年。

（四）文津閣《四庫全書》的復校

在各閣四庫全書入藏後不久，乾隆發現誤寫、缺卷、違礙文字等人為過失有不少，於是命令重校、復檢。內四閣都經歷了兩次復校，兩次復校的起因都是從文津閣開始。乾隆五十二年，乾隆因文津閣《四庫全書》「訛謬甚多」再加上此前續繕三分全書中又曾摘出「妄誕不經」之處，便下令重加校閱。於是內廷四閣全書復校工作陸續開始。與文淵文源兩閣不同的是，文津閣第一次復校是分兩步進行的。乾隆第一次發現文津閣書籍的錯謬之處時，即刻令隨從各員詳加校閱改正，並致函武英殿總裁，請派「妥熟匠役四名，供事一名」速來熱河，以備應行挖補換頁等事。但是因為乾隆駐蹕避暑山莊時間的限制，文津閣書籍僅校閱了三分之一，校閱人員隨乾隆回京重校文淵、文源二閣書。在文淵、文源二閣書籍校閱完畢後，文津閣的復校才又提上日程。乾隆五十二年十月，紀昀帶領校勘人員前往熱河避暑山莊，將未校的文津閣書籍補校完竣。歷經三月的補校後，乾隆五十三年正月，文津閣書籍補校完成。查出謄寫錯字句偏謬各六十一部，漏寫《永樂大典》書三部，坊本抵換者一部，漏寫遺書八部，繕寫未全者三部，排架顛倒書四十六部，匣面刻錯、漏刻及書籤誤寫者三十部。

乾隆五十六年七月，乾隆在翻閱文津閣《四庫全書》時，發現《揚子法言》其首卷有空白兩行，隨即下令將文津閣《四庫全書》內《揚子法言》一書就近交軍機處大臣將空白填補，並令紀昀檢查文淵、文源二閣中《揚子法言》一書首卷是否也有空白，於是由文津閣《四庫全書》的脫漏引發內廷四閣的第二次復校。因為乾隆皇帝經常駐蹕避暑山莊時常翻閱《四庫全書》，發現錯誤能夠立即令軍機大臣改正，兩次復校也都認真，所以文津閣《四庫全書》的質量也得到了保證。

（五）文津閣《四庫全書》的曝曬

《四庫全書》入藏文津閣後，就仿文淵閣曝書之例，派人每年夏季抖晾一次。道光以後，因為管理上的鬆弛也不再曝書。同治初年，文津閣已經出現閣頂部分坍塌的現象，雨水滲漏導致不少書籍被沾濕。熱河都統完顏麒慶將受潮的書籍都晾乾後重新庋藏閣中，為了妥善保管書籍，完顏麒慶特奏「自同治七年始，仍復抖晾」，曝書之例又重新恢復。光緒二十年，熱河總管大臣奉命清點文津閣《四庫全書》，查點結果是，全書除《日講詩經解義》有函無書外，其他書籍基本無缺。在此次清點過程中，熱河總管大臣將《四庫全書》按四部分類法排列順序並注明書目的卷數、作者呈報朝廷。

（六）文津閣《四庫全書》的收藏

文津閣《四庫全書》在乾隆五十年（1785）運往承德，全書在文津閣收藏近一百三十年。宣統元年，清學部開始籌建京師圖書館，只有文津閣《四庫全書》沒有遺失，遂奏請將文津閣《四庫全書》及避暑山莊各殿宇其他書籍一併移交京師圖書館收藏，獲得允准，同年七月確定將文津閣《四庫全書》交京師圖書館收藏，但始終未曾辦理。辛亥革命後，民國政府教育部接管學部案卷，繼續辦理此事，於 1913 年 6 月致函熱河都統姜桂題，並準備派人往取。同年 12 月姜桂題派人將《四庫全書》押送進京，1914 年 1 月《四庫全書》及各殿宇書籍抵達北京，但並未交到教育部，而是運往內務部文華殿古物陳列所。時任教育部僉事的魯迅聞訊後十分焦急，為這部分書籍能早日入藏京師圖書館不斷四處奔走。1915 年 8 月 6 日，魯迅以教育部名義致函內務部，請移交全書。在各方面的壓力下，內務部於 8 月 25 日同意移交。1915 年 10 月 7 日，文津閣《四庫全書》正式移交京師圖書館，魯迅親自帶人前往接收，但內務部以種種藉口扣留書架和《四庫全書簡明目錄》，幾經交涉，到 1916 年 9 月 30日，古物陳列所的書架才開始搬運，1918 年文津閣《四庫全書》接受工作全部完成。經過京師圖書館的整理，文津閣《四庫全書》按架排列向社會開放。1920 年陳垣先生受教育部委託對文津閣《四庫全書》進行清點，全書 103 架3462 種 6144 函 26277 冊 2291100 頁。另有《四庫全書排架圖》1 函 4 冊，《四庫全書簡明目錄》4 函 2 冊，殿本《四庫全書提要》20 函，124 冊。1928 年京師圖書館改成國立北平圖書館，1931 年國立北平圖書館新館建成，文津閣《四庫全書》庋存其中。關於文津閣本《四庫全書》的歷史變遷，可參考王穎、杜鵑所撰《文津閣〈四庫全書〉研究綜述》一文〔註18〕。

在現存的四閣全書中，只有現藏於國家圖書館的文津閣《四庫全書》未受到戰亂影響，至今仍是原架、原函、原書一體存放保管完整的唯一的一部。入藏國家圖書館後，與《敦煌遺書》《趙城金藏》《永樂大典》並稱為國家圖書館四大鎮館之寶。

（七）文津閣《四庫全書》的出版

2002 年，中國出版集團和商務印書館先後兩次召開文津閣《四庫全書》出版研討會，參加會議的有國家新聞出版總署、中國出版集團、中國社會科學

〔註18〕王穎、杜鵑：《文津閣〈四庫全書〉研究綜述》，《河北民族師範學院學報》，2012 年第 3 期。

院、中國國家圖書館、商務印書館、中華書局、生活・讀書・新知三聯書店、北京大學、中國人民大學、北京師範大學、首都師範大學等國內學術界與出版界古籍整理的專家學者，大家從多個方面論證了商務印書館影印出版文津閣《四庫全書》的文化價值、文獻價值、研究價值和現實意義。專家們認為，目前內地流通的《四庫全書》雖然有臺灣輸入和上海古籍出版社翻印的文淵閣本，但文津本與文淵閣本可以互相補充，並不能互相替代。隨後，國家新聞出版總署同意中國出版集團承擔出版工作，並由商務印書館負責實施，同時發文批准文津閣《四庫全書》為國家重點出版項目，在各方面力量的支持下，拍攝工作於 2005 年年底如期完成。

　　文津閣《四庫全書》的出版與臺灣版文淵閣《四庫全書》不同，既不是複印機複印，也並非掃描儀掃描。商務印書館採用高端數碼照相設備進行拍攝，採用數字技術，在非直接接觸的原則下，對珍藏在國家圖書館的原件進行了數據處理，真正做到了對國寶文物的毫髮無損，全息化保存全書形態。隨後對數據進行處理和單頁數字編碼，保證每單頁編碼的唯一性，為建立全書基本數據庫打下了堅實基礎。最重要的工作是進行圖像處理，包括清除原本文字著色不均、污漬、透字等問題，使文字清晰度恢復到鈔錄初期水平，版面乾淨如新，而且借助於大容量計算機存儲，解決了速度和質量問題。影印文津閣《四庫全書》工作委員會決定採用先進的按需印刷方式進行出版，這樣不僅可以在市場不確定情況下，保證項目的完成，也可以完成出版規劃中的各種版本和專題的出版。為減少不必要投入，影印文津閣《四庫全書》工作委員會考察了全球所有的按需印刷設備，採購了技術最成熟、品質最穩定的產品，採用德國最新技術，實現按需印刷，在嚴格遵循歐盟檔案保護標準（即保證原樣一百年不變）的前提下與國外廠商密切合作，進行印刷，再按高標準裝訂，還投資了專用的印製基地。通過三年多的運行，總結出了一套成熟、完整的數字出版經驗，如今，已擁有了一套「一切出版都為可能」的解決方案。今天，四庫全書的出版正穩定地在先訂購、後生產、零庫存的狀態下順利運行。數字製作與按需出版不僅提高了圖書出版的品質和速度，而且大大減少了前期投入，降低了影印文津閣《四庫全書》投資的壓力與風險。另一方面，數字印刷為我們提供了多種可能。這種技術的好處是可以實現個性化印刷，可以做到按需出版。這樣，在掌握整個數據的前提下，可以根據市場的不同需求，或應客戶的要求或為客戶進行設計，開發出多品種的系列產品。如《文津閣四庫全書清史資料彙刊》為

我國正在進行的大清史工程提供了諸多方便，藝術類叢書彙編也可以為業內人士帶來便利。據不完全統計，文津閣《四庫全書》有如下多種產品形式：

（1）文津閣四庫全書（影印本，全五百冊），商務印書館四庫全書出版工作委員會，商務印書館，2007 年版。

（2）文津閣《四庫全書》十二合一版，商務印書館，2008 年版。

（3）文津閣《欽定四庫全書》線裝原大原色原樣 254 函 1500 冊，商務印書館，2017 年版。

（4）文津閣四庫全書醫典，全 247 函 1312 冊，南方出版社，2014 年版。

（5）文津閣四庫全書（典藏版，16 開精裝，全 200 冊），商務印書館四庫全書出版工作委員會編委會編，商務印書館，2016 年版。

（6）文津閣《四庫全書》影印專題版系列——福建文獻彙編，160 冊，商務印書館四庫全書工作委員會編，商務印書館，2005 年版。

（7）文津閣《四庫全書》影印專題版系列——清史資料彙刊，16 開精裝，全 130 冊，商務印書館四庫全書工作委員會編，2005 年版。

按，《彙刊》從文津閣《四庫全書》所收錄的清人著述中精選出 240 餘種，約計一萬餘卷、一億五千萬字，彙編成 130 冊，影印出版。《彙刊》精選的 240 餘種清人著述，遍及經史子集四部，並且其下的各個重要門類和主要子目，彙集了有關清代社會、政治、經濟、軍事、邊疆、民族、文化、科技等各處領域的重要資料。以文化為例，在學術思想方面，有胡渭《易圖明辨》、閻若璩《尚書古文疏證》、王夫之《詩經稗疏》、秦蕙田《五禮通考》、惠棟《九經古義》、黃宗羲《明儒學案》等諸多研究儒家經典以及學術流派的著述；在文字音韻方面，有顧炎武《詩本音》、江永《古韻標準》等專門探討古代音韻的作品；在目錄版本方面，有官修《欽定天祿琳琅書目》、《四庫全書簡明目錄》（文津閣本）、《欽定武英殿聚珍版程式》等專門書籍；在天文數學方面，有王錫闡《曉庵新法》、梅文鼎《曆算全書》、官修《儀象考成》《數理精蘊》等精研古代天算，乃至融會中西天文、數學知識的專門著作；在典制儀節方面，有《欽定大清會典》《欽定皇朝禮器圖式》《欽定滿洲祭神祭天典禮》等各種官修典籍；在詩詞文章方面，不僅有官修《皇清文穎》《欽定四書文》《欽定千叟宴詩》等總集類著述，更有吳偉業、施閏章、王士禎、汪琬等諸多清代名家的精品。

（8）文津閣《四庫全書》影印專題版系列：書畫藝術文獻彙編，全 50 冊，商務印書館四庫全書工作委員會編，商務印書館，2013 年版。

（9）四庫全書選刊：文津閣本醫典，廣陵書社，2015 年版。

（10）文津閣《四庫全書》：天一閣彙刊，全 30 冊，商務印書館四庫全書工作委員會編，商務印書館，2008 年版。

（11）四庫全書選刊：文津閣本御定全唐詩，廣陵書社，2015 年版。

（12）四庫全書選刊：文津閣本全新彩版經部十三經注疏，廣陵書社，2015 年版。

文溯閣四庫全書

文溯閣仿明代天一閣建造，主體建築外觀兩層，實為三層。清乾隆四十七年（1782）竣工，四十八年（1783）《四庫全書》《欽定古今圖書集成》入藏，立《御製文溯閣記》碑於文溯閣東側。為保護文溯閣及其《四庫全書》，經盛京內務府奏准，特增設文溯閣衙門管理文溯閣事務，設九品食俸催長一員、食餉催長一員，掌《四庫全書》之藏，隸屬於盛京內務府。每年四月從盛京工部領取樟腦、野雞尾毛撣、短把雞毛撣，供保管圖書之用，每年八月將文溯閣內《四庫全書》《欽定古今圖書集成》晾曬一次。

文溯閣《四庫全書》命運多舛，然書籍至今無損。

民國四年（1915），文溯閣《四庫全書》與《古今圖書集成》運至北平古物陳列所，文溯閣與《四庫全書》第一次書閣分離。民國十六年（1927），在遼寧省政府努力下，文溯閣《四庫全書》復歸文溯閣。民國二十四年（1935），偽國立奉天圖書館發現文溯閣年久失修，滲漏現象嚴重，為了保護閣內藏書，於文溯閣前西南處修建了一座二層樓新書庫，稱為「新閣」。民國二十六年（1937），「新閣」竣工，文溯閣《四庫全書》和《古今圖書集成》全部移入「新閣」。民國三十五年（1946），偽滿國立奉天圖書館改為瀋陽圖書館，後又改為瀋陽故宮博物院圖書館，文溯閣書即由其接管。東北解放後，東北圖書館（今遼寧省圖書館）接管全書。1950 年朝鮮戰爭爆發，當年十月，文溯閣《四庫全書》再次運出瀋陽，達黑龍江省訥河縣訥河城外，1952 年又因訥河水患運至北安縣，這是文溯閣與《四庫全書》第二次分離。

1954 年，文溯閣《四庫全書》重新運回瀋陽。1965 年遼寧省文化廳因備戰需要，建議國家將《四庫全書》撥交西北地區圖書館收藏。文化部報請中央宣傳部並中央文教小組批准，經與中共中央西北局商定，指定由甘肅省圖書館收藏。1966 年 3 月 7 日文化部正式公函回覆，9 月 13 日，遼寧、甘肅兩省圖

書館開始點交文溯閣《四庫全書》，10 月 7 日庫書運離瀋陽，這是文溯閣與庫書第三次分離。10 月 13 日庫書安全抵達蘭州，14 日運抵永登縣連城魯土司衙門妙因寺保藏。1967 年，甘肅省決定重選地址修建新庫，最終確定在榆中縣甘草店木林溝。1971 年 6 月，文溯閣書入藏甘草店戰備書庫。1999 年 5 月，甘肅省決定在蘭州黃河北岸的北山九州臺修建文溯閣《四庫全書》藏書樓，2005 年 7 月 8 日落成，文溯閣庫書自甘草店遷至九州臺。參趙逵夫《蘭州文溯閣四庫全書藏書館記》。

文瀾閣四庫全書

清乾隆四十七年（1782），乾隆下旨將聖因寺旁原藏《古今圖書集成》之藏經閣改建文瀾閣，四十九年（1784），文瀾閣建成，主體建築仿浙江寧波天一閣形制。乾隆五十二年（1787）起，陸續將謄鈔完成的《四庫全書》運抵杭州文瀾閣。清咸豐十一年（1861），太平軍攻入杭州城，文瀾閣因無人管理，部分藏書散失。其時杭州鄉賢丁申、丁丙兄弟合力搶救，收集散失之圖書，運至上海保存。同治年間，文瀾閣藏書運回杭州，繼續回收散失之殘書，同時進行補鈔。清光緒七年（1881），文瀾閣重建，原址築閣三層復其舊觀。清宣統三年（1911），文瀾閣《四庫全書》遷至浙江圖書館收藏。辛亥革命後，浙江圖書館館長錢恂和張宗祥又發起補鈔。具體詳情見顧志興《文瀾閣與四庫全書》〔註 19〕。抗戰時期，文瀾閣四庫全書西遷貴州，在貴州儲藏達九年之久，抗戰勝利後運抵杭州。檔案今存，見《文瀾閣〈四庫全書〉密藏貴陽檔案輯錄》一書〔註 20〕及拙稿《抗戰時期守護文瀾閣〈四庫全書〉檔案編年輯考》。

文淵閣四庫全書補遺（集部）

楊訥、李曉明編，北京圖書館出版社，1997 年。

文津閣《四庫全書》竣工於乾隆四十九（1784），次年春夏間送承德避暑山莊文津閣收藏。此書輯自文津閣本《四庫全書》集部書，為同書之文淵閣本所未見，用補其缺，故而書名題作《文淵閣四庫全書補遺（集部）》，共計十五冊。

〔註 19〕顧志興：《文瀾閣與四庫全書》，杭州：杭州出版社，2004 年。
〔註 20〕貴州省圖書館、中國第二歷史檔案館、貴州省圖書館學會編：《文瀾閣〈四庫全書〉密藏貴陽檔案輯錄》，貴陽：貴州人民出版社，2018 年。

1920 年，前輩知名學者陳垣就曾親自對文津閣本進行清查，統計全書種數、架數、函數、冊數、頁數。陳垣先生還細閱文津閣本所收書的提要，發現與《四庫全書總目提要》有不少差異，因此與幾位學者共同撰寫《景印四庫全書提要緣起》一文，建議將文津閣本的提要彙集影印出來。這可以說是提議影印文津閣本的首例，至今已有八十多年。遺憾的是，文津閣本以善本貯存於圖書館，不對外開放，一般研究者無法借閱，因此長時期來對文津閣本，只能仰而慕之，不能閱而研之。好在於 20 世紀 90 年代初，國家圖書館研究員楊訥先生提議並主持了文淵閣《四庫全書》影印本與文津閣《四庫全書》原書核對錄異的工作，核對從集部開始，後由北京圖書館出版社出版《文淵閣四庫全書補遺（集部）》，二百餘萬字。據該書統計，文淵閣本集部共收書 1273 種，其中與文津閣本有差異的有 788 種，而宋代詩文集，文淵閣本失收、可據文津閣補入的，有 1160 條，涉及 118 種書。後臺灣研究宋史的學者黃寬重，曾據此《補遺》一書，撰寫《文津閣本宋代別集的價值及其相關問題》一文。黃氏仔細將《補遺》與影印文淵閣本核對，發現《補遺》也有疏忽，提出《補遺》所收的宋人詩文，實際上有些已收於文淵閣本，不過卷次不同，而為編者重複收錄。但他認為《補遺》所輯的大部分，確是文淵閣本所缺的，因此以為：「文津閣本宋代文集的部分，保留了不少各書作者個人生平事蹟及詩文的評論資料，對研究各文集的作者提供了更為豐富的信息；此外文中也保留許多對研究宋代史事有所助益的史料，顯示文津閣本的史料價值。」

四庫全書珍本（初集至十二集、別輯）

中央圖書館籌備處輯，上海商務印書館據故宮博物院所藏文淵閣本景印。

關於《四庫全書珍本初集》的影印，見商務印書館之《影印四庫珍本初集緣起》一文，論述已詳。林夕撰有《十年和廿年——影印〈四庫全書珍本初集〉始末》一文〔註21〕，詳細考述《四庫全書珍本初集》影印一事。又馬學良《公心與私意之間：〈四庫全書珍本初集〉影印始末考略》重新考察了這段歷史〔註22〕，資料翔實，亦可參考。全書共選書 231 種，分裝 1961 冊。選書目錄文繁不錄，參見《四庫系列叢書目錄索引》一書。

〔註21〕林夕：《十年和廿年——影印〈四庫全書珍本初集〉始末》，《讀書》，1993 年第 4 期，第 121～127 頁。

〔註22〕馬學良：《公心與私意之間：〈四庫全書珍本初集〉影印始末考略》，《中國出版史研究》，2020 年第 2 期，第 165～177 頁。

附:《影印四庫珍本初集緣起》及《重印〈四庫全書珍本初集〉序》

民國十三年(1924),上海商務印書館為籌備開業三十週年紀念,呈請政府借印文淵閣《四庫全書》,即擬具計劃,復刊布《緣起》一文,文曰:

清代學術,邁越前古;乾隆中葉,乃有《四庫全書》之輯,特開專館,妙選通才,首發中秘之藏,復廣獻書之路,網羅散逸,釐訂體裁,歷時十稔,成書三千四百六十種,七萬九千三百三十九卷。壬寅春月,第一部告成,儲存大內之文淵閣。其後續成三部,分儲奉天之文溯閣,圓明園之文源閣,熱河之文津閣。又其後續成三部,分儲揚州之文匯閣,鎮江之文宗閣,杭州之文瀾閣。此其大較也。

洪楊事起,文宗、文匯,相繼淪亡;聯軍內犯,文源亦付一炬;文瀾幸存劫餘,殘本不及半數。現在完善者,實僅三部。文淵閣本在宮中,文溯、文津,先後移入首都,五星聚奎,可稱盛事。惟是三書萃於一隅,慢藏可慮。明代《永樂大典》,亦曾寫成三部,至乾隆時代,已有殘闕,然尚餘二萬餘卷;庚子一役,或化灰燼,或流人間,公家所存,僅數十冊。以此方彼,能無寒心!

邇者西方學子,涉足京華,獲觀是書,無不驚絕,僉言:四庫開館之時,正當美國獨立之際,泰西文化,方始萌芽,豈料中土於百五十年以前,乃能有此鴻制!法國總揆班樂衛博士,有播通中西文化之大計劃,糾合各國大學校設立中國學院,研究刊行傳播《四庫全書》,並擇要翻譯。現已成立者,法國之外,有英、美、德、奧、義(意)、比、波蘭、捷克八國,大抵碩學通儒為之倡率。日本以同文之故,尤為注重,彼都圖書館有以重金錄副之議;近來退還庚子賠款,設立文化局,刊印是書之說,一倡而百和。其為東西各國所引重也若是。

昔曹石倉有言:「釋道兩家,皆能集刻藏經,惟我儒學,獨無此舉。」今《釋藏》《道藏》,皆由敝公司影印出版矣。儒若有藏,必推是書,不揣棉薄,頗欲為石倉一彌此憾。昔年政府擬印是書,預計依照原式影印,成書一百部,需費二百萬,款鉅難籌,價昂難銷,而本國紙張,又供不應求,非二三十年不能卒事,以此中止。迄今又五年矣,長此遷延,散亡可慮。微聞文淵所儲,成書獨早,尤為

精審，今擬商借影印，稍加縮小，參用外紙，庶幾取價較廉，流通
自易，堆積不廣，弃置非難，五年為期，計日可待。勉盡守闕抱殘
之職，敢為求全責備之言！海內外宏達，鑒此區區，廣為提倡，實
東方文化之幸也。」

書經政府批准運滬影印，並已由敝館點裝三分之一，忽奉公府
秘書處公函，阻止裝運，事因中止。

十四年，政府明令改將文津閣《全書》點交敝館影印，教育部
與敝館簽訂合同。《全書》裝點完畢，正擬請撥專車起運，適戰事發
生，交通阻滯。延至十五年秋，敝館呈請照約起運，事又中變，簽
約無效。

是後文溯《全書》運回東省，雖有校印之議，計劃未定，而瀋
陽失陷，全書遷儲滿鐵圖書館。乾隆成書七部，未及百年，僅存文
淵、文津、文溯三部全書，今又去其一矣。

二十二年，熱河被侵，北平震動，文淵《全書》即隨古物南移，
於是教育部復有選印四庫珍本及委託敝館影印之議，其四月十一日
呈請行政院核准文曰：「……查《四庫全書》中已有單行本者甚多。
茲為節省經費，易於實現起見，擬將其中向未付印或已絕版之珍本
約八九百種，先行付印。……」

四月二十九日，中央圖書館籌備處主任蔣復璁呈覆教育部文曰：
「……查此書曾於民國十三年及民國十四年兩次由前教育部與上海
商務印書館商議印刷，訂有合同，雖皆以故中止，而計劃具在。且
該館印行之《四部叢刊》，曾有多種，乃影印四庫底本，字畫清楚，
樣式合宜，卓有經驗。上年該館雖遭亂受損，但機器資力及復興之
猛，猶為國內各書業之冠。故復璁特往上海與該館多次接洽。……」

六月十七日，教育部委託中央圖書館籌備處與敝館簽訂「影印
《四庫全書》未刊珍本合同」，規定「將文淵閣四庫未刊珍本縮成小
六開本」，限用江南毛邊紙，印成一千五百部，每部九萬葉，分訂千
五百冊，並限二年內將書出齊。訂約後兩月教育部函聘專家十五人，
編訂《四庫全書》珍本初集目錄，選書二百三十一種，較原約增二
萬餘葉，分裝約二千冊。十餘年來中外所期待，敝館所經營者，至
此始得實現。

竊以典章文物，盡在圖書，其存與亡，民族安危所繫；守先待後，匹夫匹婦亦與有責，此敝館被難之餘，所為不揣棉薄，必欲成斯鉅製也。茲事體大，困難自多，故於攝影之初，略述經過情形，當世君子，幸共鑒之。（中華民國二十三年元月　商務印書館謹啟）

王雲五《重印〈四庫全書珍本初集〉序》（《東方雜誌》1970 年第 4 卷第 3 期）文如下：

商務印書館借印《四庫全書》之議，始於民國十三年，在余主持本館編譯所之第四年；迭與政府商洽，兩度功敗垂成，具詳後附之《影印四庫珍本初集緣起》。設非僉壬阻撓，時局影響，則《四庫全書》早已化身千百，宏揚四海，奚至今日之碩果僅存，孤本獨留於海隅耶？二十二年，熱河告警，北平震動，文淵閣《全書》隨古物南移。政府深感孤本之有待保存；本館則因甫經臣劫，愛國難而犧牲，物力艱困，雖初衷不渝，實力大減。於是磋商結果，先其所急，選印向未付印或已絕版之珍本二百三十一種，分訂為千九百六十冊，歷時二年，幸告畢事。除依約繳交政府之一百部，供與國外各大圖書館交換，幸尚保存外；其由本館發行之部份，多數散佈於國內各公私藏書之所。未幾抗戰突發，燬於兵變者固不少；及勝利復員，旋又遭撤守來臺。本館所有已售未售之珍本各書，其在大陸上之命運，咸不可知。至臺省各圖書館所藏，就訪聞所得，完整者不過二三部。

本館在臺改組以來，雖為時厪四年有半，而重版巨著，新刊圖籍，為數孔多，已達民國二十五年之紀錄。去年出版《國學基本叢書》四百種，頁數多至三十二萬，悉力以赴，幸免隕越。自今歲始，除新知各科之編印益邁進外，因思《四庫全書》之景印為本館四十年來所不斷努力，幾經巨劫，此志仍篤。查《四庫全書》所著錄者雖多至三千餘種，然除此次重印珍本外，實際上未刊珍本不逾五百種。余自《國學基本叢書》四百種付印就緒後，即考慮《四庫全書珍本初集》之重版，估計為時一年有半當可告成。設彼時本館尚有餘力，當繼續商請故宮博物院，就碩果僅存之文淵全書其他未刊珍本，為第二、三集之景印。並擬加速進行，每集一年，則民國六十年內，當可竟其全功。如此，縱無景印《四庫全書》之名，已有景

印《四庫全書》之實。余與本館四十五年來之始願，或可於余之餘生目睹其實現歟？是為序。（中華民國五十八年一月三日）

王樹楷著《四庫全書簡論》附錄收錄王雲五作《重印四庫全書珍本初集序》《景印四庫全書珍本二集序》《三集序》《四集序》《五集序》，王氏又有《別輯序》《六集序》《七集序》《八集序》《九集序》等〔註23〕。

民國二十年代中央圖書館籌備處為保存珍本古籍並使能公之於世，乃選取文淵閣《四庫全書》中之部分珍本印成一編，名為《四庫全書珍本初集》。該書經部有易類二十七種、書類三種、詩類六種、禮類三種、春秋類十二種、五經總義類五種、四書類一種、樂類一種、小學類四種。史部有編年類一種、紀事本末類二種、別史類一種、詔令奏議類二種、傳記類二種，地理類三種、職官類三種、政書類二種、目錄類一種、史評類二種。子部有儒家類四種、兵家類一種、醫家類三種、天文算法類三種、術數類十二種、藝術類二種、譜錄類一種、雜家類五種、類書類三種。集部有別集類一百零五種、總集類十種、詩文評類二種。具體書目可參閱《中國叢書綜錄》。現在《四庫全書》已全部刊行問世，《四庫全書珍本初集》只能作為一部附屬小叢書供學人參閱。有民國二十三年至二十四年（1934～1935）上海商務印書館影印本。其後臺灣商務印書館又陸續編印了第二至第十二集，連同別輯共十三集。第二集至第十二集及別輯所收具體書目可參閱原書。〔註24〕

1969 年，在王雲五的主持下，臺灣商務印書館將《四庫全書珍本初集》悉付重印，並從 70 年代初始，陸續影印出版了《四庫全書珍本》第二至十二集，並編印了《四庫全書輯自永樂大典諸佚書》，通稱《四庫全書珍本別輯》，至此，《四庫全書珍本》十三集以 15976 冊的規模行世，其所印書 1878 種，占

〔註23〕 參見王雲五《景印四庫全書珍本二集序》，《東方雜誌》，1971 年第 4 卷第 7 期；《景印四庫全書珍本三集序》，《東方雜誌》1972 年第 5 卷第 7 期；《景印四庫全書珍本第四集序》，《東方雜誌》，1973 年第 6 卷第 7 期；《景印四庫全書珍本第五集序》，《東方雜誌》，1974 年第 7 卷第 7 期；《景印四庫珍本別輯》，《東方雜誌》，1975 年第 8 卷第 7 期；《景印四庫珍本第六集序》，《東方雜誌》，1976 年第 9 卷第 7 期；《景印四庫珍本第七集序》，《東方雜誌》，1977 年第 10 卷第 7 期；《景印四庫珍本第八集序》，《東方雜誌》，1977 年第 11 卷第 7 期；《景印四庫珍本第九集序》，《東方雜誌》，1978 年第 12 卷第 7 期等。

〔註24〕 李學勤、呂文郁主編：《四庫大辭典》下冊，長春：吉林大學出版社，1996 年，第 2105 頁。

文淵閣《四庫全書》總數 3459 種的 54%。經此珍本十三集的影印，「雖無全書之名，已有全書之實」〔註25〕。

文瀾閣四庫全書選粹（1）

浙江圖書館選，浙江圖書館影印鈔補文瀾閣四庫全書本，民國十二（1923）年版。

選書一種，共計一冊。即《金石經眼錄》一卷，清褚峻摹圖，清牛運震補說。

文瀾閣四庫全書選粹（2）

浙江省圖書館編，中華全國圖書館文獻縮微複製中心出版，1996 年，1 函 5 冊，悉按原版套印。

《四庫全書》北四閣書鈐各閣之寶，而文瀾閣本鈐「古稀天子之寶」，且裝幀、紙張等與北四閣各本亦有不同，內容上也有差異。《文瀾閣四庫全書選粹》選經史子集各一種，即清楊名時《周易劄記》二卷、宋孔傳《東家雜記》二卷、清梅文鼎《中西經星同異考》一卷、元胡炳文《雲峰集》十卷。用宣紙朱墨套印，包背裝，分綠、紅、藍、褐四色絹面，悉依原樣影印，保存原本特色。

姜亞沙編《影印珍本古籍文獻舉要》收錄此書，稱「文瀾閣本與北閣各本相比，別具特色。卷端鈐陰文『古稀天子之寶』，卷末鈐陽文『乾隆御覽之寶』，書幅較北閣本略小。文瀾閣本在種數上較北閣本為多。乾隆五十二年（1787）四庫全書查檢撤書，文瀾閣本周亮工等人多種書並未撤出，如今存有原鈔同書完本，另有《問學錄》原鈔本，為北閣本所無。書之卷數，文瀾閣本也與北閣本有所不同，如《雲峰集》文淵閣本缺九、十二卷而文瀾閣本不缺。丁氏補鈔自四庫本，所用底本多有相異，其中不乏諸藏書家所藏宋元秘籍；四庫本《尚書要義》《春秋讞義》《讀四書叢說》等書原鈔底本缺卷，而丁鈔所錄為全本。四庫本乾隆大加刪改，丁鈔則無此弊。因此，文瀾閣本可謂是別本四庫，有著特殊珍貴的價值」〔註26〕。

〔註25〕周積明：《「四庫學」：歷史與思考》，《清史研究》，2000 年第 3 期，第 57 頁。
〔註26〕姜亞沙：《影印珍本古籍文獻舉要》，北京：北京圖書館出版社，2002 年，第 188 頁。

影印（文淵閣）四庫全書四種

中央圖書館選，商務印書館影印文淵閣四庫全書本，民國二十四（1935）年。

此套書選書四種，共計六冊。第一冊《黃祐新樂圖記》三卷，宋阮逸宋胡瑗撰；第二冊《紹熙州縣釋奠儀圖》一卷，宋朱熹撰；第三冊《家山圖書》一卷，宋佚名撰；第四至六冊《欽定補繪蕭雲從離騷全圖》三卷，清蕭雲從繪，清乾隆四十七年敕補繪。

影印（文瀾閣）四庫全書四種

浙江圖書館選，浙江圖書館影印鈔補文瀾閣四庫全書本，1996 年。

此套書共計五冊，第一冊《周易剳記》二卷，清楊名時撰；第二冊《東家雜記》二卷，宋孔傳撰；第三冊《中西經星同異考》二卷，清梅文鼎撰；第四至五冊《雲峰集》十卷，元胡炳文撰。

影印文溯閣四庫全書四種

甘肅省圖書館選，甘肅省圖書館影印文溯閣四庫全書本，2004 年。

此套書共計四冊，收書四種。第一冊《易圖說》，宋吳仁傑撰；第二冊《長安志圖》三卷，元李好文撰；第三冊《墨法集要》一卷，明沈繼孫撰；第四冊《璇璣圖詩讀法》二卷，明康萬民撰。

文津閣四庫全書珍賞

國家圖書館選，北京圖書館出版社影印文津閣四庫全書本，2004 年。

是書四冊，第一冊《詩序》二卷，周卜商撰，宋朱熹辨說；第二冊《歲時廣記》四卷，宋陳元靚撰；第三冊《歸田錄》二卷，宋歐陽修撰；第四冊《孟浩然集》四卷，唐孟浩然撰。

文津閣四庫全書清史資料彙刊

國家清史編輯委員會編，商務印書館，2006 年。

是書從文津閣《四庫全書》所收錄的清人著述中精選出 240 餘種，約計一萬餘卷、一億五千萬字，彙編成 125 冊。這是一部精心選擇、細心審校、內容豐富、利用方便的清史資料彙編，也為四部《四庫全書》各文本的相互比勘以及其他問題的深入探討提供了一個非常重要的座標。

景印摛藻堂四庫全書薈要

臺灣世界書局影印本，1988 年；吉林人民出版社，2002 年。

此書收書 463 種，分裝 500 冊。第一冊包括秦孝儀《景印摛藻堂欽定四庫全書薈要序》，吳哲夫《影印摛藻堂欽定四庫全書薈要的學術價值》，蕭宗謀《影印摛藻堂欽定四庫全書薈要緣起》，閻奉璋《四庫全書中的「全書」》，世界書局編《景印摛藻堂四庫全書薈要目錄》，清陸費墀等撰《欽定四庫全書薈要總目》，《欽定四庫全書薈要分架圖》，清紀昀等撰《欽定四庫全書薈要提要》，《欽定摛藻堂四庫全書薈要書名及作者姓名索引》。

《四庫全書薈要》的編纂，一方面是因《四庫全書》卷帙浩繁，短時間難見成書，因擷取精華，先行繕寫完成《薈要》；另一方面或因乾隆已六十三歲，希望盡早看到開館修書成果。《四庫全書薈要》寫有兩部，乾隆四十三年（1778）第一部《薈要》繕校完成，庋藏故宮摛藻堂；乾隆四十四年（1779），第二部《薈要》告竣，藏於圓明園長春園中的味腴書室。咸豐十年（1860）圓明園被燬，《薈要》與文源閣《四庫全書》一起被燬。1924 年，清帝溥儀被逐出故宮，民國政府成立清室善後委員會，對故宮文物進行清點，發現《薈要》尚塵封於摛藻堂中，保存完好。1925 年，故宮博物院成立，摛藻堂《薈要》與文淵閣《四庫全書》歸其保管。1930 年，清點《薈要》（收書 473 種，計 19931 卷，11151 冊，2001 函），全部書籍完好無缺。1948 年，《薈要》被運往臺灣，歸臺灣「故宮博物院」收藏。1975 年，臺灣「故宮博物院」清點圖書（收書 463 種，20828 卷，11178 冊），清點數字與 1930 年不同。相關研究參見黃愛平《四庫全書纂修研究》第十一章論述。江慶柏等整理有《四庫全書薈要總目提要》，見相關敘錄。學界對《薈要總目提要》的研究不及《總目》。《薈要總目提要》與《總目》著錄的圖書來源有相同，也有差異，相同者二百三十種，不同者二百三十四種，兩者之間的關係值得深入研究。另外，《四庫全書薈要》每本書卷後或書後附有「考證」，這部分考證文字與《欽定四庫全書考證》之間的關聯，也有研究價值。

續修四庫全書

《續修四庫全書》編委會編，上海古籍出版社，2002 年。

續修《四庫全書》之議早已有之。清嘉慶初年，時任浙江巡撫的阮元利用職務之便，在江南陸續採購《四庫》未收書 170 多種，向朝廷進呈，並撰寫《四

庫未收書提要》。這是補修《四庫全書》的開端。光緒十五年（1889），翰林院編修王懿榮上書提議「重新開館，續纂前書」，此後，喻長霖、孫同康等也都有續修之議。1919 年，葉恭綽等赴歐洲考察回國，動議影印《四庫全書》，金梁復以為「書不易續，目則易修」，建議將「二百年來新出書籍」，「始存其目，以待後來」。二者皆因亂世未果。1924 年，上海商務印書館計劃影印文淵閣《四庫全書》，以銷售贏餘「請海內通人，選擇四庫存目及未收書，刊為續編」。1928 年，東方文化事業總委員會下屬的北平人文科學研究所，擬利用日本退還的庚子賠款將續修《四庫》之事列為課題，並開始購求古書。1928 年 12 月 15 日，當時兼任東北大學校長的張學良將軍，也曾提出「擬墊私財」對《四庫全書》進行影印、增補、續修的倡議。但其後因日軍侵略我國東北、華北，時局動盪，續修之事也就逐漸停息，只有一些學者為續修撰寫了相當一部分乾隆以後著述的提要，是為《續修四庫全書總目提要》。詳細論述見宋木文所撰《〈續修四庫全書〉的編纂出版》〔註27〕，謝鳴敏《〈續修四庫全書〉的文獻學價值初探》〔註28〕等文。另有李福標《顧廷龍與〈續修四庫全書〉》一文〔註29〕，對歷來續修《四庫全書》提議進行了詳細回顧。

　　《續修四庫全書》1994 年啟動，由深圳南山區人民政府和上海古籍出版社投資，上海圖書館顧廷龍先生、中華書局傅璇琮先生擔任主編，上海古籍出版社 1996 年開始出版，至 2002 年出齊。此套叢書是在對國家圖書館、上海圖書館、北京大學圖書館等十餘家圖書館進行重點普查基礎上，參照《中國古籍善本書目》所擬定的範圍，力爭收錄具有學術價值的古籍。

　　《續修四庫全書》是經國家新聞出版署和國家古籍整理出版規劃小組批准的國家重點出版工程。這是繼十八世紀清朝編修《四庫全書》後，又一次在全國範圍內對中國古典文獻進行大規模的清理與彙集。《續修四庫全書》沿襲《四庫全書》體例，按經、史、子、集四部分類，用綠、紅、藍、赭四色裝飾封面，16 開本、精裝 1800 冊，分經部 260 冊，史部 670 冊，子部 370 冊，集部 500 冊。其中經部 1237 種，史部 1113 種，子部 1642 種，集部 1396 種，共

〔註27〕宋木文：《〈續修四庫全書〉的編纂出版》，《中國出版史研究》，2015 年第 3 期。
〔註28〕謝鳴敏：《〈續修四庫全書〉的文獻學價值初探》，《新世紀圖書館》，2006 年第 3 期。
〔註29〕李福標：《顧廷龍與〈續修四庫全書〉》，見《四庫文叢》編委會、成都圖書館編《四庫文叢》第二卷，上海：上海交通大學出版社，2014 年，第 33～34 頁。

收書 5388 種。《續修四庫全書》收錄了從清修《四庫全書》以後迄於清末的學術著作，下限大體到 1912 年。每部書皆有底本依據，每種入選圖書，均選取最佳版本影印，其中大量的宋元刻本、名家稿本，為四庫館臣所未見。《續修四庫全書》的收錄範圍包括五個方面，一是補收《四庫全書》遺漏、摒棄、禁燬或列入「存目」中的有學術價值的圖書；二是《四庫全書》已收，但版本殘劣者，改用善本重印；三是補收《四庫全書》以後至辛亥革命（1911）以前有學術價值的著作，主要是清代中期的紀曉嵐、戴震、翁方綱、彭元瑞、任大椿、孫希旦、王念孫、阮元等為代表的「乾嘉學派」著作，清代後期的魏源、龔自珍直至康有為、梁啟超、章太炎等為代表的「新學」著作；四是補收《四庫全書》不收的戲曲小說等文學作品；五是酌收考古新發現的先秦帛書和簡牘本古籍。侯仁之說《續修四庫全書》是「20 世紀末對我國古籍的一次科學的、總結性的大整理」。參見任繼愈、戴逸、侯仁之、楊義四人談《〈續修四庫全書〉出版的重大意義》一文〔註30〕。

　　《續修四庫全書》收錄範圍主要是四庫失收而確有學術價值者、列入四庫存目而確有學術價值者、雖為四庫書而有版本更精良足以取代者、乾嘉以來的重要著述、戲曲及小說有文學價值者、域外訪回漢籍符合收錄原則的、出土簡帛古籍卷帙成編者，尤以乾嘉以來的重要著述為重點。其收書首取其學術價值，次取其版本價值，均選擇善本作為影印底本，僅底本費就用去 1700 多萬元。此書還有另一優點，是為所收諸書一一撰寫了提要。傅璇琮先生於 2002 年 5 月 10 日接受《光明日報》記者訪問時說：「繼 18 世紀清朝編修《四庫全書》後，又一次在全國範圍內對中國古典文獻進行的大規模清理與彙集。它與《四庫全書》配套，構築起一座中華基本典籍的大型書庫，中國古代的重要典籍可大致齊備。」《續修四庫全書》歷時八年完成，這一叢書的出版，給學界利用稀有古籍提供了諸多便捷。

四庫全書存目叢書

　　《四庫全書存目叢書》編委會編，齊魯書社，1997 年。

　　《存目叢書》分經、史、子、集四部。經部收書 734 種，分裝 220 冊，1997 年出版。史部收書 1086 種，分裝 292 冊，1996 年出版。子部收書 1253

〔註30〕任繼愈、戴逸、侯仁之、楊義：《〈續修四庫全書〉出版的重大意義》，《中國圖書評論》，2002 年第 7 期。

種，分裝 261 冊，1995 年出版。集部收書 1435 種，分裝 426 冊，1997 年出版。索引 1 冊。共計 1200 冊。

　　早在 1995 年，《中國圖書館學報》就刊登了一次筆談錄，集成《保存古代典籍研究傳統文化——〈四庫全書存目叢書〉筆談會》一文。參與筆談的專家有武漢大學彭斐章、北京大學朱天俊、武漢大學謝灼華、首都圖書館金沛霖、上海師大圖書館盧正言、甘肅省圖書館潘寅生、北京師大倪曉建、北京大學李國新、鄭州大學柯平、中山大學程煥文。學者們對《四庫全書存目叢書》的編纂出版給予了很高的評價。1996 至 1997 年，《北京大學學報（哲學社會科學版）》集中刊發了數篇與《四庫全書存目叢書》相關的論文，杜澤遜《輯印〈四庫全書存目叢書〉之價值及現狀》〔註31〕，《搶救保存古代典籍 弘揚優秀傳統文化——〈四庫全書存目叢書〉專家訪談錄》〔註32〕，季羨林、任繼愈、劉俊文《四庫存目與〈四庫全書存目叢書〉》〔註33〕，程千帆、鞏本棟《也談〈四庫全書存目叢書〉的編纂出版》〔註34〕等。山東大學《文史哲》也刊發了季羨林、任繼愈、劉俊文《〈四庫全書存目叢書〉編纂緣起》〔註35〕，杜澤遜《〈四庫全書存目叢書〉成書始末》〔註36〕等文。黃永年也發表《談〈四庫全書存目叢書〉》〔註37〕一文。各文集中討論了《四庫全書存目叢書》的編纂、成書、意義和價值。論文易得，自行查閱，茲不贅述。

　　《四庫全書》編纂之時，對所收書籍不少內容經過抽燬和篡改，還有大量典籍被摒棄在外，或予以禁燬，或列為存目。其中僅列為存目的就有 6793 種，幾乎是《四庫全書》的兩倍。四庫存目書籍中諸多著作並非如《總目》所言，並無價值，「僅存其目」即可。事實上，存目書籍對於研究中國古代的哲學思想和政治思想有重要價值。又加之存目書籍漸漸散佚失傳。鑒於此，學者呼籲

〔註31〕 杜澤遜：《輯印〈四庫全書存目叢書〉之價值及現狀》，《北京大學學報（哲學社會科學版）》，1996 年第 5 期。

〔註32〕 《搶救保存古代典籍 弘揚優秀傳統文化——〈四庫全書存目叢書〉專家訪談錄》，《北京大學學報（哲學社會科學版）》，1997 年第 5 期。

〔註33〕 季羨林、任繼愈、劉俊文：《四庫存目與〈四庫全書存目叢書〉》，《北京大學學報（哲學社會科學版）》，1997 年第 5 期。

〔註34〕 程千帆、鞏本棟：《也談〈四庫全書存目叢書〉的編纂出版》，《北京大學學報（哲學社會科學版）》，1997 年第 5 期。

〔註35〕 季羨林、任繼愈、劉俊文：《〈四庫全書存目叢書〉編纂緣起》，《文史哲》，1997 年第 4 期。

〔註36〕 杜澤遜：《〈四庫全書存目叢書〉成書始末》，《文史哲》，1998 年第 3 期。

〔註37〕 黃永年：《談〈四庫全書存目叢書〉》，《中國典籍與文化》，1998 年第 3 期。

編纂出版《四庫全書存目叢書》。1992 年夏，中國東方文化研究會歷史文化分會正式提出編纂出版《四庫全書存目叢書》計劃。1992 年 12 月 23 日獲國務院古籍整理出版規劃小組批准，列為國家重點項目。1993 年 1 月《四庫全書存目叢書》編纂委員會成立，劉俊文任主任。1994 年 5 月開始編纂工作，季羨林任總編纂，胡繩、王紹曾、劉乃和、朱天俊、任繼愈、周一良、胡道靜、張岱年、程千帆、黃永年、冀淑英、饒宗頤擔任顧問。編纂工作以「尊重歷史，保護文獻」為總方針，首先是普遍調查，盡數收集；其次是剔除重複，精選版本；再次是原版影印，整舊如舊。《四庫全書存目叢書》所收書藏於國內外二百餘所圖書館，其中宋刻本十五種，宋寫本一種，元刻本二一種，明刻本二一五二種，明鈔本一二七種，清刻本一六三四種，清鈔本三三〇種、稿本二二種，共收錄歷代典籍四千餘種，六萬餘卷，孤本達三成。這些文獻對進一步研究中國歷史、哲學、文學等重要作用。

四庫全書存目叢書補編

《四庫全書存目叢書補編》編委會編，齊魯書社，2001 年。

據《四庫全書存目叢書補編》例言云，《四庫全書存目叢書》1997 年竣工，「有二百餘種已經查明藏所的存目書，由於篇幅、財力和其他客觀條件的限制而未能編入」。1998 年 10 月，在中國東方文化研究會歷史文化分會的大力支持下，齊魯書社同意出版，愛如生文化交流有限公司投資，《補編》開始纂修。是書收歷代典籍共二百一十九種，大多為稀見珍本，近三成是海外藏品，分裝成九十九冊，編制索引一冊。

需要指出的是，補編所收很多書籍是海內外孤本，極具文獻價值。如浙江省圖書館藏明正德刻本明王九思撰《碧山樂府不分卷》，中國人民大學圖書館藏清乾隆三十九年荊圃草堂刻本清吳雯撰《別本蓮洋集》20 卷《年譜》1 卷《附錄》1 卷，臺灣漢學研究中心藏明刻本明湯顯祖訂《茶經》3 卷，臺灣漢學研究中心藏明萬曆十一年嘉定徐氏家刻本明徐學謨撰《春明稿》3 卷附《填郾續稿》1 卷，日本內閣文庫藏明正德十二年刻本明張元禎撰《東白張先生文集》24 卷，日本內閣文庫藏明嘉靖三年刻本明李承芳撰《東嶠先生集》15 卷，臺灣漢學研究中心藏明刻本配舊鈔本明卓爾康撰《易學全書》50 卷，等等。存目補編填補了《存目》書的不足，為學術研究提供了諸多便捷。

《存目叢書》及《補編》對研究《四庫全書》起到了極大的推動作用，許多稀世珍品影印出版，為學者提供諸多便利。書籍的編纂，清楚地標明影印所

據版本，及版本所藏之所。《存目叢書》及《補編》可與《四庫提要著錄叢書》
《四庫全書底本叢書》聯合使用。

四庫禁燬書叢刊

《四庫禁燬書叢刊》編委會編，北京出版社，1999 年。

從乾隆三十九年（1774）至乾隆五十七年（1792），禁燬書籍（包括全燬、
抽燬）達 3000 種之多，這一數字尚為不完全統計。《四庫禁燬書叢刊》自 1996
年開始編纂，1999 年全部影印完成，歷時四年。此套叢書共計 311 冊（包括
索引一冊），計經部 10 冊收書 16 種，史部 75 冊收書 157 種，子部 38 冊收書
59 種，集部 187 冊收書 402 種，310 冊共收書 634 種。叢書所收孤本約占總數
的 15%，善本約占總數的 75%，極為珍貴。

《四庫禁燬書叢刊》依《四庫全書》體例，分經、史、子、集四部。禁燬
書採集範圍依據的目錄文獻包括孫殿起《清代禁書知見錄》、姚覲元《清代禁
燬書目》、雷夢辰《清代各省禁書彙考》、陳乃乾《索引式的禁書總錄》等。這
些書籍收錄的是被《四庫全書》排斥在外的禁燬書籍，因為書籍在清代多被列
為禁書，因此書籍存世情況堪憂，能夠將禁燬書籍進行彙編實則是對存世古籍
的保護。《四庫禁燬書叢刊》收錄禁燬書籍逾六百種，是迄今為止最大規模的
清乾隆時期禁燬書籍的彙編。特別需要指出的是，《四庫禁燬書叢刊》並不包
括禁燬小說、戲曲，這樣有助於集中進行叢書編纂。關於此叢書的相關情況，
簡述如下：

一、與《四庫全書存目叢書》交叉重複的問題

《四庫禁燬書叢刊》收書，依據的是各種四庫禁燬書目的著錄。
但其中確有部分抽燬書經抽燬後又列入《四庫全書存目》，極個別的
甚至收入《四庫全書》。因此，這裡有一個明確的界限：《四庫全書
存目叢書》應收入經過抽燬的本子，而本《叢刊》應收入未經抽燬
的本子。

二、與其他叢書和單行影印本重複問題

有些四庫禁燬書曾編入其他叢書如《清人別集叢刊》《福建叢
書》等影印出版，或如《皇明經世文編》《國朝詩別裁集》等單行影
印出版。編者當然不能因為出過影印本就需要避免重複，屏而不錄，
如果那樣就會使《四庫禁燬書叢刊》過於殘缺。但編者還是注意在

時間和能力許可的條件下，儘量使收入本《叢刊》的本子能略勝一籌。

三、收入《四庫禁燬書叢刊》的禁燬書種數問題

據各種四庫禁燬書目統計，四庫禁燬書約三千種左右，摸底後認定現存大約一半。但這次收入《四庫禁燬書叢刊》總數只有六百餘種，與現存數相差很大。有幾個原因：

1.《四庫全書總目提要》著錄並已收入《存目叢書》，又缺乏具有顯著差異的禁燬前原本的書，為避免重複，本《叢刊》不再收錄。

2. 有的作者的全集，包括多種不同內容或不同性質或不同時期的著作，往往全集入禁網，各種著作又分別或部分以獨立書名重入禁網，在統計禁書總數時為多種，待收入本《叢刊》時檢讀原書，才知道實際上只須計入全集一種就都有了。

3. 與前一情況類似，有些清朝地方官員為誇張禁書成績，故意拆零上報禁書各分集名。

4. 同書異名情況存在。

5. 其他將一書誤為二書的情況。

6. 此外，最重要的是有些四庫禁燬書目前無法收入。

《四庫禁燬書叢刊》收錄書籍實際種數，由於這些原因，比原統計禁燬書籍種數必然減少。1990 年之後，與《四庫全書》有關的古籍整理出版工程相繼啟動，《四庫禁燬書叢刊》是緊接《續修四庫全書》《四庫全書存目叢書》之後開始編纂的。在這四部巨型叢書中，清修《四庫全書》是基礎，《續修四庫全書》是其縱向發展，其收錄範圍既包括對《四庫全書》成書前傳世圖書的補選，也包括《四庫全書》成書後著述的續選。《四庫全書存目叢書》《四庫禁燬書叢刊》則是其橫向補充。《四庫禁燬書叢刊》《續修四庫全書》《四庫全書存目叢書》與《四庫全書》構成一個完整的體系，編印《四庫禁燬書叢刊》在文獻學上有著不可估量的價值，亦是澤被後人的重大舉措。《四庫禁燬書叢刊》有「原始性、豐富性、珍稀性、作者的民族性等四大特點。孤本、稀見本、善本占的比例大，史事、人物、文學數據極為豐富，學術價值很高」〔註38〕。有研究者指出，與《四庫全書》《續修四庫全書》《四庫全書存目叢書》相比，《四

〔註38〕何齡修：《五庫齋清史叢稿》，北京：學苑出版社，2004 年。

庫禁燬書叢刊》所用底本最差。主要原因是孤本、善本比例大，收藏過久，紙質發黃變脆，自然耗損嚴重，所以攝印效果不好。有的圖書館認為裝訂線已成文物，拒絕將書拆散攝印，影響邊行字跡攝印效果。關於此書介紹，可參看江慶柏《淺談〈四庫禁燬書叢刊〉的出版》一文〔註39〕。

四庫禁書

李肇翔編，京華出版社，2001 年。

此書共計十六冊，以傳統的經、史、子、集四大部分類編目，精篩精選，再現了整個四庫禁中的精華之作，號稱是國內首次規模最大，選目最嚴、編輯最精的四庫禁書集成。所收典籍絕大部分是孤本、善本、稀見本，多為首次出版，具有極高的版本價值、文物價值和收藏價值。

經部禁書是政治色彩最為濃厚、政治功能最為強大、政治衝突最為激烈的禁書，因與統治者的思想背道而馳導致禁燬，但是有些人卻又能依靠它們統馭天下，成就霸業，所以多為仁者見仁，智者見智的奇書。史部禁書是因揭露宮廷的「家醜」、社會的「虛偽」、歷史的「黑幕」、盛世的「血腥」而為統治者所不能容忍的「大逆不道」的禁書，多是一生心血換來的千古絕唱。其著者命運多舛，輕者丟官、重者丟命，是最具傳奇色彩又最能還歷史真相的一類禁書。子部禁書是論「權」論「術」的雜家諸子典籍，影響國人思想意識，剖析社會方方面面，提高各類生存之「技」而被統治者所忌憚。另一類是下筆鮮活生動，描述自由大膽，反映世俗百態，卻極盡「諷世辛辣」之能事，追求「粗野刻露」之「淫」風的小說。集部禁書則是多數表達慷慨激昂的民族氣節，或驚世駭俗的「另類」評論文集，是最富有個人感情色彩，也最易引來殺身之禍的禁書；另一類為文采出眾、雅俗共賞，卻又被斥為「文風淫蕩」「低級粗俗」的歌賦曲劇。

中國社會科學院民族歷史研究所所長杜榮坤研究員，中國歷史學研究會成員，中央民族大學教授白振聲，文化人類學專家楊聖敏教授，中國社會科學院歷史語言所任一飛研究員對此套書評價甚高。

四庫禁燬書叢刊補編

《四庫禁燬書叢刊》編委會編，北京出版社，2005 年。

〔註39〕江慶柏：《淺談〈四庫禁燬書叢刊〉的出版》，《書品》，2001 年第 6 期。

《四庫禁燬書叢刊補編》計 90 冊，經部 3 冊收書 12 種，史部 27 冊收書 73 種，子部 12 冊收書 38 種，集部 48 冊收書 167 種，90 冊共收書 290 種。正編、補編正文合計 400 冊，收書 934 種。《補編》所收諸書仍然保有正編所具原始性、豐富性、珍惜性、作者的民族性等特點。孤本、稀見本、善本占比較大，史事、人物、文學資料極為豐富，學術價值很高。史部最引人注目的是多種斷代明史，尤其明後期史料。史部收錄多種奏議，主要是明臣奏議，涉及朝野諸多問題，遼代史實是最突出的方面，崇禎年間岷府事變也有較詳細記述。子部有類似現今某些手冊的《應酬全書》等，對研究當時社會風俗、禮儀制度亦有價值。《補編》所收集部書種數超過全書總數一半，其中馮時可《馮元成選集》《侯太史遂園詩集》，官撫辰《雲鴻洞續稿》，涂國鼎《性餘堂集》，楊陸榮《潭西詩集》等均為罕見之本；總集如黃宗羲所輯《明文案》，陳瑚所編《離夏集》也較為珍貴。《四庫禁燬書叢刊》編纂委員會就補編工程做了一些說明，如《四庫禁燬書叢刊》部分補編諸書沒有採入正編，原因是有一些書籍版本國內罕見，欲尋找更完善之本，未能及時列入正編。又有書籍正在修補，不能攝印。又有補配耽擱，或是圖書館正在修繕，工作處於停頓狀態，而無法徵集，或是圖書館索價過高。〔註40〕

四庫未收書輯刊

《四庫未收書輯刊》編纂委員會編，北京出版社，2000 年。

《四庫未收書輯刊》則是在《續修》《存目》《禁燬》之後的又一部巨型叢書。是書根據 20 世紀 20 年代羅振玉等 30 多位著名學者擬定的《四庫未收書分類目錄》，收集了清四庫館臣未見之書和乾隆已降新出之典籍，沿襲《四庫全書》之分類和體例進行編修。共計 301 冊（含索引 1 冊），收書 1328 種，其中經部 288 種，史部 278 種，子部 249 種，集部 513 種。分十輯精裝出版，所選用版本盡力遵守《四庫未收書分類目錄》所著錄版本，每書前加書名頁，著錄書名、卷數、作者、版本，每冊加本冊目錄頁。叢書宗旨是「尊重歷史，保存典籍，擇善而從，整舊如舊」，並剔除了《四庫全書存目叢書》《四庫禁燬書叢刊》《續修四庫全書》已收書籍。

〔註40〕《四庫禁燬書叢刊》編纂委員會：《〈四庫禁燬書叢刊補編〉說明》，《四庫禁燬書叢刊補編》第一冊卷首，北京：北京出版社，2005 年。

四庫提要著錄叢書

《四庫提要著錄叢書》編纂委員會編，北京出版社，2010 年。

《四庫提要著錄叢書》作為一部「原生態」保存中國古代典籍的曠世大型叢書，為還原《四書全書總目提要》「著錄」的 3461 種古代典籍原貌，用 10 年時間以國家圖書館所藏善本為核心，旁及海內外百餘家圖書館、博物館、檔案館及私家藏書，徵訪到 3000 餘種未被 200 多年前四庫館臣遵乾隆旨意篡改、刪節和重寫的存世「原生態」典籍。

《四庫提要著錄叢書》分經、史、子、集四部出版，各自獨立編號。各部正文排序因典籍徵訪之先後並完全按照《四庫全書總目提要》排列，待全書完成後，將出版《四庫提要著錄叢書‧首選》，其中除有按照《四庫全書總目提要》之「著錄」提要順序排列的書名目錄外，還有前言、凡例、書名索引、著名索引，另外還將添加《四庫提要著錄叢書》學術委員會委員、編纂委員會編委、工作委員會委員、出版委員會委員、印製委員會委員等。

《四庫提要著錄叢書》作為「國家古籍整理出版重點項目」，繼承「尊重歷史、還原典籍」之宗旨，將為「四庫學」搭建一個嶄新的平臺，為世界呈獻出一部全新的《四庫全書》。

《四庫提要著錄叢書》收錄 3000 餘種，每套分裝 1200 冊，分 12 輯出版，每輯 100 冊，每冊 700 頁左右，每頁分上下兩欄，精裝 16 開影印。

四庫全書底本叢書

羅琳主編，文物出版社，2019 年。

《四庫全書底本叢書》是一部彙輯存世「四庫底本」的叢書。「四庫底本」是「四庫進呈本」中的一部分。「四庫進呈本」一般在書衣鈐朱文長方木記，書籍首頁或鈐「翰林院印」滿漢文大方印，或鈐「翰林院典籍廳關防」朱文長方印，在封底鈐「備選書籍」朱文長方木記等。這是判定「四庫進呈本」的基本依據。而「四庫底本」正文中還多有四庫館臣留下的朱藍墨字跡、圈刪符號、塗抹痕跡、謄繕格式、夾簽、浮簽、移送單等，而以上「四庫底本」判斷依據，在書籍傳承過程中或有遺失，或被錯裝，特別是夾簽、浮簽、移送單。

羅琳先生對「四庫底本」的鑒定頗有心得，所撰論文對學界啟示甚多。其論「四庫底本」的價值云：「『四庫底本』的價值除了其版本的唯一性外，還有極高的文物價值；更重要的是其文獻價值，很多典籍已不存世，文獻的保存流傳依賴『四庫底本』，特別是四庫館臣輯佚《永樂大典》之鈔本；清乾嘉學派

的訓詁、校勘、辨偽等嚴謹學風在《四庫底本》中得到充分展現；四庫館臣對『四庫底本』的版本選擇，基本做到了擇善而從；另外，從四庫館臣對『四庫底本』的刪改、圈識等可以窺探到當時社會對什麼是『俚淺訛謬』『牴觸本朝』『非聖無法』『離經叛道』，什麼是『有益於世道人心』的政治、社會、教化的價值取向。」〔註41〕

據羅琳先生估計，「散落在世界各地存世的『四庫底本』應該有 500 種左右」。此套《四庫全書底本叢書》共收書 380 種，其中「四庫底本」314 種，「四庫進呈本」66 種。《四庫全書底本叢書》所收之書多有四庫館臣刪改、圈識和夾籤、浮籤等，按一比一影印，經、史、子、集比照《四庫全書》分為四色。當然，《四庫全書底本叢書》標注的「四庫底本」其實也有非「四庫底本」者，如《古靈先生集》。

四庫明人文集叢刊

上海古籍出版社，1991～1993 年。

《四庫明人文集叢刊》「出版說明」云：「《四庫全書》集部別集類收錄明代各個重要時期的二百三十二位作家的近三百種詩文集。現據文淵閣本全部彙編成《四庫明人文集叢刊》……《四庫全書》編修者為每種文集撰寫提要，評介作者、內容及版本等，亦有參考價值，今一併附載。又各冊頁碼前均有該冊在影印《文淵閣四庫全書》中的冊數，今不做改動。」〔註42〕

《四庫明人文集叢刊》有 60 餘冊，於 1991 和 1993 年分 3 次出版。這套書利用率不高，學界多直接利用臺灣商務印書館影印的文淵閣《四庫全書》，或是已出版的明人別集點校本。

四庫唐人文集叢刊

上海古籍出版社，1992～1994 年。

《四庫唐人文集叢刊》「出版說明」稱：「四庫唐人集中還有不少善本、孤本，所以學者進行整理研究時，多用作底本或校本。」〔註43〕上海古籍出版社

〔註41〕羅琳主編：《四庫全書底本叢書・首卷・目錄索引》，北京：文物出版社，2019年，前言第 2～3 頁。

〔註42〕〔明〕胡翰：《胡仲子集》，《四庫明人文集叢刊・出版說明》，上海：上海古籍出版社，1991 年，第 1 頁。

〔註43〕〔唐〕顏真卿：《顏魯公集》，《四庫唐人文集叢刊・出版說明》，上海：上海古籍出版社，1992 年，第 1 頁。

以文淵閣《四庫全書》所收唐人集七十八種，編為《四庫唐人文集叢刊》，另編有目錄，附有提要。此套叢書與《四庫明人文集叢刊》一樣，利用率亦不高，學界基本不用四庫本，而用已經整理出版的唐人別集精校本。當然，四庫本唐人別集並非全部不佳，如李華《李遐叔文集》是四庫館臣輯佚本，此本有一定的校勘價值。

《明文海》文淵閣本抽燬餘稿

全國公共圖書館古籍文獻編委會編，中華全國圖書館文獻縮微複製中心，2000 年。

此書係《中國公共圖書館古籍文獻珍本彙刊·集部》之一種，線裝，一函二冊。《明文海》是一部內容豐富、卷帙浩繁的明代文稿總集。清朝乾隆對《四庫全書》進行復檢時從內廷文淵閣原藏鈔本中抽燬的部分散葉，共一百三十五葉，此散葉裝訂成冊，從未刊刻。現藏於河南省圖書館。卷前有劉陽序言云：

> 黃宗羲，字太沖，號南雷，又號梨洲，明末清初餘姚（今浙江餘姚）人。……以七年時間編成《明文案》二百一十七卷。其後又在此基礎上不斷增益，至康熙三十二年（一六九三）時，以八十四歲高齡，終於完成《明文海》四百八十二卷的編纂。黃宗羲編《明文海》的主要目的，正如他自己所說「非此不足存一代之書」（黃炳垕《黃梨洲先生年譜》），是為保存明代的文章典籍，也是進一步為纂修《明史》而保存史料。他為此付出了艱苦的勞動，不僅將明代文壇各派的代表性文章搜羅備至，還以「勤力巨眼」，將「埋雜於應酬訛雜之內」的「情至之語」發掘出來（《明文案·序》），甚至遊戲小說家的文章作品也兼收並採，為研究明代政治、經濟、文化、武備等提供了極為珍貴的資料。許多散失零落的文章都賴此得以保存流傳下來。其門人萬貞一說：「則此《文海》，夫子目光心血之所在，有明三百年文士英靈之所寄也。」（黃百家《明文授讀·序》）《四庫全書總目》也稱《明文海》：「可謂一代文章之淵藪，考明人著作者，當必以是編為極備矣。」

《明文海》編成後向無刻本，傳鈔不多。據資料顯示，最接近《明文海》原貌的是黃氏續鈔堂本。而以此本與四庫文瀾閣本核對，卷數雖同，篇目卻相

差極大，四庫本比續鈔堂本短缺一千餘篇。由此可知，今見《四庫全書》所收的《明文海》確已遭刪削。

　　《明文海》抽燬稿由一百三十五葉散葉組成，涉及到《明文海》第七四、七五、七六、七七、二二四、二二七、二二八等七卷內容，基本上按照原書先後順序裝訂成冊，但偶有錯亂顛倒之葉。此散葉用上等開化榜紙，直行紅格，每半葉八行，行二十一字，以端楷鈔就，在紙張、行款等方面都與今見四庫文淵閣本同。尤其是卷二二四末葉及卷二二七首葉分別鈐有「乾隆御覽之寶」與「文淵閣寶」朱印，與《四庫全書》每冊首葉鈐閣名之印章、末葉鈐「乾隆御覽之寶」印章的做法完全一致，更可證明這些散葉確係復檢時從原文淵閣已鈔成的《明文海》中抽出來的。

　　姜亞沙將散葉與上海古籍出版社重新影印臺灣商務印書館影印之文淵閣本《四庫全書》中的《明文海》（以下簡稱重印本）相對照，發現其中有四十餘篇完整文章為重印本所未收，例數焦竑之《修史條陳四書議》、吳道南之《諡法議》、袁黃之《蘇州府賦役議》、徐時進之《常平倉議》、葉向高之《保甲議》、沈懋孝之《七略序》、趙南星之《酒史序》、陳繼儒之《武則天刪偽經自序》等。另有一些散葉只是文章的局部。部分散葉上墨筆刪改勾劃十分顯眼，有些書葉天頭處還草草批註有「換訖」「以下刪至某某頁」等字樣。其被抽燬的原因大都與政治上的違礙有關。其一，消除反抗清朝之民族思想。其二，為加強文化統治，視不合程朱學的思想為異端邪說而加嚴禁。〔註44〕

　　姜亞沙編《影印珍本古籍文獻舉要》收錄此書，舉要內容依據劉陽所作序。文後對影印本順序的調整有說明：「《明文海》抽燬稿本原順序有部分錯亂：卷七十七第六葉在本卷第二十葉之後。卷二百二十七第十九、二十葉在本卷三十二葉後。現影印本為了方便讀者，調整為正常順序。」〔註45〕

《日知錄》文淵閣本抽燬餘稿

　　此書係《中國公共圖書館古籍文獻珍本彙刊‧子部》之一種，線裝，一函一冊，中華全國圖書館文獻縮編複印中心，2000年。

　　據姜亞沙編《影印珍本古籍文獻舉要》稱：

〔註44〕姜亞沙：《影印珍本古籍文獻舉要》，北京：北京圖書館出版社，2002年，第55～58頁。

〔註45〕姜亞沙：《影印珍本古籍文獻舉要》，北京：北京圖書館出版社，2002年，第59頁。

　　《日知錄》康熙三十四年（1695）刻成全書，共三十二卷。是一部按經義、吏治、史地、兵事、藝文等分類編撰的讀書箚記。抽燬餘稿用開化榜紙，朱絲欄墨書，每半葉八行，每行二十一字，與現存於世的文淵閣《四庫全書》款式完全相同。這些散葉裝成一冊，計有四十二葉，順序混亂。現藏河南省圖書館。影印卷前有周新鳳序言。

　　……

　　《日知錄》一書是顧炎武傾注畢生心血的代表著述。此書先有康熙九年（1670）符山堂初刻八卷本，後來顧炎武成其三十餘卷本。其去世十三年後，由弟子潘耒整理手稿，即遂初堂三十二卷本。但是潘耒在整理過程中，為避文字獄之禍，已「於原文多所改竄」（潘承弼《日知錄補校》）。近人黃侃據雍正時舊鈔本考出《素夷狄行乎夷狄》《胡服》等被整條抽出，僅存其目。繼潘氏「改竄」之後，乾隆朝編纂《四庫全書》時更對《日知錄》一書大加抽刪。乾隆五十二年（1787）又下令對已鈔繕成書的《四庫全書》進行全面覆查。河南省圖書館所藏的《日知錄》抽燬稿，正是在這次大規模覆查中，從文淵閣原鈔本《四庫全書》裏撤換出的散葉。這些散葉是20世紀50年代由河南民間採購入藏的。

　　《日知錄》抽燬稿一冊，其裝訂順序混亂，分別為卷八、九、十七、二十一、二十二、二十三、二十四、二十七、二十八、二十九、三十、三十二的散葉，其中以卷二十九散葉最多，可能跟它涉及少數民族的內容有關。散葉上多有以朱筆或墨筆所加的批語和勾劃符號，有的是對某些字句的刪改，有的是對某些條段的刪除。

　　……

　　《四庫全書》在收錄《日知錄》時，不但對顧炎武所主張的「法古用夏」「用夏變夷」等經世主張進行了否定，認為「其說或迂而難行，或憒而過銳」（《四庫全書總目》卷一百一十九），而且在潘本的基礎上再次予以抽刪。《日知錄》凡三十二卷，而覆查中又被抽燬撤換的就涉及到十二卷。如此大量的刪改，可見清王朝文網之密，文禁之嚴。經過此次刪削，《日知錄》一書距其原貌相去更遠了。

此外，某些散葉文字格式原與潘本俱同，但四庫館臣在抽燬葉上旁批「小字改大字提寫」（如《樂府》條），或眉批將小字「俱改大字，另行提寫作七行」（如《寺》條），「重印本」也一一遵批語另行鈔寫。如此「變亂舊式」，正如魯迅所說「清人纂修《四庫全書》而古書亡」。〔註46〕

關於《日知錄》文淵閣本抽燬餘稿》的研究，參見劉祥元《〈日知錄文淵閣本抽燬餘稿〉探析》〔註47〕，周新鳳《〈日知錄文淵閣本抽燬稿〉解析》〔註48〕，王瑞《文淵閣四庫全書〈明文海〉〈日知錄〉抽燬本論述》〔註49〕，陳雪雲《清廷燬書的罪證──論河南省圖書館館藏四庫全書〈日知錄〉〈明文海〉抽燬本的價值》〔註50〕等文。

辦理四庫全書檔案

此書國家圖書館索書信息題「王重民編」，為上下兩冊，線裝〔註51〕。臺灣新文豐出版股份有限公司出版的陳垣著《陳援庵先生全集》第十三冊收錄《史諱舉例‧辦理四庫全書檔案》兩書〔註52〕，而 2009 年安徽大學出版社出版《陳垣全集》並未收錄此書。《耕堂讀書記》「清代文獻（一）」介紹：「《辦理四庫全書檔案》，陳垣鈔出，前有民國二十三年王重民所寫敘例，國立北平圖書館排印，線裝二冊。」〔註53〕2015 年 5 月 30 日北京海王村拍賣有限責任公司拍賣《辦理四庫全書檔案》一書，題「陳垣撰」，線裝 1 函 2 冊，白紙，半框 17.2×11.5cm。

〔註46〕姜亞沙：《影印珍本古籍文獻舉要》，北京：北京圖書館出版社，2002 年，第 85～88 頁。

〔註47〕劉祥元：《〈日知錄文淵閣本抽燬余稿〉探析》，《理論界》，2009 年第 12 期，第 120～121 頁。

〔註48〕周新鳳：《〈日知錄文淵閣本抽燬稿〉解析》，《圖書館工作與研究》，2005 年第 11 期，第 52～53 頁。

〔註49〕王瑞：《文淵閣四庫全書〈明文海〉〈日知錄〉抽燬本論述》，《蘭臺世界》，2009 年第 5 期，第 67～68 頁。

〔註50〕陳雪雲：《清廷燬書的罪證──論河南省圖書館館藏四庫全書〈日知錄〉〈明文海〉抽燬本的價值》，《圖書館工作與研究》，2004 年第 5 期，第 50～52 頁。

〔註51〕王重民編：《辦理四庫全書檔案》，北京：國立北平圖書館，民國二十三年（1934）。

〔註52〕陳垣輯：《辦理四庫全書檔案》，見《陳援庵先生全集》，臺北：新文豐出版股份有限公司，1993 年。

〔註53〕孫犁：《耕堂讀書記》，天津：百花文藝出版社，1989 年，第 52 頁。

　　《辦理四庫全書檔案》一書，為民國時瞭解《四庫全書》纂修的必備史料。是書收錄的是有關《四庫全書》纂修之舊檔，係陳垣自軍機處檔案、內閣大庫起居注中鈔出，搜索之功甚勤，頗具史料價值。王重民是發現這一史料文獻價值的第一人，因此協商袁同禮，將此書整理出版。王重民在《辦理四庫全書檔案》敍例中說：「《四庫全書》纂修之經過，私家絕少紀載。民國九年，政府有影印《四庫全書》之議，新會陳援庵先生撰《編纂四庫全書始末》，從集靈囿舊軍機處檔案及內閣大庫《起居注》等鈔出《辦理四庫全書檔案》三巨冊，余侍先生久，深幸得早窺中秘。去年教育部擬影印《四庫全書》珍本，余以此項檔案記載辦書事頗詳，足資考證；因請於先生及袁守和先生，蒙允付印，乃參以侯植忠君所輯（侯君亦於民國二十一年，從大高殿軍機處檔案鈔出辦書檔一份），益以諸家文集或他書所附載者，接年寫定。適侯君亦來館供職，更重校一過，排印將訖，而侯君病入醫院，因略述原委，並編次條例於左。陳先生尚輯有乾隆御製《四庫紀事詩注》二卷，凡六十四首。關於《四庫》秘聞亦多，恨未能一併付印。」〔註54〕王氏明確指出此稿係陳垣所輯，又參考侯植忠所輯文獻，綜合排比，成此一帙。在述及編撰體例時，王氏又云：「是編所輯檔案有諭旨、有奏摺、有移、有劄，按年編次，其記過檔案，特自為一類，以便檢閱。是編每檔來源，均著明出處，其鈔自大高殿所藏軍機處檔案者，注一『大』字；鈔自中央研究院語言歷史研究所者，注『中』字；陳援庵先生所輯，除《軍機處檔》《起居注冊》外，有乾隆京報或其他檔冊者，則統注一『陳』字，其餘各從所引著者書名。記過檔後附記過統計表，藉知修書時督課之嚴，更可考見某人何年在館，何年不在館，往往有年譜或碑傳所未載之史料，至可貴也。統計表後並附人名索引，以便閱者。大高殿所藏折包，尚有辦書奏摺七十餘件，未及鈔出，應俟將來續補。一九三四年六月二十四日王重民記於國立北平圖書館。」〔註55〕民國學者研究《四庫全書》，所用史料多不出此稿。時至今日，《辦理四庫全書檔案》依然有其重要的文獻價值。陳垣對《四庫全書》纂修史料的發掘力度，在當時眾多學

〔註54〕陳垣、侯植忠等輯，王重民編：《辦理四庫全書檔案》卷首敍例，北京：國立北平圖書館，1933 年，第 1 頁。

〔註55〕陳垣、侯植忠等輯，王重民編：《辦理四庫全書檔案》卷首敍例，北京：國立北平圖書館，1933 年，第 1 頁。按，王重民《辦理四庫全書檔案‧敍例》，又收錄於王重民《冷盧文藪》上冊，上海：上海古籍出版社，1992 年，第 420～421 頁。

者中，確屬第一。《辦理四庫全書檔案》可署陳垣、侯植忠等輯，王重民編，庶無誤矣。

纂修四庫全書檔案

中國第一歷史檔案館編，張書才主編，上下兩冊，上海古籍出版社，1997年。

此書為「清代檔案史料」之一種，專門輯錄有關纂修《四庫全書》檔案史料。書中所輯史料起自乾隆三十七年（1772）正月，迄於嘉慶九年（1804）二月，共計一千五百八十件（目錄著錄一千五百一十九則）。附錄一收錄同治六年（1867）十一月熱河都統麒慶奏文津閣書籍抖晾所需費用折，光緒十八年（1892）六月江蘇學政溥良奏擬先行修建文宗閣緣由片，光緒二十年（1894）五月熱河總督管世綱等奏查明文津閣並園內各殿宇書籍折。附錄二收錄《進四庫全書表文》《辦理四庫全書在事諸臣職名》《四庫全書凡例》《文淵閣記》《文源閣記》《文津閣記》《文溯閣記》。此書輯錄的應燬書籍奏摺一般附有應燬書籍清單，對研究清代禁燬書籍有重要價值。

是書編纂有幾大特點：一、史料文件按時間先後排序，頗為明晰；二、所輯史料皆加有標題，標題所擬較為恰當，研究者可從標題管窺重要史實；三、奏摺有硃批者，一併謄錄；四、史料中用簡稱者，特別是滿漢大臣名，予以補全，方便檢閱。書中凡例有較詳說明，可參閱。

現略述此書價值，供初研者運用此書之鑒。

價值之一：所輯史料來源機密，頗具史料價值、文獻價值。書中主要內容來自軍機處上諭檔、軍機處原折、軍機處原片、軍機處錄副奏摺、軍機處咨文、軍機處諮呈、軍機處原諮、宮中硃批奏摺、內閣移會、內閣移付、內閣題本、內閣檔、內務府奏銷檔、起居注冊、《欽定武英殿聚珍版程式》《辦理四庫全書檔案》（陳垣輯）等。包括了乾隆為纂修《四庫全書》及禁燬書籍所頒發的諭旨，以及嘉慶為辦理空函書籍所頒發的諭旨；軍機處大臣及四庫全書館總裁、總纂等官員關於編纂、審閱、覆校書籍情形及對各級纂修人員進行考核的奏摺、奏片、信函、清單等；各地督撫及學政、鹽政等有關徵繳、查禁書籍等情形的奏摺、奏片、諮呈、書目清單等。書中絕大部分史料均涉機密，非皇帝、大臣及辦書人員不得而知，這些史料對於研究《四庫全書》纂修具有重要價值。所輯史料從乾隆三十七年開始，各種史實前後連貫，《四庫全書》纂修工作的進展可大致得窺。

　　價值之二：史料脈絡清晰，有助於探求《四庫全書》纂修過程。後世研究「四庫」者，所論、所著皆以此書為重要文獻，如張昇《四庫全書館研究》等，依據此書各種史料，考四庫館開館、閉館時間。不僅如此，《四庫全書》纂修也並非始於一時，而是有一個過程。乾隆三十七年至三十八年的三次徵書，似是乾隆步步緊逼促成《四庫全書》編纂的開始。第一階段，乾隆三十七年正月初四「諭內閣著直省督撫學政購訪遺書」，第一時段的徵書由此肇端，但收效甚微。

　　乾隆三十七年正月初四日內閣奉上諭：

　　朕稽古右文，聿資治理，幾餘典學，日有孜孜。因思策府縹緗，載籍極博。其鉅者，羽翼經訓，垂範方來，固足備千秋法鑑；即在識小之徒，專門撰述，細及名物象數，兼綜條貫，各自成家，亦莫不有所發明，可為遊藝養心之一助。是以御極之初，即詔中外搜訪遺書；並命儒臣校刊十三經、二十二史，遍布黌宮，嘉惠後學；復開館纂修《綱目三編》《通鑑輯覽》及三通諸書。凡藝林承學之士，所當戶誦家絃者，既已薈萃略備。

　　第念讀書，固在得其要領，而多識前言往行，以蓄其德，惟蒐羅益廣，則研討愈精。如康熙年間所修《圖書集成》，全部兼收並錄，極方策之大觀，引用諸編，率屬因類取裁，勢不能悉載全文，使閱者沿流溯源，一一徵其來處。今內府藏書，插架不為不富，然古今來著作之手，無慮數千百家，或逸在名山，未登柱史，正宜及時採集，彙送京師，以彰稽古右文之盛。其令直省督撫會同學政等，通飭所屬，加意購訪。除坊肆所售舉業時文，及民間無用之族譜、尺牘、屏幛、壽言等類，又其人本無實學，不過嫁名馳騖，編刻酬倡詩文，瑣碎無當者，均毋庸採取外，其歷代流傳舊書，有闡明性學治法，關係世道人心者，自當首先購覓。至若發揮傳注，考覈典章，旁暨九流百家之言，有裨實用者，亦應備為甄擇。又如歷代名人，洎本朝士林宿望，向有詩文專集，及近時沉潛經史，原本風雅，如顧棟高、陳祖範、任啟運、沈德潛輩，亦各有成編，並非勦說、卮言可比，均應概行查明。在坊肆者，或量為給價；家藏者，或官為裝印。其有未經鐫刊，祇係鈔本存留，不妨繕錄副本，原書給還。

並嚴飭所屬，一切善為經理，毋任吏胥藉端滋擾。但各省蒐輯之書，卷帙必多，若不加之鑑別，悉行呈送，煩複皆所不免。著該督撫等先將各書敘列目錄，注係某朝某人所著，書中要指何在，簡明開載，具摺奏聞。候彙齊後，令廷臣檢覈，有堪備覽者，再開單行知取進。庶幾副在石渠，用儲乙覽，從此四庫七略，益昭美備，稱朕意焉。欽此。〔註56〕

乾隆三十七年十月十七日「寄諭各省督撫學政速行購訪遺書並先將購訪情形奏覆」，進行第二時段的徵書，文中對學政督撫延宕時日頗為不滿，徵書工作依舊不讓人滿意。

大學士劉〈統勳〉字寄各省督撫學政，乾隆三十七年十月十七日奉上諭：

前以歷代流傳舊書及國朝儒林撰述，向來未登大內收藏書目者，已降旨直省督撫會同各學政通行購訪，彙列書名奏聞，再令廷臣檢覈，行知取進。迄今幾及匝歲，曾未見一人將書名錄奏，飭辦殊為延緩。我國家重熙累洽一百二十餘年，於今文治光昭，遠暨山陬海澨，所在經籍書庫，藏弆甚多，採摭本非難事。其間即屬家傳善本，珍秘有加，然一聞稽古右文之詔，且令有司傳鈔副本，善為經理，當無不踴躍爭先。為大吏者果能及時率屬加意蒐羅，自當有求必應，何至閱時既久，裒集無聞？或各督撫等因前後適遇調任，受代因循，未及悉心董率，又或疑陳編故冊，非如民生國計為刻不容緩之圖，因以奉行具文，徒致往返遲滯。此在遠僻省分，一時或難於薈萃，至如近畿之北五省及書肆最多之江浙地方，又復從前〔何〕藉口？甚非所以體朕念典勤求之至意也。各督撫等其即恪遵前旨，飭催所屬，速行設法訪求，無論刊本、鈔本，一一彙收備採，俟卷帙所積稍充，即開具目錄，附摺奏明，聽候甄擇移取。仍將現在作何辦定章程及有無購得若干部之處，先行據實奏覆。將此於奏事之便，通諭督撫學政知之。欽此。遵旨寄信前來。〔註57〕

〔註56〕中國第一歷史檔案館：《纂修四庫全書檔案》上冊，上海：上海古籍出版社，1997年，第1～2頁。

〔註57〕中國第一歷史檔案館：《纂修四庫全書檔案》上冊，上海：上海古籍出版社，1997年，第5～6頁。

乾隆三十八年三月二十八日「諭內閣傳令各督撫予限半年迅速購訪遺書」，此為第三時段徵書，並提出纂修《四庫全書》。《四庫全書》之名亦由此而來。

乾隆三十八年三月二十八日，內閣奉上諭：

前經降旨，令各該督撫等訪求遺書，彙登冊府。近允廷臣所議，以翰林院舊藏《永樂大典》，詳加別擇校勘，其世不經見之書，多至三四百種，將擇其醇備者付梓流傳，餘亦錄存彙輯，與各省所採及武英殿所有官刻諸書，統按經史子集編定目錄，命為四庫全書。俾古今圖籍，薈萃無遺，永昭藝林盛軌。乃各省奏到書單寥寥無幾，且不過近人解經、論學、詩文私集數種，聊以塞白。其實係唐宋以來名家著作，或舊版僅存，或副稿略具，卓然可傳者，竟不概見。當此文治光昭之日，名山藏弆，何可使之隱而弗彰！此必督撫等視為具文，地方官亦第奉行故事，所謂上以實求，而下以名應，殊未體朕殷殷諮訪之意。且此事並非難辦，尚爾率略若此，其他尚可問乎？況初次降旨時，惟恐有司辦理不善，藉端擾累，曾諭令凡民間所有藏書，無論刻本、寫本，皆官為借鈔，仍將原本給還。揆之事理人情，並無阻礙，何觀望不前，一至於此！必係督撫等因遺編著述，非出一人，疑其中或有違背忌諱字面，恐涉手干礙，預存寧略毋濫之見，藏書家因而窺其意指，一切秘而不宣。甚無謂也！文人著書立說，各抒所長，或傳聞異辭，或紀載失實，固所不免。果其略有可觀，原不妨兼收並蓄。即或字義觸礙，如南北史之互相詆毀，此乃前人偏見，與近時無涉，又何必過於畏首畏尾耶！朕辦事光明正大，可以共信於天下，豈有下詔訪求遺籍，顧於書中尋摘瑕疵，罪及收藏之人乎？若此番明切宣諭後，仍似從前疑畏，不肯將所藏書名開報，聽地方官購借，將來或別有破露違礙之書，則是其人有意隱匿收存，其取戾轉不小矣！且江浙諸大省，著名藏書之家，指不勝屈，即或其家散佚，仍不過轉落人手。聞之蘇湖間書賈書船，皆能知其底裏，更無難於物色。督撫等果實力訪覓，何慮終湮？惟當嚴飭地方官，勿假手吏胥，藉名滋擾，眾人自無不踴躍樂從。即有收藏吝惜之人，泥於借書一癡俗說，此在朋友則然，今明旨徵求，借後仍還故物，於彼毫無所損，又豈可獨抱秘文，不欲公之同好乎！

再，各省聚書最富者，原不盡皆本地人之撰著，祇論其書有可採，更不必計及非其地產，則搜輯之途更寬，方不致多有遺逸。著再傳諭各督撫等，予以半年之限，即遵朕旨，實力速為妥辦。俟得有若干部，即陸續奏報，不必先行檢閱。若再似從前之因循搪塞，惟該督撫是問。將此一併通諭中外知之。欽此。〔註58〕

價值之三：保留了大量被忽略的四庫館臣的信息。四庫館臣數量多少，至今尚無明確數字，即便是概數也相差甚遠。而軍機處奏查所進書籍錯誤，對總裁、總校等人進行察議之事，一方面可窺探《四庫全書》纂修的細節，另一方面則留存了四庫館臣的相關信息，這些吉光片羽對統計四庫館臣數量，稽考四庫館臣事蹟亦有裨益。乾隆四十五年四月二十三日「軍機大臣奏查明正月至三月所進書籍錯誤次數請將總裁等交部察議片」中記載：「總裁程景伊記過三次、王杰記過一次；總閱曹秀先、周煌、謝墉、李汪度各記過二次，胡高望、錢載、竇光鼐、倪承寬、吉夢熊各記過一次；總校楊懋珩記過二十次，繆琪記過十七次，王燕緒記過十六次，朱鈐記過十四次，倉聖脈記過五次，何思鈞記過四次；分校王嘉賓記過十六次，朱炘記過十次，李荃、吳甸華、吳裕德、程琰各記過八次，鄒奕孝、郭祚熾、卜維吉各記過六次，方大川、郭晉、范來宗、羅萬選、劉景岳、張敦培、沈孫璉、潘庭筠、李棨各記過四次，邱廷灝、孫溶、溫汝適、葉蘭、張曾炳、秦泉、田尹衡、張燾、張虎拜、李荃、季學錦、王嘉曾、范鏊、陳木各記過二次，應交該部照例分別察議。」〔註59〕乾隆四十五年七月二十四日「軍機大臣奏查明四月至六月所進書籍錯誤次數請將總裁等交部察議片」中云：「十一阿哥記過二次，總裁嵇璜記過二次，董誥記過五次，王杰、曹文埴各記過一次；總閱倪承寬記過八次，朱珪記過六次，吉夢熊記過四次，李汪度記過三次，胡高望、錢載、周煌、謝墉、竇光鼐各記過二次，達椿記過一次；總校楊懋珩記過六十次，倉聖脈、王燕緒各記過三十九次，朱鈐記過三十八次，繆琪記過三十次，何思鈞記過十二次；分校李斯㖵（詠）記過三十次，葉蘭記過二十八次，季學錦記過二十二次，郭祚熾記過十六次，嵇承志、秦泉各記過十四次，朱炘、胡予襄、王鍾泰各記過十二次，沈培、吳垣、王瓛、李棨各記

〔註58〕中國第一歷史檔案館：《纂修四庫全書檔案》上冊，上海：上海古籍出版社，1997年，第67～69頁。

〔註59〕中國第一歷史檔案館：《纂修四庫全書檔案》上冊，上海：上海古籍出版社，1997年，第1161～1162頁。

過十次，石鴻翥、張曾效、潘庭筠、羅萬選、張曾炳、袁文邵各記過八次，楊
壽楠、汪學金、錢樾、張燾、雷純、金學詩、黃晃各記過六次，卜維吉、范鏊、
蔡鎮、陳昌齊、翟槐、周鈜、吳俊、莊通敏各記過四次，鮑之鍾、邱桂山、王
家賓、宋鎔、羅修源、沈孫璉、裴謙、常循、汪日贊、李荃、汪鏞、吳壽昌各
記過二次，均應交內務府、都察院、吏部照例分別察議。」〔註60〕乾隆四十五
年七月「全書處彙核四至六月繕寫全書訛錯及總裁等記過清單」更是詳細記載
四庫館臣所校勘書籍，所出現訛誤，如：

> 《四溟集》內「不姤蛾眉心自閒」句，「蛾」訛「娥」。總校官
> 繆琪記過一次、分校官汪學金記過二次。
>
> 《四溟集》內「斷雲飛去遼天闊」句，「遼」字少寫兩點。總校
> 官繆琪記過一次、分校官張曾效記過二次。
>
> 《野趣有聲畫》內「槍橫鼎內茶」句，「槍橫」訛作「鎗鎮」。
> 總校官朱鈐記過一次、分校官翟槐記過二次。此冊係總裁曹（文埴）
> 閱。
>
> 《野趣有聲畫》內「四野農歌蠶麥天」句，「農」訛「人」。總
> 校官朱鈐記過一次、分校官李棨記過二次。〔註61〕

同一冊書籍的分校官不同，這說明一部書有不同的校勘官，校勘效果或有
不同，這有待後續研究。《野趣有聲畫》分校李棨在現存四庫底本書籍的浮簽
中見過多次，北京大學圖書館藏「大倉文庫」有一部《梅岩胡先生文集》，係
四庫底本，卷一有浮簽一枚，上有校改文字「徒扛，扛當作槓，今改」，末有
「分校李棨簽」五字朱印。卷二、卷十皆有校改，也都有浮簽，「分校李棨簽」
木戳應該是提前刻好，用於校勘後簽名之用的。據《纂修四庫全書檔案》知，
李棨還校勘過《會稽志》，「《會稽志》內『蕈字一作菭』句，『蕈』訛『薄』；
又『芥千金而不盼』句，『盼』訛『眄』；又『江總』，『總』字訛『摠』。總校
官楊懋珩記過三次、分校官李棨記過六次」。從檔案記載來看，《會稽續志》《姑
蘇志》《三吳水考》《宗澤集》《楊繼盛集》等，李棨皆任分校。隨著四庫底本
的發現，眾多史料結合研究或可進一步暸解《四庫全書》書籍校勘情形。

〔註60〕中國第一歷史檔案館：《纂修四庫全書檔案》上冊，上海：上海古籍出版社，
　　　　1997年，第1184～1185頁。

〔註61〕中國第一歷史檔案館：《纂修四庫全書檔案》上冊，上海：上海古籍出版社，
　　　　1997年，第1187～1188頁。

價值之四：保存了眾多禁書史料，是研究清代文禁的重要資料。如乾隆四十七年八月二十八日「閩浙總督陳輝祖奏第二十二次繳送應燬書籍折（附清單一）」中記載禁書書目頗詳。

現查出應禁書十種，共二十四部：

《朱子異同條辨》二部，刊本。是書係李沛霖同弟楨訂。計四十卷，俱全。書中每條採拾先儒論說之後，附以呂留良講義，應銷燬。

《甲乙事案》一部，鈔本。是書文秉撰。分上下二卷，全係專紀明福王由崧在南京時事。書中有指斥字句，應銷燬。

《戎事類占》一部，刊本。是書明孫汝成著。計二十卷，全。所載多係占驗之術，未便存留。

《太乙統宗寶鑑》一部，鈔本。是書不著撰人姓名。所載多係壬遁之局，列為四卷。亦係占驗之學，未便存留。

《讀書論世》四部，刊本。是書明吳肅公撰。俱全。自唐虞三代，以迄於明，論列史事，分為十六卷。中間語多偏僻，其所論統系及金朝髡髮之類，尤為悖謬。

《兩朝遺詩》一部，刊本。是書陳濟生選。全係裒集明天啟、崇禎時人之作，計十卷。中多狂悖字句，應銷燬。

《此觀堂集》一部，刊本。是書明羅萬藻著。全書中多有挖空字句，玩其文義，均係指斥之詞。

《吳文恪集》一部，刊本。是書明吳道南著。共三十二卷，內缺卷六至卷十一。集中語多違礙。

《梳山贈言》一部，刊本。是書王隼編。不全。係裒集友人投贈詩文，中多屈大均作，應銷燬。

《癡山集》十一部，刊本。是書陳孝逸著。計六卷，十部全，一部不全。孝逸生於明末，集中詩詞、書牘頗多干礙之處。

前繳各書內，現又查繳書一百七十一種，共計一千五百六十部：

《明通紀》二十一部，刊本。是書明陳建輯。五部全，十六部不全。

《明實紀》一部，刊本。是書明陳龍可撰。不全。

《明通紀直解》七部，刊本。是書明張嘉和輯。四部全，三部
不全。

《明通紀彙纂》十部，刊本。是書明鍾惺編，王汝南續。七部
全，三部不全。

《明通紀纂》四部，刊本。是書明鍾惺編。三部全，一部不全。

《明紀編年》三部，刊本。是書明鍾惺輯，王汝南續。一部全，
二部不全。

……

以上通共書一百八十一種，計一千五百八十四部。〔註62〕

事實上，《纂修四庫全書檔案》的價值尚不止以上幾條，研讀者可從自己
研究角度入手，充分利用此書。研究「四庫」者，此亦為必讀之書。

于文襄（敏中）手札

清于敏中撰，陳垣署，國立北平圖書館影印本，民國二十二年（1933）。

清乾隆三十八年（1773）纂修《四庫全書》，于敏中充四庫全書處正總裁。
乾隆四十四年（1779）于敏中去世，前後在館共計六年。在歷任十六位總裁、
十二位副總裁中，于敏中在館時間最長，其以實際總裁的身份直接促成了《四
庫全書》的編纂完成。在《四庫全書》編纂期間，于敏中曾於乾隆三十八年至
四十一年間的五月至九月隨乾隆前往熱河行宮（避暑山莊），現存于敏中手札
五十六通，即寫於此時。《于文襄手札》所記，係于敏中授意陸錫熊編纂《四
庫全書》相關事宜，而「編纂四庫全書掌故，私家記載極稀，諸函備述當時辦
理情形，多為官文書所不及，事關中秘，殊可寶貴」〔註63〕。此手札先後被上
海徐氏（渭仁）〔註64〕、星沙黃氏（芳）〔註65〕、武進陶氏（湘）〔註66〕、北

〔註62〕中國第一歷史檔案館：《纂修四庫全書檔案》下冊，上海：上海古籍出版社，
1997年，第1621～1633頁。

〔註63〕陳垣：《書于文襄論四庫全書手札後》，《陳垣學術論文集（第二集）》，北京：
中華書局，1982年，第44頁。

〔註64〕徐渭仁，字文臺，號紫珊，清代藏書家、金石學家、書畫家，藏有《于文襄手
札》《頤齋文稿》等。

〔註65〕黃芳，原名黃晃，字荷汀，清代咸豐、同治時期人。

〔註66〕陶湘，字蘭泉，號涉園，清末民國時藏書家、刻書家。陶氏刊有《武進涉園陶
氏鑒藏明版書目》《涉園所藏宋版書影》《涉園明本書志》等，訂有《清代殿本
書目》《涉園收集影印金石圖籍字畫墨蹟叢書拾遺》等。

京顧子剛〔註67〕收藏。然手札諸通編次錯亂無序，1933 年袁同禮囑陳垣訂正，付北平圖書館影印〔註68〕，是為現在學界常用之本。1934 年 7 月胡適談及「因為考查戴震校的《水經注》的案子，注意到這一冊手札」〔註69〕，於是寫有《跋〈于文襄手札〉影印本》一文。這篇長跋逾七千字，對陳垣編次的順序進行了修正，所排之序頗顯考據之功，除個別函有待修正外，已基本可讀。

2005 年徐慶豐依陳垣影印本順序，將手札中的內容進行初步釋讀，並就于敏中與《四庫全書》纂修問題進行了探究，完成《〈于文襄手札〉考釋——並論于敏中與〈四庫全書〉纂修》一文〔註70〕。此文係首次對《于文襄手札》進行釋讀和研究，篳路藍縷之功不可沒也。就手札而言，對原剳文字的識讀是關鍵，然這一部分有諸多未解疑難。徐先生《考釋》一文中皆存在不能識讀或識讀錯誤之處。然徐先生所做的基礎工作對進一步整理和研究《于文襄手札》頗有助益，研究者多以此為藍本進行文獻引用，如張昇《四庫全書館研究》、楊雪《于敏中年譜》等，所據文字大部分即依徐本所考。就內容研究而言，張曉芝撰有《于敏中與〈四庫全書〉》短剳〔註71〕，對手札中的諸多細節予以關注。趙嘉有《〈于文襄公手札〉與〈四庫全書〉纂修》一文〔註72〕，以手札內容為中心揭橥諸多問題。就于敏中其人而言，楊雪碩士論文《于敏中年譜》對于氏一生事蹟進行勾勒，文獻詳贍，頗具考據之功〔註73〕。之後，劉貝嘉對楊文進行了修正，豐富了于敏中履歷資料〔註74〕。

《四庫全書》纂修時期的原始資料留存較少，私家記錄更是鳳毛麟角。惟于敏中之《于文襄手札》記載頗詳，為《四庫全書》原始資料之最重要者。「在

〔註67〕顧子剛，原北京圖書館副研究員。現國家圖書館所藏手稿《于文襄公手札》二冊見於《顧子剛先生捐贈本館圖書目錄》（《圖書季刊》1946 年第 12 期）一文。關於顧氏生平，趙愛學、林世田之《顧子剛生平及捐獻古籍文獻事蹟考》（《國家圖書館學刊》2012 年第 3 期）所述甚詳，可參看。

〔註68〕陳垣：《再跋于文襄論四庫全書手札後》，《陳垣學術論文集（第二集）》，北京：中華書局，1982 年，第 59 頁。

〔註69〕胡適：《胡適全集》第十三卷，合肥：安徽教育出版社，2003 年版，第 530 頁。

〔註70〕徐慶豐：《〈于文襄手札〉考釋——並論于敏中與〈四庫全書〉纂修》，北京師範大學碩士學位論文，2005 年。

〔註71〕張曉芝：《于敏中與〈四庫全書〉》，《讀書》，2013 年 11 期，第 45 頁。

〔註72〕趙嘉：《〈于文襄公手札〉與〈四庫全書〉纂修》，《圖書館雜誌》，2015 年第 12 期，第 102～106 頁。

〔註73〕楊雪：《于敏中年譜》，南京師範大學碩士學位論文，2014 年。

〔註74〕劉貝嘉：《于敏中年譜新編》，南京大學碩士學位論文，2019 年。

《四庫全書》纂修之初，于敏中曾四次隨乾隆帝前往承德避暑山莊。這期間正是《四庫全書》體例草創、人員召集、工作籌備等事情多雜之時，于敏中採取書信遙控的方式，密授機宜」〔註75〕，所涉修書事宜皆關中秘。詳細論述參見拙文《〈于文襄手札〉述要——兼論〈四庫全書〉纂修的若干問題》〔註76〕。

《于文襄手札》影印本和整理本現均已面世，茲將相關版本臚列如下，以備研究者參考：

1.《于文襄手札》，乾隆間稿本，兩冊，不分卷〔按，此稿本版本特徵如下：每行字數不一，有長箋短箋兩種，無直格，白口，四周單邊。〕，藏於中國國家圖書館善本閱覽室。

2.《于文襄手札》，陳垣署，國立北平圖書館影印本，民國二十二年（1933）。

3.《于文襄公（敏中）手札》，沈雲龍主編《近代中國史料叢刊》第二十二輯，臺北：文海出版社，1966 年版。

4.《于文襄手札》，據中國國家圖書館藏善本複製，北京：全國圖書館文獻縮微中心，1985 年版。

5.《于文襄手札》，詹福瑞主編《國家圖書館藏鈔稿本乾嘉名人別集叢刊》（4），北京：國家圖書館出版社，2010 年版。

6.《于文襄手札》，《中華再造善本續編·清代編集部》，一函兩冊，據中國國家圖書館藏善本影印，北京：國家圖書館出版社，2012 年版。

7.《于敏中致陸錫熊手札箋證》，張曉芝箋證，北京：中華書局，2023 年版。

四庫全書總目

《四庫全書總目》涉及問題較多，前人研究成果多有可取，雖未將《總目》諸問題研究透徹，但總體來看，《總目》已然成為「四庫學」研究的關鍵。關於《總目》，擬從以下幾個方面簡述之。

（一）《總目》的稱謂問題

《四庫全書總目》稱謂不同，如《四庫全書總目提要》《四庫提要》《四庫

〔註75〕張曉芝：《于敏中與〈四庫全書〉》，《讀書》，2013 年 11 期，第 45 頁。

〔註76〕張曉芝：《〈于文襄手札〉述要——兼論〈四庫全書〉纂修的若干問題》，《中國四庫學》第四輯，北京：中華書局，第 307～326 頁。

總目》《總目提要》等。《總目》稱名不統一，但指向卻具有一致性。事實上，《總目》與《總目提要》最初是兩個不同的概念。據乾隆三十八年閏三月十一日《辦理四庫全書處奏遵旨酌議排纂四庫全書應行事宜摺》所載：「《永樂大典》內所有各書，現經臣等率同纂修各員逐日檢閱，令其將已經摘出之書迅速繕寫底本，詳細校正後即送臣等復加勘定，分別應刊、應鈔、應刪三項。其應刊、應鈔各本，均於勘定後即趕繕正本進呈。將應刊者即行次第刊刻，仍均倣劉向、曾鞏等目錄序之例，將各書大旨及著作源流詳悉考證，詮疏崖略，列寫簡端，並編列總目，以昭全備。即應刪者，亦存其書名，節敘刪汰之故，附各部總目後。凡內廷儲藏書籍及武英殿官刻諸書，先行開列清單，按照四部分排，彙成副目。此外，或有向係通行並非應訪遺書，而從前未歸插架者，亦應查明開單，另為編錄。至於纂輯總目，應俟《永樂大典》採撮完竣及外省遺書開送齊全後，再行彙辦進呈。」〔註77〕此段文字，提到四處「總目」，所指需稍作闡釋。其一，《大典》輯佚書中應刊刻的書籍需要列寫著作源流等，此或是以後「提要」纂寫之開端，然後將應刊書籍編寫「總目」。其二，《大典》輯佚書之應刪書籍，列出刪汰原因，存其書名，列在應刊書籍「總目」之後。其三，內廷藏書、武英殿刻書亦彙成目錄，稱為「副目」，此「副目」是相對於《大典》應刊書籍目錄而言的。其四，《總目》的編寫，主要是針對《大典》輯佚書及外省呈送書目所說的，即二者的合編。然而，隨著《四庫全書》編纂的進行，《總目》的撰寫也在發生變化。三十八年五月十七日《諭內閣著總裁等將進到各書詳覈彙為總目並妥議給還遺書辦法》正式提出「四庫全書」一詞，並稱「俚淺訛謬者，止存書名，彙為總目，以彰右文之盛」〔註78〕，此處的「總目」指的是存目書書名的彙編。又，三十九年七月二十五日《諭內閣著四庫全書處總裁等將藏書人姓名附載於各書提要末並另編〈簡明書目〉》云：「辦理四庫全書處進呈總目，於經史子集內，分晰應刻、應鈔及應存書名三項。各條下俱經撰有提要，將一書原委，撮舉大凡，並詳著書人世次爵里，可以一覽了然。」〔註79〕這裡清楚寫明「總目」與「提

〔註77〕中國第一歷史檔案館：《纂修四庫全書檔案》上冊，上海：上海古籍出版社，1997年，第74～75頁。

〔註78〕中國第一歷史檔案館：《纂修四庫全書檔案》上冊，上海：上海古籍出版社，1997年，第117頁。

〔註79〕中國第一歷史檔案館：《纂修四庫全書檔案》上冊，上海：上海古籍出版社，1997年，第229頁。

要」之間的關係，「總目」分刻、鈔、存三類，每一類均寫有提要，此可看出「總目」與「提要」合二為一。此上諭還有「至現辦《四庫全書總目提要》，多至萬餘種，卷帙甚繁，將其鈔刻成書，繙閱已頗為不易，自應於提要之外，另列《簡明書目》一編，祇載某書若干卷，注某朝某人撰，則篇目不煩而檢查較易。俾學者由書目而尋提要，由提要而得全書，嘉與海內之士，考鏡源流，用彰我朝文治之盛」數語，正式稱所辦的「總目」為《四庫全書總目提要》。而另編的「簡明書目」此處的意思是只列出書目，換言之，即《四庫全書總目提要》中的書目。那麼，這個書目可以稱為「四庫全書總目」或「四庫全書簡明目錄」，由文意知，無論是「總目」還是「簡明目錄」均只是書目而已。由書目尋《四庫全書總目提要》，再由《四庫全書總目提要》尋《四庫全書》可斷定這一點。實際上，《四庫全書總目》與《四庫全書總目提要》確實應該是兩部不同的書，前者是書目，後者是書目與提要的合體。如四十一年九月三十日《諭內閣著總裁等編刊〈四庫全書考證〉》中就說「前經降旨，令將四庫全書總目及各書提要，編刊頒行。所有諸書校訂各籤，並著該總裁等另為編次，與總目、提要，一體付聚珍版排刊流傳」［註80］，這裡明顯是將「總目」與「提要」分別對待的，「總目」只是書目，「提要」則是書目與考訂俱存［註81］。所以，摘略敍述書中大旨的書目，稱謂上應該有「提要」二字。但到乾隆四十六年，《四庫全書總目》與《四庫全書總目提要》指向漸次統一，稱呼上並不存在異議。如乾隆四十六年二月十三日《諭內閣著將列朝御纂各書分列各家著撰之前並將御題四庫諸書詩文從總目卷首撤出》中有云「據四庫全書總裁奏進所辦《總目提要》內，請於經、史、子、集各部，冠以聖義、聖謨等六門，恭載列聖欽定諸書及朕御製、御批各種」［註82］；又如四十六年二月十五日《諭內閣所有四庫全書各部俱各按撰述人先後依次編纂》，稱「昨據四庫全書總裁奏進總目，請於經、史、子、集各部，冠以聖義、聖謨等六門」［註83］，簡稱《總

〔註80〕 中國第一歷史檔案館：《纂修四庫全書檔案》上冊，上海：上海古籍出版社，1997 年，第 537 頁。

〔註81〕 按，至今所見《四庫全書總目》只有「書目」者，即日本文化二年（清嘉慶四年），古香堂、慶元堂刻本，不分卷，這部目錄只有書名、卷數、作者，無提要內容。

〔註82〕 中國第一歷史檔案館：《纂修四庫全書檔案》下冊，上海：上海古籍出版社，1997 年，第 1289 頁。

〔註83〕 中國第一歷史檔案館：《纂修四庫全書檔案》下冊，上海：上海古籍出版社，1997 年，第 1290～1291 頁。

目》；二月十六日《軍機大臣奏遵將〈四庫全書總目〉體例上諭交大學士等閱看片》中稱《四庫全書總目》；同在二月十六日，《諭內閣〈總目提要〉辦竣總纂官紀昀陸錫熊等交部從優議敘》中云「《四庫全書總目提要》現已辦竣呈覽，頗為詳覈，所有總纂官紀昀、陸錫熊著交部從優議敘，其協勘查校各員，俱著照例議敘」〔註84〕；二月十九日《諭〈總目提要〉並黃簽考證書成時俱著列於四庫全書之首》稱「此次所進《總目提要》，並王太嶽、曹錫寶所辦黃簽考證，將來書成時，俱著列於四庫全書之首」〔註85〕。所以，四十六年二月份集中討論「總目」編纂事宜，出現了《總目》《總目提要》《四庫全書總目》《四庫全書總目提要》等不同稱呼，這些名稱指向是一致的。那麼，乾隆三十九年七月二十五日所說的「簡明目錄」編纂何時完成了呢？乾隆四十七年七月十九日《質郡王永瑢等奏〈四庫全書簡明目錄〉等書告竣呈覽請旨陳設刊行摺》云：

> 茲據總纂官臣紀昀、臣陸錫熊等將鈔錄各書，依四庫門類次第標列卷目，並撰人姓名，撮舉大要，纂成《簡明目錄》二十卷。謹繕寫稿本，裝作二函，恭呈御覽，伏候欽定。至《總目提要》業於上年辦竣進呈，荷蒙聖訓指示，令將列聖欽定諸書及御製、御批各種，均按門類，分冠本朝著錄各書之上，毋庸概列部首。現在亦已將體例遵奉改正，另行排次，仍編成二百卷，裝作二十函，謹一併覆進。又《四庫全書考證》，亦據纂修官王太嶽、曹錫寶等彙總排纂，編成一百卷，裝作十函，理合一併進呈。統俟發下後，擬將《簡明目錄》繕寫正本，陳設於經部第一架第一層之首，仍遵將歷奉修書諭旨恭冠目錄之首。所有進書表文及應行開列在事諸臣職名，臣等謹分摺另繕進呈，請旨一併寫入書前，以昭右文盛軌。其《總目提要》及《考證》全部，臣等均擬繕寫正本，於文淵閣中間東西御案上次第陳設。此係全書綱領，未便仍分四色裝潢，應請用黃絹面頁以符中央土色，俾卷軸森嚴，益昭美備。其文源、文津、文溯三閣，俟書成後照此辦理。

〔註84〕中國第一歷史檔案館：《纂修四庫全書檔案》下冊，上海：上海古籍出版社，1997年，第1292頁。

〔註85〕中國第一歷史檔案館：《纂修四庫全書檔案》下冊，上海：上海古籍出版社，1997年，第1295頁。

　　　　至《總目提要》及《簡明目錄》二書，均係仰禀聖裁，折衷考

　　訂，兼綜百氏，苞括羣書，洵足嘉惠藝林，應請交武英殿刊刻頒行，

　　垂示萬世。〔註86〕

　　至此，《簡明目錄》所指也明確了。

　　在四十七年七月十九日《質郡王永瑢等奏劉權之協同校辦〈簡明目錄〉可否遇缺補用片》中說「《全書總目》《簡明目錄》及《考證》各部，現在進呈者袛係稿本，應俟發下後，另行趕繕正本各四分，預備陳設……」〔註87〕。則《四庫全書總目》又有「《全書總目》」之謂。

（二）《總目》的版本問題

　　《總目》版本問題的考辨，見崔富章《〈四庫全書總目〉版本考辨》（《文史》第35輯）一文。崔文詳細考察了《總目》存世版本問題，就版刻類別來看，有稿本、鈔寫本、刻本、石印本、鉛印本、影印本等；就版本系統來說，有浙本系統、殿本系統。崔文論斷有價值處係清理了《總目》版本說法的諸多訛誤，提出以下幾種觀點：一，浙本《總目》的底本來自於文瀾閣寫本《總目》；二，殿本《總目》刊刻時間為乾隆六十年〔註88〕；三，殿本《總目》較浙本為優〔註89〕；四，《總目》「揚州小字本」其實就是浙本，而「湖州沈氏本」實為《四庫全書簡明目錄》。上述諸種觀點可成定論。據崔文及現存各圖書館藏《總目》情形，略錄《總目》版本如下，以供參考。另，中華書局1997年整理本《欽定四庫全書總目》附錄《總目》各版本，即來自於崔文。值得注意的是，《總目》稿本、刻本情形複雜，多種問題尚待釐清，如各館稿本之間的關聯性，稿本的學術價值，鈔寫本存世情形，刻本孰優孰劣，各本之間存在差異性的原因等，均非一文可論證清楚。

　　1. 乾隆四十七年至五十三年，紀昀、陸錫熊、張羲年等修訂稿本，皆為

〔註86〕中國第一歷史檔案館編：《纂修四庫全書檔案》下冊，上海：上海古籍出版社，1997年版，第1602～1603頁。

〔註87〕中國第一歷史檔案館編：《纂修四庫全書檔案》下冊，上海：上海古籍出版社，1997年版，第1605頁。

〔註88〕按，以上兩點在崔氏《〈四庫全書總目〉武英殿本刊竣年月考實——「浙本翻刻殿本」論批判》（《浙江大學學報》人文社會科學版，2006年第1期）一文中又有詳細論證。

〔註89〕按，可參崔氏《四庫提要諸本分析——以〈四庫全書總目〉本為優》（《文獻》2012年第3期）一文。

殘稿，上海圖書館藏二十四冊，一百二十三卷；中國歷史博物館殘存十三卷；遼寧省圖書館殘存一卷。這三種稿本，皆有學者撰文關注。

2. 乾隆五十七年，四庫全書館鈔寫本，文溯閣寫本，殘稿，存一百四十三卷，天津圖書館藏，鈐印「文溯閣寶」。

3. 四庫全書館鈔寫本，文津閣寫本，二百卷無卷首，國家圖書館藏，鈐朱文印「文津閣寶」「太上皇帝之寶」「避暑山莊」。此本較為特殊，既不同於定本《總目》，也不同於文津閣《四庫全書》書前提要，與《簡明目錄》內容也不同。

4. 四庫全書館鈔寫本，文瀾閣寫本，殘稿，存二十七卷，其餘諸卷為光緒年間丁丙補鈔，浙江圖書館藏。

5. 乾隆五十七年後，四庫全書館修訂稿本，存六十三卷，國家圖書館藏。此本有修改字跡，其底本與文瀾閣本同，修訂部分與武英殿刊刻本同。此修訂本係武英殿刊本《總目》之底本。

6. 乾隆五十九年或六十年，浙江布政使謝啟昆等刻本，一百冊，二百卷首一卷，浙江圖書館藏，是為浙本。

7. 乾隆六十年，武英殿刻本，一百二十冊，二百卷首四卷，國家圖書館藏，是為殿本。

8. 同治七年（1868），廣東書局刻本（粵東居稽書莊督造），一百二十冊，二百卷首一卷，浙江圖書館藏，姜亮夫藏，國家圖書館藏李文田批註本。此本係重刊浙本，據殿本進行校改，改正了部分訛誤。但經崔氏比較，浙本和殿本差異較大處不改，源出浙本，不離其宗。是本學界稱為粵本。

9. 光緒十四年（1888），上海漱六山莊石印本，二十四冊，二百卷首一卷，杭州大學藏。此本以同治七年粵東居稽書莊督造廣東書局本為底本，裁剪拼接，攝影縮小，石印刊行。

10. 光緒二十年（1894），上海點石齋石印本，存二十三冊，二百卷首一卷，浙江圖書館藏。鈐印「賜書堂藏閱書」「孫氏壽松堂捐贈」，行款與光緒十四年上海漱六山莊石印本同，底本為廣東書局本。

11. 光緒二十年（1894），福建刊本，一百二十冊，二百卷首四卷，浙江圖書館藏。鈐印「光緒二十年四月上海點石齋代印」「鎦氏承乾」「南林劉氏求恕齋藏」。是本以武英殿刊本《總目》為底本。

12. 光緒二十五年（1899），廣雅書局本，一百冊，二百卷首四卷，中國科學院圖書館藏。此本以武英殿本為底本，版式較《武英殿聚珍版書》、浙本、粵本為大。

13. 宣統二年（1910），存古齋石印本，三十二冊，二百卷首一卷，浙江圖書館藏。此本以乾隆六十年浙刻後印本為底本，裁剪拼頁，縮小石印。

14. 民國十五年（1626），上海東方圖書館重印存古齋本，三十二冊，杭州大學圖書館藏。

15. 民國十五年（1926），上海大東書局石印本，四十冊，二百卷首一卷，浙江圖書館。崔氏查對後發現，是本卷七十以前以乾隆六十年浙刻初印本為底本，卷七十一卷以下以同治廣東書局重刊本為底本，石印。

16. 民國二十年（1931），上海商務印書館鉛印本，四十冊，二百卷首一卷，「萬有文庫第一集 國學基本叢書」。此本以乾隆六十年浙刻後印本為底本，鉛字排印。

17. 一九七一年，臺北商務印書館重印本，精裝五冊，二百卷首一卷，卷首有王雲五《合印四庫全書總目提要及四庫未收書・禁燬書目序》。

18. 一九六五年，中華書局拼接影印浙本，一巨冊，二百卷首一卷。1981、1983、1992、2003 年重印，重印本分為兩冊。

19. 一九七一年，臺北商務印書館鉛印本，二百卷首一卷，重印民國二十年上海商務印書館鉛印本。

20. 一九八三年，臺北商務印書館鉛印本，二百卷首四卷，縮印殿本。

21. 一九八八年，上海古籍出版社影印本，二百卷首四卷，縮印殿本。

22. 一九九七年，中華書局排印本，二百卷首四卷，以殿本為底本，參校浙本、粵本。採用新式標點，偶有句讀錯誤。

23. 日本文化二年（嘉慶四年，1805）刊本，不分卷，浙江圖書館藏。此本封條題「官板四庫全書總目」，卷端題「乾隆欽定四庫全書總目」，只有書名、卷數、著者三項，無提要。浙圖又藏一部，係日本文化十一年（1814）刊本，亦不分卷，無提要。

崔先生將《四庫全書總目》版本予以梳理後，版本流播情形大致可得窺探。綜合各本《總目》，現在所存諸本包括閣本提要，此與現存三閣半《四庫全書》（三閣：文淵閣、文津閣、文溯閣，半部：文瀾閣）書前提要內容不同，個中複雜原因需深入研究。又有殿本提要，此本雖是「最優」本，然其中內容卻是

官方思想集中體現，較之稿本提要，其思想性並不佔有優勢。又有稿本提要，
各種稿本最初來源如何，出自何人之手，各本之間的關聯性怎樣，稿本文字與
閣本、定本差異性明顯的原因等，皆需要深入探究。由此來看，《總目》研究
需要從編纂初期開始，對過程進行全方位研究。隨著《總目》研究的深入，版
本研究將出現更有價值的研究成果。研究方法需要考慮宏觀研究與微觀研究
並行，版本流播方能更加清晰。

（三）《總目》的主要內容

　　《總目》共計二百卷，大型官修目錄學書，永瑢領銜，紀昀總纂，實際上
是四庫館臣集體研究成果。《總目》從計劃撰寫，到初次刊刻，再到定本的確
定，歷時十年之久。是書以經、史、子、集提綱列目，設四大類，四十四小類，
其中經部十類，史部十五類，子部十四類，集部五類。經、史、子、集四部之
首，皆冠以總敘，撰述源流之正變，以挈綱領。總敘寥寥數語將經學發展史、
史學纂修史、子學演變史、文學源流史呈現出來，頗有學術價值。各類之下，
撰有小敘，詳述其分類隸屬，以析條目學理，中國傳統目錄源流及演變過程得
以凸顯。子目之後，多附按語，闡明思想淵源，理論依據，發展流變，學術流
派及立目原由等。《總目》著錄四庫所收書 3461 種，79309 卷，存目 6793 種，
93551 卷。囊括中國古代重要典籍，對典籍的價值有相對公正的評價，形成各
種發展史，從大類來說，包括經學史、史學史、子學史和文學史；從小類來說，
則有易學史、禮學史、尚書學史、小說學史、佛學史、道學史等。《總目》所
錄諸書以時代為序，帝王著作分列各朝之首，相關史料可參看《纂修四庫全書
檔案》。《四庫全書》著錄書籍的來源主要包括《永樂大典》輯佚書、內閣藏書、
各省進呈遺書，《總目》對上述書籍一一撰寫提要，包括存目書亦撰提要。提
要撰寫有一定的規則，首列著者姓氏、生平、爵里，並說明史料來源；繼而或
闡述書中內容，揭示主旨；或分析著作淵源，考訂版本，評述優劣；或辨定文
字，增刪章節，分合篇帙；或考書中得失，權衡眾說異同，評述歷代評價偏頗
與否。《總目》各類收錄書籍較為完備，條理秩然，排編得體，提要詳明，嘉
惠學林二百餘年，學者多受其沾溉。因乾嘉樸學思想的影響，《總目》以考據
為主導方法，所得結論頗見學術根柢，館臣多以考證精覈，源流明確自詡，務
求為有用之學，這使其成為中國古典目錄學之集大成者。撰寫提要之人，或為
當時碩儒，或在某一領域超凡卓著，先形成提要稿，然後進行選擇性彙編（一

書兩提要只選其一），進而詳細考訂，由紀昀總其成。提要的學術價值多為學者肯定，但提要出自眾手，雖經紀昀校訂，仍多有訛誤，近人余嘉錫撰有《四庫提要辨證》，胡玉縉著有《四庫全書總目提要補正》（參見相關敘錄），以匡謬補闕，對後學頗有啟示。《總目》內容涉及較多，單從某一方面來看即可形成不同的學術研究點，如余、胡二人所作屬於文獻糾繆一類，以至於直至今日尚有學術論文或著作對《總目》存在的訛誤進行辨證。又有學者關注《總目》中的學術思想，經部的經學、子部的子學、集部的文學均有相關研究成果。近年來，《總目》研究呈現繁榮態勢，學術成果不斷湧現。但就百年研究歷程來看，《總目》研究層累依舊不足，尚需展開更大規模的研究。需要指出的是，王重民《論〈四庫全書總目〉》，來新夏《論〈四庫全書總目〉》等文，對當下亦有啟發。

四庫全書總目·經部

清永瑢、紀昀等纂，廣西師範大學出版社，2019 年。

是書為點校本，全三冊，馬豔超任策劃及責任編輯，並參與點校，張鴻鳴等審訂。此書為《蛾術叢書》之一種。「蛾術」二字，典出《禮記·學記》：「蛾子時術之。」鄭玄注：「蛾，蚍蜉也。蚍蜉之子，微蟲耳，時術蚍蜉之所為，其功乃復大垤。」《蛾術叢書》編委會取此名用意有二，一是勸誡為學者，當以勤奮，方可學業精進，二是以「蛾子」自喻，雖然自身力量微薄，希望能夠在編輯叢書過程中提高自己的學養，增進學識。《蛾術叢書》選書標準是具有學術價值，建國以來沒有點校本或未曾單冊影印過；具有鑒賞、藝術價值的圖書，版刻精良，字體優美，冊數不大的文人雅玩類圖書；具有學術價值，建國以來有點校本或於叢書影印出版過，但是影印本不易得，點校本不精、未滿足學界需要的；具有學術價值，建國以來沒有點校本或未曾單冊影印過的日本漢籍。《蛾術叢書》擬點校的書籍有如下幾種：柯劭忞著《春秋穀梁傳注》，選用民國二十四年北京大學研究院文史部刊鉛印本；《論語義疏》附武內義雄校勘記，選用日本大正十二年懷德堂刊鉛印本；葉昌熾著《藏書紀事詩》，採用芷蘭齋藏宣統二年葉氏家刻本；董康著《書舶庸譚》，選用民國二十八年誦芬室刊九卷本；蘇輿著《春秋繁露義證》，選用宣統二年王先謙刻本；《戊戌六君子遺集》，選用民國六年鉛印本。現今已出版者包括《春秋穀梁傳注》《論語義疏》《戊戌六君子遺集》《四庫全書總目·經部》。

《四庫全書總目·經部》係據中華書局影印浙刻本點校整理，繁體豎排，採用全式標點。《蛾術叢書》編委會在整理說明中將此書點校本的相關問題予以說明：

> 二十世紀六十年代，中華書局拼貼影印了浙本《總目》，並請王伯祥先生斷句。中華書局影印浙本《總目》，便於攜帶、查閱，是半個世紀以來《總目》最通行的版本。但是中華書局影印浙本只有句讀，且拼貼縮印後字體過小，閱讀時頗費目力。有鑑於此，我們以中華書局影印浙本《總目》為底本，參考底本版式及句讀，並略為損益，施加全式標點，不出校勘記，希望能為讀者提供一個方便翻閱、通讀的《四庫全書總目》的版本。中華書局影印本後附《四庫撤燬書提要》與阮元《四庫未收書提要》，此次一併整理，附於全書之後。
>
> 在點校整理的過程中，對於底本中因避諱而改之字，可以確定者，整理本則徑改，不出校記。《總目》體量較大，為簡省篇幅，同時希望可以為讀者提供一個清朗簡明的讀本，對點校整理過程中發現的浙本與殿本、粵本的異同，整理本未據殿本或粵本進行改動，亦不出校記；對點校整理過程中通過對校、他校、理校發現的底本中的一些訛誤及用字前後不統一等情況，整理本對部分字形進行了處理，其餘則未作更正，以示審慎，讀者閱讀時應當注意。

中華書局 1997 年出版《欽定四庫全書總目》點校本，是本存在一些句讀錯誤。此次廣西師範大學出版社整理的經部，較中華本為善。

紀曉嵐刪定《四庫全書總目》稿本

永瑢等撰，國家圖書館出版社，2011 年。

本書據天津圖書館所藏《四庫全書總目》殘存稿本影印，是紀曉嵐親筆刪定的稿本，存七十一卷並卷首、凡例、目錄等。書稿上多有紀曉嵐對《總目》所著錄條目的書名、卷數、撰者、版本、分類、一書位置及避諱問題等內容所做的修改、刪定筆跡，或用墨筆在原文上進行刪改，或在眉端題寫批語，還有將書頁裁割貼補移位者。

《四庫全書總目》是清乾隆年間編纂《四庫全書》過程中產生的一部提要目錄。因撰《總目》是伴隨編纂《四庫全書》而行，紀曉嵐增撤及修改《總目》，因而留下了對該書變動的有關記錄。所以，《總目》提要與《四庫全書》叢書有著密不可分的連帶關係。

　　《總目》提要的纂寫，分為分纂官撰寫提要與總纂官潤色、刪改、整理兩個階段。先由分纂官承擔《總目》某書提要的撰寫任務，然後由總纂官紀曉嵐、陸錫熊等負責對《總目》進行彙總。這部經過紀曉嵐親自潤色刪改的《總目》書稿，稱為《總目》稿本。

　　《總目》稿本傳世不多，今僅知有上海圖書館藏本，存一百二十三卷；天津圖書館藏本，存七十卷；國家圖書館藏本，存六十三卷；中國歷史博物館藏本，存十三卷。天津圖書館收藏的七十卷，是目前所知收藏總稿本數量較多的單位，位居上海圖書館之後的第二家，多於國家書館和中國歷史博物館的收藏。殘存的七十卷，占《總目》二百卷的三分之一強。

　　這部《總目》批校殘稿，是四庫學研究的珍貴文獻。此稿本保存了較多紀曉嵐刪改、潤色的筆跡，對尋覓紀曉嵐刪改提要之痕跡，對研究《總目》提要的完成情況，對研究《四庫全書》的編纂過程，以及紀曉嵐的學術思想，都具有重要學術價值。此稿本是定本《總目》完成之前的最後一稿，在稿本系統中，此稿與定本差異性不大，但依然有研究價值。

　　關於紀曉嵐刪定《四庫全書總目》稿本的研究，參看夏長樸《重論天津圖書館藏紀曉嵐刪定〈四庫全書總目〉稿本的編纂時間》〔註90〕，李國慶《紀曉嵐刪改作者爵里舉例——以天津圖書館珍藏紀曉嵐刪定〈四庫全書總目〉殘存稿本為例》《紀曉嵐潤飾〈四庫全書總目提要〉》舉例》等〔註91〕。

文溯閣四庫全書提要（遼海書社本）

　　董秀石編，遼海書社，民國二十四年（1935）。

　　民國十六年（1927），文溯閣《四庫全書》運回奉天後，由董眾等人鈔補。後董眾被日本人毒害，金毓黻借治喪將董眾初稿帶走，在飛往日本前利用偽滿官員之便委託遼海書社出版。是書用白棉紙石印，線裝，三十二冊，尺寸 26.05 ×15.3×1 cm。因為歷史原因，《文溯閣四庫全書提要》出版數量極少，版本價值較高。

〔註90〕夏長樸：《重論天津圖書館藏紀曉嵐刪定〈四庫全書總目〉稿本的編纂時間》，《湖南大學學報（社會科學版）》，2016 年第 6 期；又參夏長樸《四庫全書總目發微》，北京：中華書局，2020 年。

〔註91〕李國慶《紀曉嵐刪改作者爵里舉例——以天津圖書館珍藏紀曉嵐刪定〈四庫全書總目〉殘存稿本為例》，《山東圖書館學刊》，2010 年第 6 期；李國慶《紀曉嵐潤飾〈四庫全書總目提要〉》，《山東圖書館季刊》，2008 年第 3 期。

　　文溯閣《四庫全書》為北四閣庫書之一，《文溯閣四庫全書提要》是文溯閣庫書閣本提要的彙編。

文溯閣四庫全書提要（中華書局本）

　　金毓黻等編，中華書局，2014 年。

　　《四庫全書總目》有稿本系統、閣本系統和定本系統之分。《文溯閣四庫全書提要》係閣本提要，又稱書前提要。乾隆所修七部《四庫全書》，現存文淵閣本、文津閣本和文溯閣本。此書出版說明稱：「上世紀三十年代初，著名史學家金毓黻先生（一八八七～一九六二）主持偽滿奉天圖書館時，組織人力將該館藏文溯閣《四庫全書》中的每篇提要輯出，成《文溯閣四庫全書提要》一書，於一九三五年由遼海書社排印出版。」〔註92〕1938 年，奉天圖書館還編輯出版了《文溯閣四庫全書要略及索引》一書。兩書流傳極少，學者鮮有引用。1999 年中華全國圖書館文獻縮微中心將《文溯閣四庫全書提要》縮小影印，題名《金毓黻手定本文溯閣四庫全書提要》，列為「中國公共圖書館古籍文獻珍藏本彙刊·史部」之一，印數一百三十套，流傳依舊很少。2014 年，中華書局重新影印《文溯閣四庫全書提要》，並將《文溯閣四庫全書要略及索引》一併收入。《文溯閣四庫全書提要》原為線裝，四函三十二冊，版刻清晰，扉頁書名為楊鍾羲所題，見遼海書社本《文溯閣四庫全書提要》敘錄。《文溯閣四庫全書要略及索引》原為平裝一冊，版權頁顯示出版時間為「偽滿洲國」康德五年（1938），「興亞印刷株式會社」印刷。上述二書，余有藏。

　　據全國哲學社會科學工作辦公室公布的「《〈四庫提要〉彙輯彙校彙考》中期檢查報告」，江慶柏課題組指出，「董眾後人董大一發來了大量有關《文溯閣提要》輯錄者的文獻資料……前幾年，原私立北平弘達學院國文老師董眾的後人提出異議，認為此書的輯錄者是董眾而非金毓黻。因為事關重大，我們和董眾女兒董大一先生取得聯繫。董先生通過電子郵件，發來了大量相關資料。這些資料對文溯閣提要輯錄者的認定有重要價值，也為課題組準確使用文溯閣提要提供了文獻依據。為審慎起見，我們同時將此書恢復原書名《文溯閣四庫全書提要》，不再使用通常所用的《金毓黻手定本文溯閣四庫全書提要》這個書名」〔註93〕。

〔註92〕金毓黻等編：《文溯閣四庫全書提要》，北京：中華書局，2014 年，第 2 頁。
〔註93〕按，《四庫提要》彙輯彙校彙考中期檢查報，參見 http://www.npopss-cn.gov.cn/n1/2017/1208/c400955-29695158.html

全書六冊，每冊新編了目錄。另，是書將原有的兩套書名索引新編了書名首字的筆劃檢字和漢語拼音檢字，見第六冊。此冊有《欽定四庫全書書名索引》，該索引為線裝本《文溯閣四庫全書提要》書末原有的。按，《文溯閣四庫全書提要》線裝本三函三十二冊，1935 年遼海書社出版。線裝本《文溯閣四庫全書提要》除《欽定四庫全書書名索引》外，還有《文溯閣四庫全書提要與總目異同表》《聚珍版本提要與四庫本提要異同表》。又有《文溯閣四庫全書要略》《文溯閣四庫全書書名索引》，此二書原有康德五年（1938 年）發行的單行本，題曰《文溯閣四庫全書要略及索引》，見是書敘錄。

是書卷首載金毓黻《四庫全書提要解題》一文，以《周易正義》《周易本義》《史記》等書為例，詳細比較了原本提要與定本《總目》的差異。解題所敘，有相當大的學術價值。《文溯閣四庫全書提要》與文淵閣、文津閣的差異如何，鈔寫所據之本如何，鈔完時間差異，提要之間的差異，書前提要與定本《總目》的關係等等，諸如此類的問題，皆需要深入探究。文溯閣原在遼寧瀋陽，抗戰期間書籍遷往甘肅，甘肅省政府建文溯閣以藏書。初國卿有《文溯閣與〈四庫全書〉》一文，載於《南方周末》2003 年 7 月 31 日，有助於瞭解文溯閣《四庫全書》的歷史脈絡。

金毓黻手定本文溯閣四庫全書提要

金毓黻編〔註94〕，全國圖書館文獻縮微複製中心出版，1999 年。

《金毓黻手定本文溯閣四庫全書提要》即董眾編《文溯閣四庫全書提要》，編輯者應非金毓黻，見遼海書社本、中華書局本敘錄。此本據遼寧省圖書館藏本影印，影印本卷前有王清原、韓錫鐸前言。此書後附《文溯閣四庫全書提要與總目異同表》《聚珍版本提要與四庫本提要異同表》，書後附有書名、著者的四角號碼索引。

姜亞沙編《影印珍本古籍文獻舉要》收錄此書，其認為「然而《文溯閣四庫全書提要》與編入《四庫全書》各書的提要相校勘，卻幾乎沒有一篇是完全

〔註94〕此處署名應為董眾。金毓黻（1887～1962）又名毓紱，號靜庵，齋名靜悟室、千華山館，遼寧遼陽人。1913 年北京大學畢業後，曾任奉天圖書館副館長、奉天通志館總纂、國史館編修、東北行政委員會秘書、遼寧省政府秘書長等職。後又任偽滿文化協會理事，並兼《滿洲學報》主編，並任行政院參議，任南京中央大學史學系教授、北大文科教授，是我國著名歷史學家、東北文獻學家。著作有《東北通志》等。

相同的」〔註95〕。《文溯閣四庫全書提要》基本保持了分纂官撰寫的每部書提要的原貌，而《四庫全書總目》由於紀昀等人的修改，致使同書的兩篇提要在文字上有很大出入。《四庫全書總目》與《文溯閣四庫全書提要》有很大差異，也就是說《四庫全書總目》中的部分提要，並不完全是文溯閣《四庫全書》的書前提要。另，文溯閣《四庫全書》尚未影印出版，《文溯閣四庫全書提要》是書與提要分離，因而利用此書時需慎重。

文津閣四庫全書提要彙編

《四庫全書》出版工作委員會編，商務印書館，2006 年。

是書全五冊，經部一冊，史部一冊，子部一冊，集部兩冊。此書是《總目》閣本系統之一種，即文津閣《四庫全書》書前提要的總彙。《四庫全書》七閣的每部書書前皆有提要，因此又稱書前提要、閣本提要，以區別於纂修官所撰稿本提要以及定本《總目》。

據書前出版說明所記，文津閣《四庫全書》一九一五年入藏京師圖書館（今國家圖書館），陳垣先生曾進行過清點核對，發現文津閣《四庫全書》書前提要與定本《總目》《四庫全書簡明目錄》內容均有差異，且部分提要差異性很大，因而呼籲加以輯印，供學術之用。但文津閣《四庫全書》書前提要的影印工作一直未能進行，直至 21 世紀初，文津閣《四庫全書》影印工作啟動，書前提要借機彙輯印行。出版說明稱「文津閣《四庫全書》提要的作者，郭伯恭著《四庫全書纂修考》中認定是紀昀，並認為《四庫全書總目》也一併經紀昀統一刪改。今核原書，每條下均列紀昀之名。顯然，四庫館臣也把提要之功勞歸於紀昀。因而書前提要為紀昀主持編纂，當屬事實」〔註96〕。關於書前提要是否是紀昀主持編纂，這一問題要慎重對待。提要稿的完成經歷過複雜的程序，紀昀只是這個程序中的一個重要人物，書前提要與纂修官所撰分纂稿之間有著複雜的聯繫。

此書出版說明歸納了文津閣《四庫全書》書前提要與定本《總目》之間的差異，綜合言之，略有以下數端：一、繁簡不一。《總目》提要繁而書前提要簡，除《四庫全書》中所收《永樂大典》輯本兩書提要基本相同外，大多數內

〔註95〕姜亞沙：《影印珍本古籍文獻舉要》，北京：北京圖書館出版社，2002 年，第 191 頁。
〔註96〕《四庫全書》出版工作委員會編：《文津閣四庫全書提要彙編·出版說明》，北京：商務印書館，2006 年，第 1 頁。

容繁簡有異。二、提要內容有差異。包括收書的條目、書名、卷帙等諸方面。如朱熹《周易本義》，文津閣本有兩條，一條為《周易本義》，一條為《原本周易本義》，《總目》則僅一條《周易本義》；文津閣本為兩書，故為兩條。《總目》則改合之。至於書名不同則甚多。三、《總目》每條之下均列版本，書前提要則無之，但書前提要每條之下均有原書鈔校年月，《總目》則一概刪棄。四、分類不同。《總目》共分四部四十四大類，書前提要則有省併。這些差異對研究《四庫全書》的編纂有重要價值。

　　文津閣《四庫全書》書前提要與閣本原書鈔校並不是同時完成的。有些書前提要完成要比閣本書鈔校時間要早。因此，書前提要與原書之間並不完全相屬，甚至書名、卷數、作者也不一致。書前提要又有文淵閣、文津閣、文溯閣等，各本皆有不同。文津閣本提要與文溯閣本、文淵閣本提要存在一定差異。如乾隆曾下令撤出周亮工的著作，《總目》提要及閣前提要應該一律更換改寫，而文津閣本提要所改與諸本不同，甚至有改而未盡者。北四閣先後成書達十年，其後補鈔、覆核又歷十幾年，各書南北相異，卷帙浩繁，由此而產生差異勢所必然。

　　是書彙編工作，一依文津閣《四庫全書》函冊順序編排（文淵閣略有不同）。為省篇幅，除原書第一條「子夏易傳」後仍保留鈔校官「紀昀、孫士毅」之名的樣式外，其餘則因完全相同而一概刪棄。此外，原書有些提要附在目錄之後，則統一體例，刪棄目錄，其他一仍其舊；又其中有數種御纂書無書前提要，則仍付闕如。全書按部、類編排，不另標卷次。此書為影印本，分上下兩欄，每欄中縫上端題《欽定四庫全書》，單魚尾。首行先列書名，及所屬部類；次行寫「提要」二字；次為提要內容。每篇提要末有乾隆××年×月恭校上。文津閣《四庫全書》提要是一部有學術史料價值和使用價值，並與《總目》內容差異較大的著作，無論對研究《四庫全書》本身的編纂還是古代學術史，均有不可替代的作用。〔註97〕

　　關於文津閣《四庫全書》書前提要的研究，主要是比較研究，尋求各本提要之間的差異。如 2013 年南京師範大學趙喜娟的碩士論文題為《文淵閣、文津閣〈四庫全書〉提要考校──以集部別集類（漢魏至宋代中期）為例》，2018 年江西師範大學周斌的碩士論文題為《〈四庫全書〉明代別集閣本提要

〔註97〕《四庫全書》出版工作委員會編：《文津閣四庫全書提要彙編·出版說明》，北京：商務印書館，2006 年，第 2～3 頁。

考校——以文淵閣本、文津閣本為中心》。楊訥、李曉明輯有《〈四庫全書〉文津閣文淵閣本宋別集類錄異》《〈四庫全書〉文津閣文淵閣本清別集類錄異》《〈四庫全書〉文津閣文淵閣本總集類錄異》《〈四庫全書〉文津閣文淵閣本總集類、詩文評類及詞曲類錄異》等，見 1996～1997 年《北京圖書館館刊》。

文瀾閣四庫全書提要彙編

陳東輝主編，杭州出版社，2017 年。

文瀾閣《四庫全書》在太平天國戰亂後僅剩八千餘冊，不足原書的四分之一，後來經過光緒補鈔、乙卯（一九一五年）補鈔、癸亥（一九二三年）補鈔等三次大規模的補鈔，文瀾閣《四庫全書》基本上恢復了原貌。因補鈔本所據多為足本、善本，故其版本價值往往高於原鈔本。鑒於文瀾閣《四庫全書》的獨特價值，杭州出版社於 2015 年影印出版了該書。《四庫全書》中每一種書前冠有提要，即「書前提要」「閣本提要」，與《四庫全書總目提要》差別甚大，而各閣提要之間也存在不少相異之處。文瀾閣《四庫全書》的書前提要一部分是原鈔本，另一部分是後來補鈔的，因此具有獨特的價值。《四庫全書》原鈔本共計七部，現存四部。董眾編輯的《文溯閣四庫全書提要》，已由遼海書社於 1935 年排印出版，1999 年全國圖書館文獻縮微複製中心影印出版，2014 年中華書局再次影印；《文津閣四庫全書提要彙編》，由商務印書館於 2006 年配合文津閣《四庫全書》影印出版；李國慶主編的《四庫全書卷前提要四種》，收錄了現存的文淵閣、文津閣、文溯閣《四庫全書》之書前提要，以及天津圖書館珍藏的內府寫本《四庫全書》之書前提要，由大象出版社於 2015 年影印出版。因此，除了文瀾閣《四庫全書》的書前提要外，現存其餘三部文淵、文津、文溯《四庫全書》的書前提要均已刊布。陳東輝先生將文瀾閣《四庫全書》的書前提要加以影印出版，填補了書前提要的空白，也使存世四閣《四庫全書》書前提要得以全部為學界所知所用。陳東輝先生將《文瀾閣四庫全書提要彙編》與《四庫全書總目》《四庫全書簡明目錄》《四庫全書考證》合併影印出版。

此書附錄史料豐富，包括《文瀾閣志》《補鈔文瀾閣四庫闕簡記錄》《補鈔文瀾閣四庫闕簡記錄記》《補鈔文瀾閣〈四庫全書〉史實》《丁氏鈔補文瀾閣四庫全書闕簡追紀》《文瀾閣四庫全書史稿》《文瀾閣四庫全書史表》《文瀾閣四庫全書淺說》《西湖文瀾閣規制徵故》《浙江文瀾閣賦》《丁氏興覆文瀾閣書紀》《文瀾閣四庫全書戰時播遷紀略》《杭州文瀾閣四庫全書之過去與現狀》等十

三種近現代學者關於文瀾閣的重要著述，以及程惠新、陳東輝所撰《二○○○至二○一三年〈四庫全書總目〉研究綜述》，陳俞靜、陳東輝編纂的《〈四庫全書總目〉研究文獻目錄》。與杭州出版社出版的文瀾閣《四庫全書》相同，《文瀾閣四庫全書提要彙編》採用四合一的拼版方式影印，大十六開精裝。鑒於文瀾閣《四庫全書》補鈔的複雜情形，《文瀾閣四庫全書提要彙編》一書的運用需配合文瀾閣庫書使用，否則很容易出現問題。

四庫全書卷前提要四種

李國慶編，大象出版社，2015 年。

各閣《四庫全書》所收錄圖書的卷前均冠有提要，其內容不盡相同，研究價值極高。是書彙集了文溯閣、文津閣、文淵閣、天津圖書館藏內府寫本四種《四庫全書》的書前提要影印出版。《四庫全書卷前提要四種》共計 23 冊，第 23 冊為目錄索引。書名索引，依四角號碼檢字法排序。書名依文淵閣本提要所題著錄，後附其所在本書四種卷前提要的簡稱和頁碼，按文淵、文津、文溯、內府的順序排列。是書還附有索引字頭筆劃檢字表和拼音檢字表，查檢甚便。

本書收錄了現存的文淵閣、文津閣、文溯閣《四庫全書》中每一種書的前面所冠有的提要（即「卷前提要」），以及天津圖書館珍藏內府寫本《四庫全書》的卷前提要，合四為一，影印出版，故名《四庫全書卷前提要四種》。

全書共 22 冊，其中第 1 至 9 冊為文淵閣本書前提要，第 10 至 15 冊為文津閣本書前提要，第 16 至 17 冊為文溯閣本書前提要，第 18 至 22 冊為內府寫本書前提要。第 23 冊為「目錄·索引」。本書所收內府寫本書前提要為天津圖書館珍藏善本，在清宮經館臣編纂後自成一書，未見前人著錄，也無研究成果。內府寫本書前提要首度出版面世，可為學者提供原始資料。關於內府寫本書前提要成書之原因，內府寫本書前提要與其他閣本書前提要之關係等問題，都值得深入研究。

四庫提要分纂稿

翁方綱等撰，吳格、樂怡標校，上海書店出版社，2006 年。

此書收錄翁方綱稿九百八十二篇、姚鼐稿八十九篇、邵晉涵稿三十七篇、陳昌圖稿十二篇、余集稿七篇、鄒奕孝稿一篇、鄭際唐稿一篇、程晉芳稿一篇、莊通敏稿一篇，佚名稿六篇等各家分纂稿一千一百三十七篇。書前有吳格所撰

「前言」，述各稿情形較詳，略作總結如下。一，翁方綱分纂稿，係翁氏校辦各省送到遺書所撰寫的劄記及提要底稿，共一千一百餘篇。翁稿原為經摺裝，一百五十冊，1913 年吳興劉氏嘉業堂收藏。1942 年自嘉業堂流出，輾轉澳門中央圖書館。2000 年上海科技文獻出版社影印原稿出版，2005 年該出版社出版吳格整理版。翁方綱本另見《翁方綱纂四庫提要稿》敘錄。二，姚鼐分纂稿現存光緒五年（1879）桐城徐宗亮刻本，題為《惜抱軒書錄》（分經錄、史錄、子錄、集錄四卷）。另有《龍眠叢書》本。三，邵晉涵分纂稿，原稿名為《四庫全書提要分纂稿》，道光十二年（1832）胡敬刻入《南江文鈔》卷十二，今有《晉石厂叢書》本、《聚學軒叢書》本、《紹興先正遺書》本。四，陳昌圖分纂稿，陳氏參與《永樂大典》輯校，內容多涉及《大典》本輯佚書提要，乾隆五十六年（1791）刻入《南屏山房集》卷二十一中〔註98〕。五，余集分纂稿，道光間刻入《秋室學古錄》卷一至卷二中，今有清道光間刻本、《續修四庫全書》影印本。

　　關於鄒奕孝、鄭際唐、程晉芳、莊通敏等提要稿，皆輯錄於存世「四庫底本」或四庫館鈔本之中。這些「四庫底本」中的提要稿，頗具文獻價值。如姚鼐《經籍異同引經釋》提要稿輯自上海圖書館藏「四庫底本」，鄒奕孝《儀禮釋宮》提要稿錄自國家圖書館藏清孔繼涵傳鈔四庫館《大典》輯本，鄭際唐《筆史》提要稿錄自國家圖書館藏清鈔本，程晉芳《南夷書》提要稿錄自國家圖書館藏《四庫》底本，莊通敏《文莊集》提要稿錄自國家圖書館善本部藏清鈔本，佚名《金石遺文》提要稿錄自湖南省圖書館藏清鈔本，佚名《春秋年考》提要稿錄自遼寧省圖書館藏羅振玉舊藏鈔本，佚名《兩朝綱目備要》提要稿錄自國家圖書館善本部藏清鈔本，佚名《東齋紀事》提要稿錄自國家圖書館善本部藏清鈔本，佚名《金氏文集》提要稿錄自國家圖書館善本部藏清乾隆間翰林院鈔本，佚名《秋岩詩集》提要稿錄自國家圖書館善本部藏清鈔本。隨著「四庫底本」的面世，提要稿還可能會有所發現。如司馬朝軍先生有《最新發現的張羲年纂四庫提要稿》、〔註99〕張梅秀、常志紅有《新見三篇張羲年〈四庫全書總目提要〉分纂稿》〔註100〕等文。

〔註98〕張昇：《新發現的〈四庫全書〉提要稿》，《文獻》，2006 年第 3 期，第 151～156 頁。

〔註99〕司馬朝軍：《最新發現的張羲年纂四庫提要稿》，《圖書與情報》，2008 年第 5 期，第 124～127 頁。

〔註100〕張梅秀、常志紅：《新見三篇張羲年〈四庫全書總目提要〉分纂稿》，《晉圖學刊》，2011 年第 5 期，第 76～79 頁。

整理凡例十三則，讀此書者可先閱凡例。書後有附錄兩則，附錄一收錄《翁方綱傳》《姚先生鼐家傳》《翰林院侍講學士充國史館提調官邵君晉涵墓表》《陳昌圖傳》《秋室居士自撰誌銘》《鄒奕孝傳》《鄭際唐傳》《翰林院編修程晉芳墓誌銘》；附錄二收錄《翁覃溪分撰提要稿本跋》《翁覃溪手纂四庫全書提要原稿》《四庫全書提要稿書錄》《惜抱軒書錄序》《惜抱軒書錄跋》《四庫全書提要分纂稿跋》。

四庫全書初次進呈存目（影印本）

此書藏於臺灣「國家圖書館」，線裝四十八冊，清乾隆年間敕撰，舊鈔本，編號○五○○○。原書不分卷，計經部九冊，史部十一冊，子部十二冊，集部十六冊。依各冊內頁點算，凡經部提要三六一篇，四三五葉；史部提要四二六篇，四五二葉；子部提要四六四篇，四八九葉；集部提要六二○篇，六四八葉，全書共計二○二四葉，一八七一篇提要〔註101〕。原書每冊封面均有書籤，題為「四庫全書初次進呈存目」，題下標經、史、子、集某部及冊次。經、史、子、集四部每冊冊首各有浮籤一枚，題「初次進呈鈔錄」。原書無頁碼，按四部排列，再以「類」排序，即在版心題「經部 易類」「經部 書類」等。書中無頁碼，提要排列不依朝代，亦不據作者科甲，所以有大量錯簡情況。據夏長樸先生所述，《初次進呈存目》「每半葉八行，每行二十一字，板匡 21.8×15 公分，雙欄，版心白口，單魚尾，其下標有『某部某類』，形制同於《四庫全書總目》……」〔註102〕是稿鈐印「國立中央圖／書館收藏」（朱文長方），「抱經樓」（白文長方）〔註103〕兩方印。此書稿係鈔本，出自不同人手，字跡有明顯

〔註101〕 按，夏長樸先生《〈四庫全書初次進呈存目〉初探——編纂時間與文獻價值》（《漢學研究》，第 30 卷第 2 期，2012 年 6 月，第 165 頁）統計《初目》共 1790 條提要。江慶柏統計共 1870 部圖書，1878 篇提要（《四庫全書初次進呈存目·概述》第 2 頁）。

〔註102〕 夏長樸：《〈四庫全書初次進呈存目〉初探——編纂時間與文獻價值》，《漢學研究》，第 30 卷第 2 期，2012 年 6 月，第 167～168 頁。

〔註103〕 按，夏長樸先生指出：「抱經樓」為名的藏書樓有三處，四明盧址（1725～1794）、鄞縣盧鎬（1723～1785）與慈谿沈德壽（1862～1924）。經比對藏書印，《四庫全書初次進呈存目》的「抱經樓」白文長方印，與盧址的「抱經樓」藏書印完全相符（林申清《明清著名藏書家·藏書印》，北京圖書館出版社，2000 年）。後江慶柏先生有所補充，錢大昕《抱經樓記》（《潛研堂集》文集卷二一）有浙江鄞縣藏書家盧址藏書樓記載，《纂修四庫全書檔案》收錄乾隆三十八年四月二十八日浙江巡撫三寶奏盧址獻書事，鄭偉章《文獻家通考》考盧址事蹟較詳。

差異。是稿二百年來無人問津，直至夏長樸先生發現並予以介紹，「四庫學」乃至文獻學研究者才開始關注這部文稿。

2012 年 12 月臺灣商務印書館、臺灣「國家圖書館」將此書原大影印出版，合編成九冊，計經部兩冊，史部兩冊，子部兩冊，集部三冊。此影印本書前有臺灣「國家圖書館」館長曾淑賢序，凡例七則。影印本基本依據原稿原大影印，錯簡情形也基本保留原貌，但對明顯錯置的提要，影印本進行了調整，並加注釋予以說明。此影印本封面為黑色緹花布面燙金，內頁特製朱絲欄框，雙色印刷。採用防偽技術，正文每頁印有「臺灣商務」，標示版權。第一冊書前有《四庫全書初次進呈存目‧總目》，分經、史、子、集四部及小類。每冊書前編次詳細目次，先部類，每類下列書名、卷數、朝代、作者、頁碼，方便查檢。頁碼標識以經、史、子、集單獨編列，如「經-1」「集-1」。2013 年，余從臺灣商務印書館購得一套。

《初次進呈存目》是《總目》稿本系統中較為重要的本子，臺灣大學夏長樸先生首先對此書進行了研究，其文《〈四庫全書初次進呈存目〉初探——編纂時間與文獻價值》指出「這部書稿應是《四庫全書》的提要彙編，彙整時間應在乾隆四十年五月至四十一年正月之間」〔註104〕。之後，北京大學劉浦江先生撰有《〈四庫全書初次進呈存目〉再探——兼談〈四庫全書總目〉的早期編纂史》一文，指出「《總目》初稿是採取分次進呈的形式彙纂成書的，而該稿本則是截至乾隆三十九年七月已進呈部分提要的彙編本」〔註105〕。江慶柏《〈四庫全書初次進呈存目〉研究》較為系統且全面的研究了《初目》的價值，並指出「《四庫全書初次進呈存目》最早建立了《四庫全書》的圖書分類體系，確立了四庫提要的基本範式，和分纂提要、刊本提要、庫本提要、總目提要等構成了一個完整的四庫提要文獻系統」〔註106〕。其他研究論文有馬君毅、趙望秦《〈四庫全書〉版本調換問題的新例證——基於〈四庫全書初次進呈存目〉的探究》〔註107〕；張念《〈四庫全書初次進呈存目〉與〈四庫全書總目〉史學

〔註104〕 夏長樸：《〈四庫全書初次進呈存目〉初探——編撰時間與文獻價值》，《漢學研究》，第 30 卷第 2 期，2012 年 6 月，第 183 頁。

〔註105〕 劉浦江：《〈四庫全書初次進呈存目〉再探——兼談〈四庫全書總目〉的早期編纂史》，《中華文史論叢》，2014 年第 3 期，第 295 頁。

〔註106〕 江慶柏：《〈四庫全書初次進呈存目〉研究》，《中國典籍與文化論叢》，2014 年第 16 輯，第 259 頁。

〔註107〕 馬君毅、趙望秦：《〈四庫全書〉版本調換問題的新例證——基於〈四庫全書初次進呈存目〉的探究》，《學術探索》，2015 年第 3 期。

觀異同淺論》〔註108〕；劉橋《〈四庫全書初次進呈存目〉與〈四庫全書總目〉比較——以宋集部別集類為例》〔註109〕；趙永磊《〈四庫全書初次進呈存目〉編撰性質考略》〔註110〕；全見為《〈四庫全書總目〉與〈四庫全書初次進呈存目〉及書前提要中傳記類提要的比較》〔註111〕；王晶《〈四庫全書總目〉政書類與〈四庫全書初次進呈存目〉故事類之比較》〔註112〕等。

翁方綱纂四庫提要稿（線裝本）

翁方綱撰，上海科學技術文獻出版社影印，2000年，線裝，二函十八冊。

原稿現藏於澳門中央圖書館。此書原被江南吳興劉氏嘉業堂收藏，民國初年又歸於江陰繆荃孫。翁氏提要稿共著錄圖書一千餘種，係《四庫全書總目》稿本系統中較為重要的本子，保留了提要撰寫的原始痕跡。賴貴三《臺灣師大圖書館鎮館之寶——翁方綱〈翁批杜詩〉稿本校釋》一書緒論中說：「《翁稿》不僅可以作為對勘《四庫全書總目提要》根據的第一手資料，而且大有裨益於考查已佚的明末清初的圖書文獻……《翁稿》是《四庫全書總目提要》編纂前期的原始文稿，最能保留及表現草創階段的原貌。」〔註113〕

影印本前有澳門中央圖書館鄧美蓮館長序。據鄧氏所言，此稿係鄧愛貞請國內專家鑒別真偽，上海圖書館館長顧廷龍、浙江省圖書館古籍部何槐昌、華東師範大學周子美三人鑒定，此稿確為翁方綱手稿。又得上海圖書館副館長王世偉、古籍部主任陳先行協助整理出版。

書前又有鄧愛貞序，詳細說明《翁方綱纂四庫提要稿》輾轉流傳過程。因此書進入研究視野已是2000年，書稿流播過程較為複雜。鄧氏言：

澳門何東圖書館原是港澳有名商人何東爵士的別墅，一九五五

〔註108〕張念：《〈四庫全書初次進呈存目〉與〈四庫全書總目〉史學觀異同淺論》，《文藝生活‧文藝理論》，2015年第7期。

〔註109〕劉橋：《〈四庫全書初次進呈存目〉與〈四庫全書總目〉比較——以宋集部別集類為例》，《文教資料》，2015年第34期。

〔註110〕趙永磊：《〈四庫全書初次進呈存目〉編撰性質考略》，《中國文化典籍》，2016年第1期。

〔註111〕全見為：《〈四庫全書總目〉與〈四庫全書初次進呈存目〉及書前提要中傳記類提要的比較》，《四庫學》第四輯，社會科學文獻出版社，2018年。

〔註112〕王晶：《〈四庫全書總目〉政書類與〈四庫全書初次進呈存目〉故事類之比較》，《四庫學》第四輯，社會科學文獻出版社，2018年。

〔註113〕賴貴三：《臺灣師大圖書館鎮館之寶——翁方綱〈翁批杜詩〉稿本校釋‧緒論》，臺北：里仁書局，2001年，第21頁。

年何東先生在香港病逝，在遺囑中把這座別墅送予澳門，並規定祇可作圖書館用途；此外，何東爵士還捐贈了兩萬元給該館作為購買中文圖書之用。此館在一九五八年八月一日對外開放，為澳葡政府首間中文圖書館。

據館中圖書登錄簿所載，館中所藏的十六種嘉業堂藏書，早在一九五零年已為一葡人 José Maria Braga 所有。一九五八年，由 José Maria Braga 手上轉賣給何東圖書館。

……

嘉業堂藏書樓建於一九二零年，是有名的藏書樓。「建樓前，乘辛亥革命前後社會大變動，大批古籍拋售的機會，大量購書。他收購了甬東盧氏抱經樓、獨山莫氏影山草堂、仁和朱氏結一廬、豐順丁氏持靜齋、太倉繆氏東倉書庫等十數家的藏書」。

劉承幹在購得此書之初，欣喜莫名。在甲子歲上海博古齋景印本之《蘇齋叢書》序中，劉承幹這樣說：「……秘府提要一書多其手，全稿都一千餘種，每條皆區分篇目，最錄要旨，賅洽殆駕劉略班志而上，此又在自著書之外，世所不易得見也者，余於癸丑夏竟購得之……。」

翁氏《四庫提要手稿》被發現後，後學未敢貿然確定，遂於八九年五月間，帶同這批書的部分複印件到上海圖書館、杭州的浙江省圖書館古籍部，查詢情況。

上海圖書館顧廷龍先生，曾親看這些複印件，口頭上回覆應為原本無疑。但浙江省圖書館古籍部的何槐昌先生，則提供了不同的個人見解。他後來在來信中再次強調：「……展目（何東圖書館八九年新閱覽室開幕典禮書籍目錄展覽）的第一部分，即原嘉業堂藏書樓所藏古籍十六種，大部分我館也有收藏，且在全國也不屬少見，幾種鈔校本確實珍貴。其中《欽定四庫全書‧桯史》是屬四庫南三閣本，很可能就是我館珍藏的文瀾閣四庫全書散失的零種。北四閣本，書品、字體均比南三閣本大，且卷端蓋的璽印均為閣名，即『文淵之寶』『文津之寶』。卷端蓋『古稀天子之寶』即是文瀾、文宗、文匯三部。《翁覃溪先生四庫提要手稿》影印件上有『貴池劉子』『曾

經貴池南山村劉氏聚學軒藏』二印，此印為貴州劉世珩藏書印，劉為清末大藏書家，藏有珍本孤本不少。此書上無劉承幹印鑑，是否嘉業堂藏書是可疑的。以上意見僅供參考，不一定正確……」依這樣的分析，何槐昌先生的意見不無道理。

幸運地，後學在上海圖書館時認識了華東師範大學羅友松先生。後學回澳後，煩羅友松先生之轉介，寄數頁翁氏《四庫總目提要手稿》複印件與華東師範大學周子美先生。周子美先生當年曾為劉承幹編校古籍，編有《嘉業堂鈔校本目錄天一閣藏書經見錄》一書。周老先生一看文稿複印，即寫信與後學，確定此書為真本無疑。當時已屆九十五高齡的周老先生在信中這樣說：「此書確為劉氏珍藏翁方綱手稿本，極為名貴。其所以沒有加蓋劉氏嘉業堂稿本珍藏圖章緣故，因此書裝訂為冊頁式，與普通本子不同；當時有人主張嘉業堂刊入叢書（後來沒有實現），並且此書式樣特出，所以沒有加蓋嘉業堂收藏圖記。至於所印劉世珩圖記，那是另一個姓劉的收藏家，劉世珩與嘉業堂主人劉承幹本為好友，也許此書由劉世珩轉讓與劉承幹的，此其一。其次在上海淪陷以後，劉承幹將大部分藏書設法出售，而張叔平即買到劉氏此書，張為前清學部大臣張百熙的小兒子，他買嘉業堂書是想謀利，這書是他買去的一部，但不久即抗戰勝利了，後來張叔平又轉售與他人，但印上了『張叔平』的圖章。也可瞭解這圖章是張氏買此書的證據，此其二……但此書無論如何價值的珍貴是愈來愈高的……」及後上海圖書館沈津先生亦來信垂詢，並發表論文《翁方綱與〈四庫全書總目提要〉》一文；至此《翁覃溪四庫全書提要手稿》存於澳門，才大白於世。〔註114〕

又有陳先行《影印〈翁方綱纂四庫提要稿〉弁言》，此弁言主要內容有三：一是翁方綱纂修《四庫全書》事蹟，二是《翁稿》的四點價值，三是《翁稿》的流播情形。僅就以上三點，略述如下。其一，「翁方綱與《四庫全書》編纂工作大致分為兩個階段，一是在乾隆三十八年被推薦入館至四十二年（《翁稿》落款的最晚年代）校閱外省採進之書，二是在乾隆五十二年至五十五年奉命協助查閱文淵、文源、文津、文溯四閣鈔本錯誤。《翁稿》是其校閱外省採進書

〔註114〕 翁方綱：《翁方綱纂四庫提要稿·鄧愛貞序》（線裝本），上海：上海科學技術文獻出版社，2000 年，第 4～8 頁。

時寫下的劄記與案語，凡一千餘種，作為編纂《四庫全書》過程中的原始文獻而能幸存至今，使得我們對《四庫全書》編纂初期的部分工作有了一個直觀的瞭解：怎樣取捨採進之書；撰寫提要初稿的格式與反覆修改的面貌；甚至連纂修官的分工也有所反映，如《素問鈔補正》一書，翁氏云：『係醫書，應另歸纂修專門校辦』，又如明繆希雍《本草經疏》，翁氏云：『此書應歸醫書門內辦理，是以無庸另擬提要，等等。』」〔註115〕其二，《翁稿》的價值有四，劄記是為撰寫案語所作的案頭提示工作；《翁稿》集中體現出翁氏在版本、目錄、校勘方面所作的工作；案語對編纂《四庫》取捨的影響與分歧；案語與《總目提要》的異同。其三，「《翁稿》原為近代著名藏書家吳興劉承幹（字翰怡）嘉業堂中物，1942年10月流入張叔平（名振鋆，一字子羽，長沙人，原在蔣介石之航空署任秘書，抗戰後曾任國民黨第三戰區駐滬聯絡處長）之手，張氏尋即賣給朱鴻儀（字嘉賓，金壇人，上海億中銀行董事長）。至1945年5月，張氏使用手段又將《翁稿》等一批珍貴古籍（包括《罪惟錄》等）從朱氏手中索回（關於劉氏與張氏、張氏與朱氏之買賣古籍案，在上海圖書館所藏劉承幹《壬午讓書記事》稿本中記述甚詳）。至1950年，轉歸葡人 José Maria Braga 所有。1958年，José Maria Braga 又將之售給何東圖書館（現屬澳門中央圖書館）。原稿翁方綱未曾釐次，入藏嘉業堂後，劉氏曾請門人施韻秋氏整理鈔寫一過，鈔本分二十五卷，今藏復旦大學圖書館。茲將原稿與鈔本校核，發覺施氏在鈔寫時曾分析《翁稿》原件欲使以類相從，但因原稿或一紙寫有數種書的案語，因而施氏最終感到無從下手而使分類整理工作未臻完善（鈔本對原稿的劄記有所省略，已非舊觀），卻在客觀上更動了原稿固有的次序。以後又在輾轉流傳與翻閱中，產生大量的錯簡現象，致一篇提要散見於幾處，原稿本來面目更無論矣。此次影印整理工作，主要是糾正錯簡，並在書前參照《四庫》分類之法編一目錄，以為閱覽索引，每類又注明『四庫著錄』『存目著錄』『未見著錄』三種情況，以便讀者查考。」〔註116〕

是書封面題「翁方綱纂四庫提要稿」，題簽者為澳門當代書法家林近（1923～2004），責任編輯為陳先行。目錄以經、史、子、集四部分類，列書

〔註115〕陳先行：《影印〈翁方綱纂四庫提要稿〉弁言》，《翁方綱纂四庫提要稿》（線裝本），上海：上海科學技術文獻出版社，2000年，第11～12頁。

〔註116〕陳先行：《影印〈翁方綱纂四庫提要稿〉弁言》，《翁方綱纂四庫提要稿》（線裝本），上海：上海科學技術文獻出版社，2000年，第19～20頁。

名、卷數、時代、著者、頁碼五項,有闕項則略,其中頁碼以原稿順序編排,如經部易類第一部《周易注》十卷,頁碼為六二四;第二部《陸氏易解》一卷,明姚士粦輯,頁碼為七八九。附錄《纂修翁第一次分書二十四種》《纂修翁第二次分書三十四種》《浙江進呈書目(鮑士恭等)》《武英殿刻聚珍版書目(丙午二月十六日記錄十八次刻書目錄共七十八種)》《附紀書目》及葉恭綽跋、鄭孝胥等人觀款。

此影印本閱讀較為困難,字跡不甚清楚。加之翁氏用草書書寫,率性而為,有時半頁之中不足百字,有時則半頁數百字,密密麻麻,難於識讀。吳格先生的整理本,付出時間甚多,此本可與吳氏整理本對讀,頗為省便。

翁方綱纂四庫提要稿(整理本)

翁方綱纂,吳格整理,上海科學技術文獻出版社,2005年。

此書為《翁方綱纂四庫提要稿》之整理本,所據底本為上海科學技術文獻出版社2000年影印本。

翁方綱,字正三、號覃谿,晚號蘇齋,直隸大興人。乾隆十七年(1752)進士,選庶吉士,授編修,歷任廣東、江西、山東學政,官至內閣學士,降調鴻臚寺卿,卒年八十六。乾隆三十八年(1773),四庫全書館開館,翁氏於是年入館修書。乾隆四十二年(1777)冬,辭去武英殿分校、覆校事,仍在四庫全書館專辦金石、篆隸、音韻諸書。乾隆五十五年(1790)四月,奉命前往盛京覆校文溯閣《四庫全書》,八月回京。乾隆五十七年(1792)正月,再次奉命往盛京校書,因年邁體弱,奏懇以其子樹培代往,獲准。據上述可知,翁氏參與《四庫全書》編纂近二十年。翁氏著述甚豐,著有《復初齋詩集》七十卷、《復初齋文集》三十六卷、《提要稿》等。迄今為止,翁方綱全集尚無人整理校勘,僅《儒藏》精華編第二七六冊有吳振清校點《復初齋文集》。其作為四庫館臣身份撰寫的《提要稿》,在2005年整理出版。

《翁方綱纂四庫提要稿》原本係行草書寫,難於辨認,文字繁雜,天頭地腳及行間夾注文字時而有之,加之底本漫漶,致使影印之本也失其真,使得此書的利用效率不高。從整理此稿,到書籍出版,吳格先生用了五年時間。《提要稿》整理本的出版大大提高了文獻的利用率,也推動了「四庫」文獻學的發展。全書分為前言、凡例、目錄、正文、附錄、索引六大內容。茲將此書相關信息、特點、價值等略述如下。

　　吳格所撰「前言」甚為詳實，全面介紹了《翁方綱纂四庫提要稿》的來龍去脈、主要內容等。翁稿是《四庫全書總目》稿本系統中較為重要的一部書稿，有一千餘篇。此稿與姚鼐《惜抱軒書錄》、邵晉涵《南江書錄》、余集四庫提要散稿以及四庫底本存留提要稿等，皆為研究《四庫全書總目》編纂過程、成書形式、思想觀念等重要史料。書稿藏於澳門中央圖書館（原藏何東圖書館），見線裝本翁稿敍錄，此不贅述。

　　據吳格先生所撰「前言」，梳理翁氏《提要稿》流播過程。澳門中央圖書館所藏《提要稿》，民國初曾被吳興劉氏嘉業堂收藏，相關記載見劉承幹《嘉業堂藏書目錄》《嘉業堂鈔校本目錄》（復旦大學圖書館藏嘉業堂稿本）。澳門所藏翁氏《提要稿》原本一百五十冊，經摺裝，原分貯二十五箱，每箱六格，每格一冊。吳格先生稱「《提要稿》是否均改為經摺裝，已有經摺裝是否全歸澳門所藏，今已不詳」，而翁氏所撰《提要稿》是否就是翁氏作為四庫館臣所做的所有提要，也未敢定論，《提要稿》是否散佚，也難有確說，只據現在提要稿來看，澳門本的來源有二，一是廣東伍氏粵雅堂本，另一是貴池劉氏玉海堂本。民國時，伍氏所藏《提要稿》一百四十四冊現上海，經張元濟先生介紹，嘉業堂以四千元購得。不久，貴池劉氏《提要稿》六冊也歸嘉業堂。見劉承幹作《翁覃溪四庫提要手稿序》（《嘉業堂藏書志》，復旦大學出版社 1997 年版）所述。二十世紀四十年代，中國經歷戰亂，對書籍來說，此為一厄。1942 年《提要稿》被長沙張叔平購得（參劉承幹《壬午讓書紀事》，吳格整理，《歷史文獻》第八期，上海古籍出版社 2005 年版），後抵押給朱韶（字嘉賓），復又索回，由張叔平自上海郵寄香港。1950 年葡萄牙學者 José Maria Braga 購得此書，1958 年將《提要稿》及其他嘉業堂遺書十餘種出售何東圖書館。隨後，此稿沈寂三十餘年，直至 80 年代末期，《提要稿》引起世人注意，又經二十年，方得以影印出版。

　　翁氏《提要稿》版本主要有以下幾種：一是原稿本，藏澳門中央圖書館；二是據原稿本影印本，上海科學技術大學出版社；三是吳興劉氏嘉業堂傳鈔本，二十五卷，十二冊。此本係劉承幹命施維藩（韻秋）錄副本，所用稿紙為「吳興劉氏嘉業堂鈔本」藍格紙，半頁十一行，行二十五、六字，小字雙行，約四十萬字。此本鈐印有「吳興劉氏嘉業堂藏書印」朱文印，「劉承幹字貞一號翰怡」白文印，「欣夫」朱文印等。詳細信息見吳格整理本「前言」。四是吳

縣王氏蛾術軒鈔本，不分卷，十二冊。王欣夫鈔本，每半頁十行，行二十四字。此本藏於復旦大學圖書館，相關信息見吳格整理本「前言」所述。

　　翁氏《提要稿》係《總目》完成之前的重要稿本，這一書稿的價值主要有以下幾個方面：首先，作為僅有的數種稿本系統之一，翁氏《提要稿》具有很多豐富的內容。著錄書籍近千種，提要稿八百餘種，數倍甚至數十倍於紹晉涵稿、余集稿。提要稿中的書籍可以與《總目》比勘，著錄、存目、捨去之本或帶有一定的學術特徵及政治色彩，對於研究《總目》的官學約束有相當大的價值。其次，文稿所撰提要與定本《總目》提要的差異性，是研究《總目》學術思想演變的重要原始資料。隨著稿本系統的發現，特別是各省進呈書籍提要略稿（見《四庫提要稿輯存》）、四庫館臣纂提要稿、四庫底本零散稿、《四庫全書初次進呈存目》、紀曉嵐刪定《四庫全書總目》稿本等的發現，稿本系統內部漸次形成鏈條，可進行系統研究。再次，提要稿中有翁氏所做劄記，這些劄記是形成提要的重要材料，而劄記所摘錄的內容以及內容的文獻性、歷史性、思想性是研究的重點。翁氏對序跋的刪選與偏倚，體現的是怎樣的學術思考，摘錄的文獻傾向性如何，也是考察翁氏學術思想的途徑之一。再將翁氏為代表的四庫館臣的學術思想與定本《總目》思想進行比較，或可窺探《總目》之外學術個體與官學思想之間的博弈，對進一步瞭解《總目》編纂思想有重要意義。第四，翁氏《提要稿》在每篇提要之後已經標注「應刻」「應鈔」「應存目」等意見，這種意見對《總目》選書所起到的作用如何，也是應該探究的問題。根據《于文襄手札》中所記，應刊、應鈔、應存在《四庫全書》纂修之始業已由總裁擬定，但如何判定書籍的刊、鈔、存，則是見仁見智的學術性問題，但其中摻雜政治性問題卻使得學術並不純粹。鉤稽排比「應存目」「應燬」書籍，與清代禁書、清代檔案史料進行比較研究，或可探究更多影響《總目》成書的細節問題。第五，《提要稿》正文以外，有歷次分發書單，這些書單是研究《四庫全書》編纂的重要史料，如「纂修翁第一次分書」「纂修翁第二次分書」對研究翁方綱學術領域或有裨益，「武英殿聚珍版書目」「附紀書目」「不辦書目」皆可與定本各種書目比較，獲得《四庫全書》纂修之有益線索。這一點吳格先生已經注意到，並輯有「別錄」，附於正文之後。參見是書凡例。

　　吳格先生在「前言」中詳細記載了其與《提要稿》的各種機緣，這些文字有助於進一步瞭解整理本《提要稿》的完成。

　　此書附錄有二，其一為鄭孝胥等觀款、葉恭綽跋，其二有繆荃孫《翁覃溪分撰提要稿本跋》，胡思敬《跋翁蘇齋手纂四庫全書題要稿本》，劉承幹《翁覃溪四庫提要手稿序》，張崟《翁覃溪手纂四庫全書提要原稿跋》，王欣夫《四庫全書提要稿書錄》（見於《蛾術軒篋存善本書錄》卷二）。需要指出的是彙編繆荃孫、胡思敬、劉承幹、張崟、王欣夫、葉昌熾等所撰序跋及日記，隻言片語亦彌足珍貴，對研究《提要稿》的流傳和價值頗有意義。今人潘繼安有《翁方綱四庫提要稿述略》一文〔註117〕，沈津有《翁方綱與〈四庫全書總目提要〉》一文〔註118〕，可參閱。另，賴貴三先生有《〈翁方綱纂四庫提要稿·經部·易類〉考釋（上）（下）》〔註119〕，可與此書同參。

四庫全書纂校事略（蘇齋纂校四庫全書事略）

　　清翁方綱撰，稿本，南京圖書館藏。《南京圖書館藏稀見書目書志叢刊》第九冊有影印本。

　　《纂校四庫全書事略》是《四庫全書》編纂過程中重要的史料之一，其重要價值可與《于文襄手札》《翁方綱纂四庫提要稿》《四庫全書初次進呈存目》等同視之。《纂校四庫全書事略》是纂修《四庫全書》期間翁方綱所寫，成書於乾隆三十八年。此書一直以稿本形式存在，直至本世紀才被研究者發現，並有人開始研究其價值。《纂校四庫全書事略》涉及《四庫全書》纂修初期對內府藏書的利用，如武英殿藏書、御書房藏書、圓明園藏書、南書房藏書等。《四庫全書》纂修初期，實際是以內府藏書為主開始辦理的，換言之，文淵閣《四庫全書》編纂初期使用的底本很有可能是內府藏本，這與《四庫全書總目》著錄的採進本頗不一致，《四庫採進書目》也未著錄。《纂校四庫全書事略》作為翰林院四庫全書館校辦材料之一，其中「內發書單」涉及清代內府藏書書目，是十分重要的歷史文獻。

　　李振聚先生指出：「由《纂校四庫全書事略》（以下簡稱《纂校事略》）一書，可以發現以下幾個問題：一是，《纂校事略》可以看作《四庫採進書目》的一個重要補充。《四庫採進書目》記錄內府藏書只涉及到武英殿交出書目，

〔註117〕　潘繼安：《翁方綱四庫提要稿述略》，《中華文史論叢》，1983 年第 1 輯。
〔註118〕　沈津：《翁方綱與〈四庫全書總目提要〉》，《中國圖書文史論集》，臺北：正中書局 1991 年；北京：現代出版社，1992 年。
〔註119〕　賴貴三：《〈翁方綱纂四庫提要稿·經部·易類〉考釋》（上）（下），《中國學術年刊》第 24、25 期，2003 年、2004 年。

並沒有對宮中其他地方交出的書單有記載。當然由此也可以略窺清代乾隆時期內府藏書之大略，是清代宮廷藏書研究的重要史料。二是，《纂校事略》與《武英殿四庫全書館謄錄檔冊》（以下簡稱《檔冊》）互證，可以看出在《四庫全書》纂修初期，《文淵閣四庫全書》的謄錄是以內府藏本為底本開始的，與《四庫全書總目》著錄來源於採進本並非完全一致。三是，翰林院四庫全書館臣分列的應刊、應鈔等書，經過總纂、總裁的審定後，有的並未刊入《武英殿聚珍版叢書》或鈔入《四庫全書》，有的原列應刊、應鈔反而入了存目和禁燬。通過這種情況，可以窺探《四庫全書》纂修過程中收書標準的變化。」〔註120〕

此稿本筆者已經整理完成，書中有多個疑問待解，如翁方綱所校書數量、翁方綱《纂校四庫全書事略》所見書與《翁方綱纂四庫提要稿》之間的關係，此類問題均值得研究。

武英殿四庫全書館謄錄檔冊

《武英殿四庫全書館謄錄檔冊》之名為李振聚先生所定，此檔冊原本為山東大學杜澤遜先生所藏。此本現僅見有兩張圖片，刊於《文獻》2022 年第 3 期。關於此檔冊的研究，見李振聚《新發現的四庫全書館謄錄檔冊考述》一文〔註121〕。

四庫全書館校檔殘本（《附〈太平廣記〉〈通志〉等書籤訛總檔》）

《四庫全書館校檔殘本》為琚小飛先生所考。中國國家圖書館著錄名為《附〈太平廣記〉〈通志〉等書籤訛總檔》，國圖善本編號為 00951，「中華古籍資源庫」有電子資源。此書版本特徵為：手稿本，十五冊，不分卷，無作者題名，書中多塗乙之痕，有 400 多頁。參見琚小飛《〈四庫全書〉早期編纂史事新探——基於〈四庫全書館校檔殘本〉的研究》一文〔註122〕。

浙江採集遺書總錄

清沈初等撰，是乾隆間浙江省奉旨採集遺書的提要目錄彙編。乾隆三十七

〔註120〕 李振聚：《論翁方綱〈纂校四庫全書事略〉的文獻價值》，《歷史文獻研究》第 45 輯，南京：廣陵書社，2020 年 10 月，第 283 頁。

〔註121〕 李振聚：《新發現的四庫全書館謄錄檔冊考述》，《文獻》，2022 年第 3 期，第 115～131 頁。

〔註122〕 琚小飛：《〈四庫全書〉早期編纂史事新探——基於〈四庫全書館校檔殘本〉的研究》，《文獻》，2022 年第 3 期，第 132～146 頁。

年,乾隆皇帝詔諭各省督撫學政購訪遺書,初為擴充內府藏書,益昭石渠美備,不久即更有纂修《四庫全書》之舉。據王亹望序,自乾隆三十七年秋至三十九年夏,浙江共分十二次進呈書籍,計四千五百二十三種。浙江書局延請丁憂在籍之翰林院侍講沈初任總裁,張羲年、黃璋、朱休度任總校,范鍔、朱文藻等任分校。每進一批,輒分工撮記各書撰人姓氏、爵里、內容節略。事竣後,復按四庫成例,加以編次,整比其摘記,刊刻成書,即《浙江採集遺書總錄》。

是書共分十一集,以第一至十次進呈書目編成甲至癸十集,十一、十二次補編為閏集。甲集至癸集統以經、史、子、集四部分類,每部分若干類,類目下又再分小類,條分頗細。閏集亦依四部編次,但不列細目。每書於書名下標明卷數、版本,附以簡明提要,詳其著者之朝代、爵里、姓氏並書之大旨及刊刻流播。

杜澤遜指出:「與《四庫全書總目》重在介紹評價書之內容、剖析學術源流稍有不同,《總錄》對書之外部特徵作了詳細著錄,如版本、冊數、書貌、弄藏之家等,這些內容正可作為《四庫總目》的有益補充,對研究《四庫全書》的底本情況有很大幫助。若比較《總錄》與《四庫總目》所著錄之書,則《四庫總目》的收書標準也可從中略窺一斑。」又云:「《總錄》彙集浙江一省之藏書,對浙江地方文獻研究可以提供許多有用資料,尤其是在藏書史的研究上更是有功。浙江雖不乏藏書之家,但很多藏書家如孫仰曾、吳玉墀、鮑廷博、汪啟淑、汪汝瑮、鄭大節、趙昱等都沒有留下系統的藏書目錄,雖然當時傳鈔的《進呈書目》有各家進書書單,但版本情況卻大都闕如。而《總錄》對一些珍貴的版本,往往於卷帙下標明為某氏所藏刊本、鈔本或宋刊本、元刊本、影宋鈔本,由此我們可以梳理出那些藏書家的私人藏書線索,這是非常寶貴的史料……由於《浙江採集遺書總錄》成書在前……可作為訂正《四庫提要》疏誤的參考。」〔註123〕

《總錄》於乾隆三十九年至四十年刊刻,此後未再重刻。盧文弨曾對這個刻本做過批校,盧批本後被羅以智收藏並復加批校。杜澤遜點校本以盧文弨、羅以智批校本為底本,參校其他書目,並將盧、羅二人批語過錄到注中。

書前有乾隆三十七年正月初四日、三十八年閏三月初一日、三十八年五月二十五日、三十九年五月十四日上諭四篇。之後為纂錄職名,包括大總裁鍾音、

〔註123〕沈初等撰,杜澤遜、何燦點校:《浙江採集遺書總錄・點校說明》,上海:上海古籍出版社,2010年,第2~3頁。

富勒渾、熊學鵬、三寶，提調王亶望、郝碩、徐恕、孔毓文、李慶棻、馮廷丞、楊溥、王勳，監理彭永年、噶爾弼善，舒希忠，總裁沈初，總校張羲年、黃璋、朱休度，分校范鐸、吳宗玠、陳文豹、翟方震、任濤、俞派、陶廷珍、孫麗天、朱文藻、唐虞，繕錄吳桓武、盧登俊、俞廷掄、吳純、李蓮、汪日葵、關槐、唐瀛洲、陳玢、周廷模、顧雨宜、湯誥、洪學賢、范源沛、黃徵蕭、黃徵父。這些人有一部分後來成為四庫館臣，另一部分雖未進入四庫館，但也可算是「廣四庫館臣」。

是書前有王亶望序，後有黃璋跋。據吳慰祖《四庫採進書目》稱：「原書首列詔書三通，次巡撫三寶序，次纂錄職名，末總目。其秉筆者，或謂沈初，或不止沈初一人。無卷次，而以天干分十集，附閏集，乃乾隆三十九年序刊本。」所述與此本不同。此本詔書四通、王亶望作序，非三寶，見張昇《〈四庫全書〉提要稿輯存》影印本，而杜澤遜整理本與張昇影印本不同，原因待考。茲錄王序、黃跋於下：

王序

乾隆壬辰之歲，天子緝熙典學，發明詔，下各直省，徵訪遺書。於是浙前撫臣富勒渾、署撫臣熊學鵬、今撫臣三寶，會同學臣王杰暨臣王亶望，奉命愨恭設法開局，移諸監司郡守，各諭所部，徵書上送。延致在籍侍講臣沈初總其事。遴取教官之有學識黃璋、張羲年、朱休度、范鐸等，日夕分校其中。隨所得敘目以進。繼以故家之長篇巨牘，山林之偏見僻論，懼有所觸忤，懷阻而弗克殫也。用屢聖懷，屢降溫旨。而縉紳士尤踴躍爭先，善本四出。浙中藏書之家，夙所著稱，首鄞縣范氏天一閣，至今猶克世守。餘若越中祁氏、鈕氏，禾中項氏、朱氏、曹氏，錢塘趙氏，其間不無輾轉剖散，而流落人手，尚多可稽。近當文治久長，好學嗜古之士輩出，若杭城之吳玉墀、鮑士恭、汪啟淑、汪汝瑮、孫仰曾，慈谿鄭大節，續皆儲貯篇籍，頗有可觀。凡是諸家，欣值表章盛際，鼓舞奮興，各願整比所藏，稽首上獻。即寒俊士，一篇一冊，或有世不習見，亦不敢抱為秘文，挾策而至者源源不絕。措頓列室，常充物乎其間。校閱諸員，日益淬厲刀心，黽勉求稱盛意。薈萃檢理，除還複重，一一條其篇目，據其指意。自壬辰秋訖甲午之夏，作十二次綜錄奏進，統計之，凡為書四千五百二十三種，為卷凡五萬六千九百五十五，

不分卷者二千九十二冊。一方之書，浩穰若是，將合天下而譔次之，盛美可想見矣。臣備位浙藩，獲與董督之末，親見夫獻納輸送之勤，未嘗不嘆古人之遣人搜括為未善經理也。事既竣，僚屬謀以所條目錄，謹遵四庫成例，略為次序刊刻，以備浙中掌故。臣竊唯蒐得故書，往往為臣等所未經見，祗奉明訓，不復先行檢別。其中文義純駁，流傳真偽，刊寫訛正，應不免於參差。且僅以一省所採，雖不拘計地產，而究屬一偏之藏，未能通遍外臺中秘，翰墨成林，斤斤焉詡為異本，欲藉以展芹曝之忱者，又未必非策府所先備。他時九有畢彙，編摩自鴻碩廷臣之手，呈斷宸衷，勒成一代鉅典，所謂昭鴻運，垂休光者，方於是乎在，而此特瑣細者耳。然天聲和於上，而大地之一水一木悉應於下，風動之休，不嫌於推廣也。況國家良法美政，凡直省所經奉行，大小悉具，簿錄登載，俾後來有可考，豈於稽古右文大典而不為垂示乎。爰據各教官類次之本，謹加釐正，捐貲以付諸梓。

乾隆三十九年歲次甲午四月上浣日浙江布政使司布政使加三級臣王亶望謹序。

黃跋

乾隆壬辰之歲，有詔徵求遺書。浙之大吏，自中丞監司以下，僉議設局會垣。因與督學韓城王公諮謀，檄諸教官校閱其中。延請當湖侍講沈公總主其事。並詳議各員薪水、役食、紙箚諸經費，以差而給。皆係捐廉，不動正項。當事諸公，以事關明旨，惟詳惟慎，毋敢輕忽。璋於是歲九月即奉檄來局，貯局之書，近時人經學、文集數十種而已。讎閱之餘，間與同事諸君唱和詩篇為樂。已而疊奉恩綸，諄切開諭。浙中藏書家捆載麕至。移局太平坊，列屋兼輛，充牣其中。近時簿錄家，如錢曾《敏求記》、朱彝尊《曝書亭集》內所開載，其詫為異本者，一時畢萃。且有錢、朱所未經見者，不知凡幾。嘻，何其盛也。璋東海鯫生，耳目狹隘，此如窮措大驟入石崇、王戎之室，目不暇給，私竊欣幸，以為躬逢右文之代，得飽飫所未見，真千載不可多得之遇。朝夕不遑，親自校勘，夏則揮汗不停披，冬則篝燈，至夜分不勤。幾於寒而忘衣，飢而忘食。旁人莫不以為癡。不暇顧也。浙省奏書，遵旨以書之陸續到局為先後。故每奏一次，少百餘種，多或數百至千餘種不等。同事四五人，分手

趕辦。每書開敘姓氏、爵里、節略。必查檢他書,而其時又迫於期限,往往連日夕不輟,頭目為暈。自壬辰冬至乙未夏,作十四次奏進。每次皆然。癸巳秋,璋與同事朱君休度、張君義年商榷,謂吾輩此番之書,等於煙雲過眼,盍稍述其梗概,付之剞劂氏,以為浙中掌故乎?因請於大參臨汾王公。王公深喜,慨然許助貲焉。爰取前所奏底稿,重加類次。分為自甲至癸十集。其十次以下,則分為閏集。襄其事者陶君廷珍、唐君虞、朱君文藻也。刻既竣,臨汾王公既有弁言,復請於中丞三公、方伯徐公更為審定,各加以序。皆詳述其緣起。茲不復贅。臨汾王公調任甘肅,時璋送之河干。謂曰:汝亦盍為跋乎?因不揣而略為述之如此。

乾隆歲乙未九月中浣日嘉興府嘉善縣儒學訓導姚江黃璋謹識。

2010 年上海古籍出版社出版了杜澤遜、何燦點校本《浙江採集遺書總錄》,上下兩冊,收入「中國歷代書目題跋叢書‧第三輯」之中。

江蘇採輯遺書目錄

清黃烈撰,是乾隆間江蘇省奉旨採集遺書的提要目錄彙編,有清歸安姚覲元咫進齋綠絲欄鈔本。

書前有乾隆三十七年正月初四日、乾隆三十七年十一月十四日、乾隆三十八年三月二十九日、乾隆三十八年閏三月初九日、乾隆三十八年五月二十五日、乾隆三十九年五月十六日、乾隆四十一年四月初八日、乾隆四十二年六月初九日、乾隆四十二年七月二十日、乾隆四十二年八月初五日、乾隆四十二年(月初七日、乾隆四十二年八月十一日、乾隆四十二年九月初四日、乾隆四十三年四月初五日、乾隆四十三年六月初八日、乾隆四十三年六月十一日、乾隆四十三年(月十四日、乾隆四十三年(月十六日、乾隆四十五年四月十三日、乾隆四十六年五月初十日、乾隆四十七年二月二十一日、乾隆四十七年□月□日、乾隆四十七年十一月二十一日、乾隆四十八年十月初十日、乾隆四十九年三月初十日等諭旨。

諭旨後有《江蘇採拾遺書目錄序》〔註124〕,又有採輯人員名錄,包括大總裁高晉、薩載、彭元瑞、增福、胡季堂,總裁彭啟豐,提調賈景誼,總校儲寶書、魏嗣洛、陸鴻湗、黃烈、凌魁柄、顧維城、朱邦瑾、顧宗泰、潘元揚,

---

〔註124〕《江蘇採拾遺書目錄序》與《江蘇採輯遺書目錄》書名略有不同。

謄錄殷家望、陳基福、陳立功、顧存約、邵曉、錢煥、蔣棠、嚴麟、盧元珩、
汪愨、湯玉臺。

　　《江蘇採輯遺書目錄》著錄書籍信息較略，如「《四明山志》，國朝吳縣周
靖著，按此書共九卷」「《大全集》，戶部侍郎長洲高啟著，按此集共十九卷」
等。又有未完稿，如「《二彭合集》，大學士彭時華著，按此集」，尚未完成此
書信息。當然，也有較詳者，但較《浙江採集遺書總錄》依舊簡略。是書可作
為《四庫全書》纂修時採集遺書的原始文檔，對瞭解江蘇省進呈書目及《四庫
全書》著錄、存目書籍有重要價值。童正倫有《〈江蘇採輯遺書目錄〉校考》
一文〔註125〕，可參看。

《四庫全書》提要稿輯存

　　張昇編，國家圖書館出版社，2006 年。

　　此書為「《四庫全書》研究資料叢刊」，套書五冊，第一冊為《浙江採集遺
書總錄》甲集至丁集，第二冊為《浙江採集遺書總錄》戊集至辛集，第三冊為
《浙江採集遺書總錄》壬集至閏集，第四冊為《江蘇採輯遺書目錄》，第五冊
為姚鼐《惜抱軒書錄》、邵晉涵《南江文鈔》、余集撰《四庫全書》提要稿、翁
方綱撰《四庫全書》提要稿、陳昌圖撰《四庫全書》提要稿、張昇輯《四庫全
書》提要散稿。附錄中收錄沈津輯《四庫全書總目提要》殘稿，黃燕生輯《四
庫全書總目》殘稿。

　　《浙江採集遺書總錄》十一卷，藏於國家圖書館，線裝六冊，沈初編，乾
隆三十九年（1774）刻本，有盧文弨校跋、羅以智跋。2003 年全國圖書館文獻
縮微中心將《浙江採集遺書總錄》製作縮微製品。2006 年張昇編《〈四庫全書〉
提要稿輯存》收錄此書。2008 年中國書店出版社編《海王邨古籍書目題跋叢
刊》，此題跋叢刊第二冊收錄《浙江採集遺書總錄》。2010 年杜澤遜、何燦將
此書點校，由上海古籍出版社出版。參是書敘錄。

　　《江蘇採輯遺書目錄》傳本稀少，清黃烈編，有歸安姚觀元咫進齋綠絲欄
鈔本。參是書敘錄。

　　姚鼐《惜抱軒書錄》四卷，張昇輯本係據光緒七年（1881）金陵孫氏鈔
本影印，原本藏於國家圖書館。書錄共四卷，第一卷經錄十二首，第二卷史

〔註125〕童正倫：《〈江蘇採輯遺書目錄〉校考》，《北京高校圖書館學刊》，1995 年第
　　　　4 期，第 37～42 頁。

錄十六首，第三卷子錄二十四首，第四卷集錄三十四首。書前有道光十二年
（1832）毛嶽生所撰《惜抱軒書錄序》一篇，目錄後有光緒己卯年（1879）
武進李兆洛、徐宗亮所作記。茲錄序、記如下：

> 學術之衰久矣。自學者不務知類通達，而惟考辨於古書傳記，以
> 矯宋儒之失。職業益以不修，而材識亦曰蒙錮。夫宋儒患學者，不知
> 德性之尊，放達矜肆訑以頹亡。其賢者又多溺於文辭章句，於是深求
> 性道誠敬之理，以治其躬而救其弊，其意亦未嘗廢學也。竊其學者多
> 疏陋迂執譎詭鬼瑣之輩，託以自尊，陰以濟其忮刻。而文其不學之鄙，
> 學術於以大壞。百餘年來，鉅材碩學盡發其矯誣妄作之病。由是古昔
> 書傳，微文奧旨，以及數度名物，雖極隱伏，堙塞幾絕，多錯綜異同，
> 條其義，類他考覈，亦率精確可觀。蓋自元明至今，未有若斯盛焉。
> 然其流失，至於穿鑿膠合、破碎繳繞、豪髮膚末之事，往往辨論至數
> 千百言。昔之善者，其於德業通變政理得失都不增損。何況攻訐參商，
> 言行激詭，遞隨視一時之喜怒毀譽，以為趨向哉。由是言之不可以考
> 古之失，追咎漢世諸儒，而可以襲宋儒之說。而悖者並以責昔之君子
> 也。雖然君子之學有本焉，有末焉，未有本盛而末不修者矣，亦未有
> 末之修而轉摧其本者矣。誠通曉乎理道，博聞強識，凡所論著，達其
> 是非正偽之自。文或奧頤舛錯闕疑詳說，而俱有明通之識，體用之意。
> 庶幾求免於不知，而作者，此或孔子一貫之道歟。《易》曰：「君子以
> 多識前言往行，以畜其德。」蓋古人養之於小學之時，以成其瑰偉環
> 異之材，其道固如斯也。桐城姚先生惜抱，篤行懋學，軌以程朱，為
> 海內大賢。文章議論，浩博堅整而畢出深醇。先生嘗云：「學問之事
> 有義理、考證、詞章三者，世必有豪傑之士兼收其美。」若先生者，
> 可謂具得其要領者也。然先生性尤謙約，平生誨人輒以爭名為戒。原
> 先生之意，爭名習勝，則始尚許、鄭而薄程、朱，後且有捨許、鄭而
> 更求其勝者。智足以伸其辨，學足以充其識。雖荒言曲說，盡棄傳注。
> 而新奇怪僻之義興，使人益惶惑失守。至為心術之害，此不可不慎者
> 也。當乾隆間，考證之學尤盛，凡自天文、輿地、書數、訓詁之學皆
> 備。先生邃識綜貫，諸儒多服，而終不與附和，駁難惟從容以道自守
> 而已。時紀文達為四庫全書館總纂官，先生與分纂文達天資高記誦

博，尤不喜宋儒。始大興朱學士筠，以翰林院貯有《永樂大典》內多古書，皆世闕佚，表請官校理。且官所以搜輯者，及是遺書畢出，纂修者益事煩雜。詆訕宋元眾諸儒講述，極庫隘謬螯，可盡廢。先生可與辨白，世雖異同，亦終無以屈先生。文達特時損益，其所上序論，令與他篇體制類焉。先生以既見採用，置弗編次，然其書實無害為私家著錄也。嗚呼！先生深造於道德文學，浩博深醇，其可師表後世者，固不獨此也。而觀所序論，即非經史制度之大者。言深而不隱，理當而不苟，去煩重，著體要，粹然有劉子政、曾子固之風，豈非示天下後世以醇儒之學，所遇無鉅細，而發現無不然乎？先生之後孫金壇令石甫，器識閎傑，文尤雄駿奇變。在所明肅，慈惠不苟。然則先生所示為醇儒之學者，石甫必益恢大共傳緒焉矣。《書錄》凡四卷，文八十八首，往與武進李申耆先生校正誤脫，石甫今為刻，附先生集後。嶽生嘗學於先生，石甫又不棄顓固。詩不云乎，自古在昔，先民有作，矧親承言議哉！輒僭述所聞著於篇。道光十二年十一月六日戊寅寶山弟子毛嶽生謹譔。

第一卷經錄十二首，第二卷史錄十六首，第三卷子錄二十四首，第四卷集錄三十四首。

右《書錄》四卷，姬傳先生分纂《四庫全書總目》時所屬稿也。校頒刊之本，時有差異，蓋進呈乙覽時，總裁官稍潤色之，令與他篇體裁畫一。馬先生刊文集時不以此入錄，當以各書所編訂業見採於《總目》。故而讀先生文者，即篇章殘闕猶思摭拾，況首尾完俱如斯錄乎。先生懋學醰詣，養之以盅粹。所論著者，較然於正偽是非毫釐之辨。徐條其得失，所自衷之於道，使膠固融釋。其或載記舛午，則旁綜他籍，備列殊文，鉤甄疑似，使讀者循覽而自得之。蓋即此數卷，而先生文章精嚴之旨略具，誠不可以無傳也。石甫明府補刊以附全集，以校錄屬之兆洛，謹私識其所知者。道光十二年七月武進李兆洛識。

《書錄》四卷舊刊於金壇而未盛行，宗亮聞諸先生曾孫聲云著錄，非先生本意。故也竊嘗紬繹全編於古今學術源流派別，折衷至當，實有得於向、歆父子《七略》之傳宜。李申耆、毛生甫諸老服膺不置也，用依原書為翻雕云。光緒己卯春二月邑後學徐宗亮記。

此書又有光緒五年（1879）刻本，題名《惜抱軒遺書三種》（包括《莊子章義》五卷附錄一卷《惜抱軒書錄》四卷《惜抱先生尺牘補編》二卷），牌記題光緒己卯春三月桐城徐氏集刊歸安楊峴署檢，每半頁十行，行二十一字，左右雙邊單魚尾，版心題書名、頁數。中國國家圖書館、日本東京大學東洋文化研究所等有藏。又，光緒七年（1881）亦有刊本。清光聰諧編《龍眠叢書十八種》收錄《惜抱軒書錄》四卷。2017 年陳紅彥主編《國家圖書館藏稀見書目書志叢刊》第 21 輯收錄此書。需要注意的是，國家圖書館善本室藏有《惜抱軒四庫館校錄書題》一卷，鈔本，每半頁十一行，行二十四字，無格，有魏錫曾校並跋，周星詒校並跋，葉昌熾跋。是書與《惜抱軒書錄》都是《總目》稿本系統的重要文獻。

四庫全書初次進呈存目（江慶柏等整理本）

江慶柏等整理，人民文學出版社出版，2015 年。

《四庫全書初次進呈存目》影印本在臺灣發行後，利用不便，整理本是學界所必需，因此江慶柏先生帶領 2008 級古典文獻專業研究生對《初目》進行了標點、校勘。此本前有方向東所作簡序，總目錄，之後為目錄、概述、整理凡例、正文內容、參考文獻、書名索引、作者索引、後記等。目錄首列部類，類目下僅列書名。概述長達二十二頁，分述六個方面：《初目》的基本情況；《初目》是一部獨立類型的四庫提要文獻；《初目》建立了《四庫全書》的圖書分類體系；《初目》確立了四庫提要的基本範式；《初目》與四庫學提要文獻系統的構成；《初目》為庫本提要的比較提供了依據；《初目》著錄《總目》未收提要考述。這六個方面全面梳理了《初目》的諸多問題，內容詳實，頗具考據之功。

《初目》的基本情況中，江先生認為「《初目》的編次已不能反映當時的原貌……同時現在的《初目》已有散失，其總篇數應該不止今天所能看到的這些……但散失的數量並不多」〔註126〕。關於初目編纂時間，江先生並未再考，而是並引夏長樸、劉浦江二先生考證結果，予以兩存。在《總目》的各種版本系統中，《初目》是比較特殊的一個版本。江先生將《總目》文獻分為「分纂提要、彙總提要、刊本提要、庫本提要、總目提要」五種，《初目》應該屬於彙總提要。在《初目》發現以前，一直無法解決一個問題，分纂稿與定本《總

〔註126〕江慶柏等整理：《四庫全書初次進呈存目‧概述》，北京：人民文學出版社出版，2015 年版，第 2 頁。

目》為何差異性很大，甚至完全不一樣？過渡文獻的缺失使得這個問題一直懸而未決，直至《初目》的發現，才得以解決這個問題〔註127〕。《初目》的文獻價值由此可見。《初目》提要不足二千篇，約為定本《總目》的五分之一，但江先生通過比對二者的目錄分類發現，《初目》已經具有成熟的分類體系。《初目》的分48類，《總目》分44類，二者相較，《初目》的分類體系既有合理之所也有侷限之處，這一問題的研究尚需結合《于文襄（敏中）手札》進行深入研究〔註128〕。《初目》提要較定本《總目》普遍為簡，但其確立了《總目》的基本範式。《初目》提要與《總目》相較尚有諸多問題需要納入考察，通過比較可獲取《初目》與《總目》的最大相同性以及最大差異性。在相同與差異的背後，必定存在一些特殊的學術問題、政治問題、思想問題、文獻問題等。個案研究與宏觀整體研究結合起來，可對《初目》進行更為詳盡的解讀。另外，分纂稿與《初目》，《初目》與《總目》，《初目》與閣本提要之間的關聯性也很大，並非一個「過渡文獻」可以解決所有問題。《初目》中著錄了《總目》未收提要十四篇，這些提要之所以未出現在定本《總目》中，實與禁書有關。但還有一問題需要指出，在《初目》之中，有一部分《永樂大典》輯佚書提要，這些《大典》輯佚書先行辦理，提要也最早纂寫（參《于文襄手札》）。所以，《初目》中存留的部分《大典》輯佚書提要不見於定本《總目》。而《大典》本輯佚書多不可見，除鈔錄《四庫全書》者，其餘輯出後也基本不存，依賴於《初目》中的提要，或可對《大典》部分輯佚書有所瞭解。

〔註127〕 按，《總目》稿本系統相當複雜，許超傑在《〈四庫全書〉提要文本系統例說》一文中，有一重要發覆：「一則提要可能具有多種提要稿，也就是不同的源文本，而不同的源文本也產生了不同的提要文本系統……提要文本之間的巨大差異並非僅僅是流傳、修訂產生，也可能是由於提要稿依據底本不同所致。進而指出存在不同分纂官分別為同一種書的不同版本撰寫的分纂稿、不同分纂官為同一種書的同一版本撰寫的分纂稿、同一分纂官為同一種書的不同版本撰寫的多種分纂稿等三種產生不同源文本的情況。」（湖南大學嶽麓書院《第四屆中國四庫學高層論壇論文集》，2019年11月，第288頁。）

〔註128〕 按，《于文襄手札》第一通：「《永樂大典》五種已經進呈，所辦下次繕進之書，可稱富有，但不知報箱能攜帶如許否？細閱所開清單，如《竹品譜》之列於史部，《少儀外傳》之列於子部，皆未解其故，便希示及。」第二通：「《竹譜》改入子部農家，《少儀外傳》改入經部小學，以為相合。今細閱書單內，尚有數條，疑不能決，即於單內注明，希回曉嵐先生酌定示知。」第四通：「《少儀外傳》仿《韓詩外傳》之例極為妥合。」于敏中與陸錫熊、紀昀等人對書籍歸屬問題的討論，涉及《總目》目錄體例的纂定。

　　江本有「整理凡例」九條。按凡例所言，此整理本所用之本為臺北「國家圖書館」藏乾隆年間鈔本，並參考了臺灣商務印書館影印本。凡例統計《初目》提要 1878 篇，包括 1869 篇完整提要和 9 篇殘篇提要，在 1869 篇提要中，有 8 篇提要書名相同，屬於一書兩提要的情況。即明王邦直《律呂正聲》、元戴侗《六書故》、明馮應京《月令廣義》、明顧元鏡《九華山志》、唐孫思邈《千金要方》、宋呂祖謙《歷代制度詳說》、明陳耀文《正楊》（或作《正楊集》）、宋梅堯臣《宛陵集》八部書，均有兩篇提要。通過凡例知，《初目》整理存在相當大的困難，《初目》冊次的問題、標目的問題、部類的問題、條目混亂的問題，均需要詳細斟酌。此整理本首先對每條提要分別進行文字整理；然後將《初目》每篇提要之下注出其所在定本《總目》的卷帙及部類（《總目》若無則闕），頗有利於對應和檢索；最後出校記，將文淵閣《四庫全書》、文溯閣《四庫全書》、文津閣《四庫全書》、摛藻堂《四庫全書薈要》書前提要以及殿本、浙本《總目》等與《初目》進行校對。整體看來，此本簡潔、明瞭，頗有《初目》文獻的利用。是本後附錄參考文獻、書名索引、作者索引，於學術研究亦有助益。

四庫全書初次進呈存目校證（趙望秦等整理本）

　　趙望秦、李月辰、李雲飛、孫師師、馬君毅校證，陝西師範大學出版社，2016 年，三冊平裝本；2018 年，一冊精裝本。

　　趙本前有「《四庫全書初次進呈存目》文獻價值探微」前言，多以書中例證與《總目》比較，發現二者之間的差異。一是《初目》體例與《總目》相較，多有未協。二是就提要而言，《初目》書籍在《總目》之中著錄者，提要多表現出較大差異；而未被收入《四庫全書》卻僅予以存目者，《初目》與《總目》提要文字差異性不大，這是一個很重要的發現。換言之，《總目》在最終定稿前集中對著錄書籍提要進行改訂、重寫等工作，而對存目書提要的改寫不大，「除過按統一體例調整敘寫次序外，內容上基本是承襲底稿」〔註129〕。關於提要的纂寫，早在乾隆三十八年五月廿九日于敏中就已有所指示，據《于文襄手札》云：「愚見以為《提要》宜加覈實，其擬刊者則有褒無貶，擬鈔者則褒貶互見，存目者有貶無褒，方足以彰直筆而示傳信，並希留神。」〔註130〕《初

〔註129〕《〈四庫全書初次進呈存目〉文獻價值探微》，見《四庫全書初次進呈存目校證‧前言》，西安：陝西師範大學出版社，2016 年，第 17 頁。

〔註130〕于敏中：《于文襄手札》（陳垣整理），國立北平圖書館，1933 年。

目》中存留了部分撤燬、銷燬書籍提要，這對瞭解乾隆修書過程以及官方思想對修書工作的影響有重要作用。前言中對《大典》本輯佚書提要有所關注，對《初目》所具有的校勘價值予以肯定，特別是《初目》中正確而《總目》錯誤者。另者，通過《初目》，可發現《四庫全書》更換底本問題，對進一步瞭解「四庫本」價值有重要意義。學界多以「四庫本」不宜用為基本論調，將所有「四庫本」皆視為有「瑕疵」之本，卻未對所有「四庫本」進行全面調查，這是有失公允的。隨著《初目》這一「過渡」文獻的發現，再參以存世的「四庫底本」〔註131〕，部分「四庫本」是能夠有效判定其是否可用的。

此校證本有「敘例」九則。據敘例知，是本係以 2012 年臺北商務印書館影印本底本進行整理，包含了標點、校勘、互證及編制總目、索引等工作。校本主要參考中華書局影印浙本《總目》。是本將《初目》提要所涉書籍在《四庫提要分纂稿》、《四庫全書薈要總目提要》、文淵閣《四庫全書》書前提要、《文溯閣四庫全書提要》、《文津閣四庫全書提要彙編》、《四庫全書簡明目錄》、《四庫全書總目》中的部類、卷次、頁碼標注出來，頗有著於按圖索驥、比較研究。避諱字的處理較為合理，缺筆徑直補足，改字避諱者則仍其舊，加括號指出避諱人名。底本中存在的古今字、通假字、異體字、俗體字、簡體字等，處理方式也較為合理，不輕易將所有文字改為異體字。

目錄列出書籍部類、書名、卷數。正文每篇提要先排《初目》原文，次出「校記」（無「校記」者則不出），再以「今案」列《初目》提要在其他諸本中著錄情況。附錄有「《四庫全書》版本調換問題的新例證——基於《四庫全書初次進呈存目》的探究」一文，原載於《學術探索》2015 年第 3 期。另有書名與作者名索引。關於此書的價值，邵炳軍、王世沖《剖析條流 考辨精審——評趙望秦〈四庫全書初次進呈存目〉校證》一文多所提示〔註132〕。

四庫全書薈要總目提要

江慶柏等整理，人民文學出版社，2009 年。

是書為《四庫全書薈要》書前提要的彙編，是一部重要的「四庫學」文獻

〔註131〕 按，「四庫底本」參以下兩套叢書。1. 羅琳主編《四庫全書底本叢書》（全 490 冊），北京：文物出版社，2019 年；2. 四庫提要著錄叢書編委會編《四庫提要著錄叢書》（12 輯全 1200 冊），北京：北京出版社，2010 年。

〔註132〕 邵炳軍、王世沖：《剖析條流 考辨精審——評趙望秦〈四庫全書初次進呈存目〉校證》，《渭南師範學院學報》，2016 年第 10 期。

資料。江慶柏在概述中云「乾隆三十八年（1773）二月，清高宗詔開四庫全書館，編纂《四庫全書》。稍後，清高宗又要求先行編纂《四庫全書薈要》」〔註133〕。乾隆三十八年五月初一諭：「爰命四方大吏，加意採訪，彙上於朝。又以翰林院署舊藏明代《永樂大典》，其中墜簡逸篇，往往而在，並敕開局編校，芟蕪取腴，每多世不經見之本。而外省奏進書目，名山秘籍，亦頗裒括無遺。合之大內所儲，朝紳所獻，計不下萬餘種。自昔圖書之富，於斯為盛。特詔詞臣，詳為勘核，釐其應刊、應鈔、應存者，繫以提要，輯成總目，依經史子集部分類聚，命為《四庫全書》。第《全書》卷帙浩如煙海，將來庋棄宮庭，不啻連楹充棟，檢玩為難。惟摛藻堂向為宮中陳設書籍之所，牙籤插架，原按四庫編排。朕每憩此觀書，取攜最便。著於《全書》中，擷其菁華，繕為《薈要》。其篇式一如《全書》之例。蓋彼極其博，此取其精，不相妨而適相助。庶縹緗羅列，得以隨時流覽，更足資好古敏求之益。著總裁于敏中、王際華專司其事。書成，即以此旨冠於《薈要》首部，以代弁言。」〔註134〕這書關於《薈要》纂修的最早記錄。乾隆「希望最終形成《四庫全書薈要》和《四庫全書》兩座文化府庫：一取其精，一極其博」。《四庫全書薈要》共纂成兩部，一部藏於宮中摛藻堂，一部藏於圓明園味腴書室。後者燬於咸豐十年英法聯軍火燒圓明園，《摛藻堂四庫全書薈要》今藏於臺北故宮博物院。1985年至1988年臺灣世界書局影印出版，全五百冊。2005年吉林出版集團重新影印出版，亦五百冊。

此《薈要》提要，江慶柏先生整理體例如下：首列目錄；其次「概述」，分五個方面詳細說明了《四庫全書薈要總目提要》的基本內容，《薈要提要》的文獻價值，《薈要提要》的文獻來源，《薈要提要》和《總目》的文字比較，《薈要提要》和《總目》內容異同性比較；再次為整理凡例，知《四庫全書薈要總目提要》係《四庫全書薈要總目》《四庫全書薈要提要》合編，校勘用一九六五年中華書局出版的《四庫全書總目》；第四為主體內容，包括《薈要提要》之上諭、《四庫全書薈要聯句》、職名、凡例及《薈要提要》；第五為附錄，包括《薈要》收錄各時代作者一覽表，《薈要》收錄敕撰本一覽表，《薈要提要》與文淵閣《全書》提要及《總目》異同比較表，《薈要總目》與《總目》著錄

〔註133〕 江慶柏：《〈四庫全書薈要總目提要〉概述》，北京：人民文學出版社，2009年，第21頁。

〔註134〕 中國第一歷史檔案館：《纂修四庫全書檔案》上冊，上海：上海古籍出版社，1997年，第107頁。

圖書來源比較表，《薈要總目》與《總目》圖書分類相異一覽表。又有參考文獻、書名索引、作者索引等。關於《四庫全書薈要總目提要》的研究，可參看江慶柏《〈四庫全書薈要總目〉文獻價值初探》〔註135〕，吳婷碩士學位論文《〈四庫全書薈要總目提要〉研究》〔註136〕，方美美碩士學位論文《〈四庫全書薈要〉史部研究》〔註137〕等。

四庫抽燬書提要稿

王重民編纂，周雲青校訂，上海醫學書局出版，民國二十年（1931）九月初版。

《中華圖書館協會會報》第七卷第二期有此書介紹：「今世版行之四庫書目提要，非四庫各書首之提要原文，乃紀文達一手修改之作；除武英殿版所刊行者外，惟有向四庫本鈔出，或南中之文瀾閣亦可就鈔，不特行款不同，其間持論亦不盡合。重刊提要真本，實不可緩。又四庫所有之書，未查得刻本者三百餘種，今若將此三百餘種，刊為四庫未刻本目錄，有心人照此目陸續刊版，俾世盡見四庫全書。此稿之作，即所以補上述之不足，嘉惠後學不少也。」〔註138〕據劉修業編撰，王媛修訂的《王重民先生著述目錄》所考：「此書記錄抽燬書提要稿九篇，有關李清者三篇，周亮工者四篇，有關潘檉章和吳其貞者各一篇，附錄有陳援庵（垣）先生致余季豫（嘉錫）先生函，乾隆五十二年三月《起居注冊》和《四庫全書簡明目錄》十一則，從這裡可以看到《四庫全書》對抽燬書處理的情況。卷首有孟森先生序及重民自記。」〔註139〕

關於《四庫抽燬書提要稿》一書的版本，應該在 1931 年之前出版過單行本，然未見。劉乃和編《陳垣同志已刊論著目錄繫年》亦未提及，僅在對《致余季豫函答四庫抽燬書原委》一文進行繫年時，引「《四庫抽燬書提要稿》附

〔註135〕江慶柏：《〈四庫全書薈要總目〉文獻價值初探》，《南京師大學報（社會科學版）》，2009 年第 4 期。

〔註136〕吳婷：《〈四庫全書薈要總目提要〉研究》，南京師範大學碩士學位論文，2012年。

〔註137〕方美美：《〈四庫全書薈要〉史部研究》，內蒙古師範大學碩士學位論文，2018年。

〔註138〕《中華圖書館協會會報》第七卷第二期「新書介紹」，民國二十年（1931）十月三十日，第 23 頁。

〔註139〕北京大學信息管理系編：《王重民先生百年誕辰紀念文集》，北京：北京圖書館出版社，2003 年版，第 503 頁。

錄」〔註140〕1931 年本，余有藏，版權頁寫明「中華民國二十年九月初版」。是書為版心下方有「無錫丁氏書目叢刻之一」，知係丁福保所刻書目〔註141〕。

是書較為少見，王重民所輯九篇抽燬書提要稿對研究《四庫全書》有重要價值，今將九篇提要稿略錄如下：

以下各書提要，從民國十六年於清宮方略館發現之原繕本補錄。
其所居位次則參酌趙懷玉刻本簡明目錄〔註142〕。

1.《南北史合注》·一百九十一卷（按：在卷五十 史部六 別史類，《春秋別典》後。）

臣等謹按，《南北史合注》一百九十一卷，明李清撰。清字心水，號映碧，揚州興化人。禮部尚書思誠之孫，大學士春芳之玄孫；崇禎辛未進士，官至吏科給事中；事蹟附見《明史·李春芳傳》。清以

〔註140〕 劉乃和：《陳垣同志已刊論著目錄繫年》，香港：大東圖書公司，1980 年版，第 14 頁。

〔註141〕 丁福保（1874～1952），近代藏書家、書目家，字仲祜，號疇隱居士，一號濟陽破衲，江蘇無錫人，1895 年（光緒二十一年）肄業於江陰南菁書院，次年考取秀才，後隨華蘅芳學數學，編撰了《算學書目提要》。又因身體多病，改習醫學，創辦丁氏醫院、醫學書局，先後編譯出版了近 80 種國內外醫學書籍，合稱《丁氏醫學叢書》。

〔註142〕 按，趙懷玉刻本《簡明目錄》的特殊之處，陳垣有論及。一九二八年三月二十八日陳垣給余嘉錫信函載：「季豫先生撰席：頃奉手示，敬悉。昨在報中拜讀大著，至為佩服。承詢周亮工著述撤出四庫原因，據乾隆檔乾隆五十二年八月十一日，內閣奉上諭在覆勘文淵等閣所藏四庫全書，據詳校官祝堃簽出周亮工《讀畫錄》、吳其貞《書畫記》，內有違礙猥褻之處，已照簽撤改矣。祝堃著交部議敘，欽此。所謂違礙者，因《讀畫錄》詩有『人皆漢魏上，花亦義熙餘』之句也。所謂猥褻者，因《書畫記》有春宵秘戲圖也。此事年前壬君似曾詢及，事冗未暇詳答，晤時乞轉致為荷。現在通行之《簡明目錄》，有係乾隆四十七年趙懷玉據四庫館初成稿本錄副南歸刊刻者，故李清、周亮工之書目具存。至乾隆五十二年三月始發見李清《諸史同異錄》，內有順治與崇禎相同四事一條，指為悖謬，因而連累他書，同年八月又發見周亮工等書，遂一併撤出。趙本簡目未及照改，故與庫書不符。粵刻簡目每半葉九行，行廿一字，以為常，間有特疏特密者，即撤出填補者也。又《四庫提要》內原有引周亮工語數十處，後皆挖改，撤處有詳表，文繁不錄。乾隆五十二年四月初二日檔，有撤出各書後填補空函辦法一件，五十三年十月廿日檔，又有先後奏請撤出銷燬書單一件，另紙錄呈。此等掌故，求之私家記載，多不可得，古人所以願讀蘭臺、東觀書也。為之一笑。專復並頌攝安。弟垣遂上。三月廿八日」（參陳垣著，陳智超編注《陳垣往來書信集》，上海：上海古籍出版社，1990 年，第 338～339 頁。）

南北朝諸史並存，冗雜特甚，李延壽雖並為一書，而諸說兼行，仍多矛盾。嘗與張溥議，欲倣裴松之《三國志》注例，合宋、齊、梁、陳四史為《南史》，魏、齊、周、隋四史為《北史》，未就而溥歿。後清簡閱佛藏，見三寶記載有北魏文帝大統中遺事，《感通錄》載有齊文宣、隋文帝遺事，《高僧傳》載有宋孝武帝遺事，因思卒前業，乃博採諸書以成此注。參訂異同，考訂極為精審。又於原書之失當者，略為改定其文。如高歡、宇文泰未篡以前，史書之為帝者，皆改稱名。後梁之附《北史》者，改附《南史》。宋武帝害零陵王，直書為弒。魏馮、胡二后以弒君故，編為逆后，與逆臣同書。又二史多識緯佛門事，以非史體，悉改入注。其持論亦為不苟。然裴松之注《三國志》，雖多所糾彈，皆仍其本文，不加點竄。即《世說新語》不過小說家言，劉孝標所注，一一攻其謬妄，亦不更易其文。蓋古來注書之體如是也。譙周改《史記》為《古史考》，荀悅改《漢書》為《漢紀》，范蔚宗合編年四族，紀傳五家為《後漢書》，並採摭舊文，別為新制，未嘗因其成帙，塗乙丹黃。蓋古來著書之體如是也。清既不能如郝經之《三國志》改正重編，又不肯如顏師古之注《漢書》循文綴解，遂使《南北二史》，不可謂之清作，又不可謂之李延壽作。進退無據，未睹其安。至於八史之中，四史無志，《南北二史》亦無志。故清割《宋書》《南齊書》《魏書》《隋書》四史之志，取其事實，散入紀傳之中。不知《隋志》本名《五代史志》，故其事上括前朝，當時未有《南北史》，無所附麗，故奉詔編入《隋書》。清既合注《南北史》，自應用《續漢十志》補《後漢書》之例，移掇編入。而以劉昭之例，詳考諸書以注之。於制度典章，豈不明備。乃屑屑刪改紀傳，置此不言，亦為避難而趨易。今特以八代之書，牴牾冗雜，清能會通參考，以歸一是，故特錄而存之。其瑕瑜並見，則終不可相掩也。乾隆五十一年五月恭校上。

2.《南唐書合訂》·二十五卷（按：在卷六十六 史部二十二 載記類，《安南志略》後。）

　　臣等謹按，《南唐書合訂》二十五卷，明李清撰。清有《南北史合注》，已著錄。是書紀南唐一代事蹟，以陸游書為主，而以馬令書

及諸野史輔之。凡陸書所無而增入之傳，則以補遺二字分注其下，蓋略仿裴松之注《三國志》之法而稍變通之。書前則引唐餘《紀傳年世總釋》諸說，大抵欲以李氏紹長安正統，仍由陸游之謬說。不知知誥為徐溫養子，得國後始自言出自唐宗，其世系本無確證。即使果屬建王嫡系，而附庸江左，奉朔中原，亦斷不能援昭烈蜀都之例。以此而學郝經、蕭常之書，劉知幾所謂貌同而心異者也。然其他更定陸書義例者，如鍾芪、李延鄒等於本紀摘出，別列《忠義傳》以旌大節，頗合至公。又張洎等之列入《唐·周宋臣傳》，樊若水之列入《叛逆傳》，亦深協春秋斧鉞之義。其間文獻缺遺，詳徵博引，亦多所考證。視《江南野錄》《江表志》諸書，實遠勝之。故糾其持論之紕謬，而仍取其考古之賅洽焉。乾隆五十一年八月恭校上。

3.《閩小紀》·四卷（按：在卷七十 史部二十六 地理類三 雜記之屬，《顏山雜記》後。）

　　臣等謹案，《閩小紀》四卷，國朝周亮工撰。亮工字元亮，號櫟園，祥符人。前明崇禎庚辰進士，授濰縣知縣。入國朝，官至戶部右侍郎，以事革職，終於江南督糧道。是編乃其官福建布政使時所作。多述其地物產民風，亦兼及遺聞瑣事與詩話之類。敘述頗為雅令，時時參以議論，亦有名儁之風，多可以為談助。其中如辨李騏、馬鐸無同母事，倒掛鳥非桐花鳳，《金鳳傳》為明末徐熥偽託，「考亭」乃黃氏亭名，非「朱子」之號，「蠻鼓洋」為「鞔鼓」之訛，李白《僧伽歌》與《神僧傳》《李邕碑》皆不相符，楊慎《名蛙賦》由誤解江淹「紫蘁春而發華」之語，亦頗有考證。惟解韋莊「上相閒分白打錢」為徒手相搏，未免強作解事耳。其中「閩酒」「朱竹」諸條，與所作《因樹屋書影》彼此複出。蓋興到即書，偶然未檢。然在近代說部之中，固為雅馴可觀矣。書中所記，不名一格，宜入於雜家；而自始至末，皆談閩事，究為方志之支流，故附書地理類焉。乾隆五十年十月恭校上。

4.《國史考異》·六卷（按：在卷八十八 史部四十四 史評類，《史糾》後。）

　　臣等謹按，《國史考異》六卷，不著撰人名氏。以所引諸書證之，蓋明末人也。其書以實錄野史及諸家文集碑誌，參證同異，斷其是

非，而攻駁鄭曉今言者最多。所考止於洪武、永樂兩朝，其或為纂而未竣，或為竣而佚闕；或以太祖開基草昧，秩官每異傳聞；成祖倡亂革除，史氏曲為諱忌，故訂訛正舛，祗以兩朝，均未可知。第據此六卷觀之，大抵引據賅洽，辨析詳明。如建文遜國一條，不以自焚之說為信，亦不以從亡之事為真，謂胡濙奉使，鄭洽逮治，建文之為存為歿，成祖亦在疑信之間，後來孰從而質實。但既鴻冥而去，自必潛蹤滅跡，不可復尋，又豈肯到處題詩，暮年歸國，自踐不測之危機。疑以傳疑，持論最為平允。至於張玉沒於濟南之戰，史有明文，而云鐵鉉但困守孤城，未嘗出軍拒敵。景清先降，自不別於奸黨，而疑奸黨榜不載其名，不免小而疏舛。張紞已推戴新主，仍長六曹，後以懼罪自經，不因殉節。而云張紞之一死，足以謝方鐵諸公，持論亦小有出入。要其辨証傳信，可取者則已多矣。乾隆五十一年五月恭校上。（按：本書作者實為潘檉章。）

5.《讀畫錄》‧四卷（按：在卷一百十三　子部二十三　藝術類二　書畫之屬下，《石渠寶笈》後。）

　　臣等謹按，《讀畫錄》四卷，國朝周亮工撰。亮工有《閩小紀》，已著錄。亮工癖嗜印章及畫，嘗裒輯同時能篆刻者為《印人傳》，又裒輯畫家名氏為此書。所記自明以來凡七十六人，各論其品第；亦間附載題詠及其人梗概。大抵皆所目睹，否亦相去不甚遠。如李日華、董其昌之流，猶及聞其逸事者。昔董其昌作《畫禪室隨筆》，稱書法後人不及古，畫則各自成佛作祖。亮工亦持是論。故是編所錄不及萬曆以前也。後附有名無傳六十九人，亦如所作印人傳例。其中如王翬、惲壽平，聲價至今相埒，然於翬畫極相推挹，而壽平則僅掛名附錄中。豈當時壽平品格猶未成就，抑嗜好各有不同耶？觀其子在浚所輯《雲煙過眼錄》，亮工所收諸畫至二十巨函，可謂鉅細不遺，而立傳者僅此，則亦矜慎不苟矣。謝赫、姚最同異多端，李嗣真、張彥遠是非互起，要不妨（按「妨」下有脫字）所見耳。乾隆四十九年四月恭校上。

6.《書畫記》‧六卷（按：在卷一百十三　子部二十三　藝術類二　書畫之屬下，《庚子銷夏記》後。）

　　臣等謹按，《書畫記》六卷，國朝吳其貞撰。其貞字公一，徽州

人。留心賞鑒，常遊蘇州及維揚，與收藏家相往來。多觀書畫真蹟
及生平所自購者，各加品題，隨手箚錄，注明所見年月。歷四十餘
歲之久，因為衷輯成編。始於乙亥，為崇禎八年；其末條稱丁巳，
則康熙十六年也。其間於前人題跋，不錄原文，與《珊瑚網》《書畫
彙考》諸書體例稍異。其中有記憶偶誤者，如載閻次平《寒巖積雪
圖》，稱其題識為大曆辛丑。閻次平乃南宋畫院中人，不應有大曆年
號。考之明豐道生《華氏真賞齋賦注》，亦載有此圖，實作淳熙辛丑。
此類小有疏舛，亦所不免。然其臚採甚博，於行款位置，方幅大小，
印記紙絹，裝潢卷軸，皆一一備列。其評騭真贗，辨論亦多確切。
持較米芾、董遒，古今人固不相及；與張丑真蹟日錄，要未易甲乙
也。乾隆四十九年三月恭校上。

7.《印人傳》·三卷（按：在卷一百十三 子部二十三 藝術類二 篆刻
之屬，《學古編》後。）

臣等謹按，《印人傳》三卷，國朝周亮工撰。亮工本名亮，字元
亮，號櫟園，又號減齋，祥符人。前明崇禎庚辰進士，官濰縣知縣。
以卓異薦舉至京師，值李自成之變，逃匿未出。後入國朝，官至戶
部右侍郎，終於江南督糧道。亮工喜集印章，工於鑒別。所編《賴
古堂印譜》，至今為篆刻家模範。是書則譜之題跋，別編為傳者也。
首載文天祥、海瑞、顧憲成三印，次及其父、其弟、其友許宰，次
則文彭以及李穎，凡六十人。附傳三人，又不知姓名一人。其有名
而無傳者又朱簡等六十一人。自宋以前，以篆名者不一，以印名者
絕無之。元趙孟頫、吾丘衍等始稍稍自鐫，遂為士大夫之一藝。明
文彭、何震而後，專門名家者遂多，而宗派亦復岐出。其源流正變
之故，則亮工此傳括其大略矣。乾隆四十九年三月恭校上。

8.《書影》·十卷（按：在卷一百二十二 子部三十二 雜家類六 雜說
之屬下，《春明夢餘錄》後。）

臣等謹按，《書影》十卷，國朝周亮工撰。亮工有《閩小紀》，
已著錄。是編乃其官戶部侍郎，緣事逮繫時，追憶平生見聞而作。
因圜扉之中，無可檢閱，故取「老人讀書衹存影子」之語，以「書
影」為名。其中如元祐黨籍本止七十八人，餘者皆出附益，本費衷
《梁溪漫志》之說，而引陳玉瑬跋；姚祐讀《易》誤用麻刻本，以

「釜」為「金」，本方勻《泊宅編》之說，而引朱國禎《湧幢小品》；米元章無李論見所作《畫史》，而引湯垕《畫鑒》；邸報字出孟棨《本事詩》，而稱始於蔡京。皆援引不得原本。又如子貢說杜樹事，明載今本《博物志》第八卷，而云今本不載。日月交食本有定限，而力主有物食之。二說皆考證未能精覈。至於韓信之後為韋土官，本明張燧千百年眼之虛談，而信為實事；陶宗儀《說郛》僅一百卷，孫作《滄螺集》中有宗儀小傳可考，二人契友，必無舛誤，乃云南曲老寇四家有《說郛》全部，凡四大櫥。皆傳聞不得其實。至揚雄仕於王莽，更無疑義，而雜摘浮詞，曲為之辨；艾南英以鄉曲之私，偏袒嚴嵩，強為辨白，而以惡王世貞之故，特存其說；何心隱巨奸大猾，誅死本當其罪，而力稱其枉；王柏詩疑刪改聖經，至為誕妄，而反以為是。尤為顛倒是非。然自此十餘條外，大抵記述典贍，議論平允。遺聞舊事，頗足為文獻之徵。在近代說部之中，固為瑕不掩瑜者矣。乾隆四十九年二月恭校上。

9. 《歷代不知姓名錄》·十卷（按：在卷一百三十六　子部四十六　類書類二，《廣博物志》後。）

　　臣等謹按，《歷代不知姓名錄》十卷，明李清撰。清淹通史學，所著《南北史合注》《南唐書合訂》，已別著錄。是編以列史所載有事蹟而無姓名者，類而聚之，勒為一書，以備考據。惟晨門荷蕢，人所見習者不錄。其餘自忠孝節義、儒學技術，以至妖妄鬼物之屬，無不備載。分為五十四類，採摭極其賅博。大端以二十一史為主，而稗官野乘則必擇其可信其錄之。中間如晉乘楚《檮杌》為吳邱衍作，井中《心史》為赫士犖作，皆出偽書，而詳加徵引，未免失於審核。又凡例自稱寓言弗錄，而文人類所引《清波雜志》之溫湯老人，對正當時，詭詞託諷，如子虛、亡是之流，亦本刊削未盡。至其意存繁富，如宣室睽車諸志所紀荒誕之事，一概並登，頗傷汎濫。然其體例新創，臚列詳明，實足資博古者考訂之助，未可遽以叢雜譏之。又案周亮工《書影》稱：李映碧取廿一史中有名無姓，有姓無字，有字無名者，總為一書。今考書中惟有名無姓、有姓無名，分附各類之後，而有姓名無字者，並未載入一人，凡例中亦無此語。蓋亮工未見其書，故所記者有誤也。乾隆五十年十月恭校上。

附錄檔案

臣等遵旨，將現在銷燬李清書四種，應行補足空函之處，與紀昀公同商酌。查得《四庫全書》每分六千餘匣，均祇於匣面按次標刻第幾函字樣，其書則各自分部，不相聯屬，並無通身流水卷數，是以屢次奉旨添書撤書，皆可通融辦理。此次所燬李清書四種，《南北史合注》一種，係在史部別史類中，《諸史同異錄》及《不知姓名錄》二種，係在子部類書類中，此二類備鈔之書尚多，均可按其時代，另檢別種約計卷數多寡依次補入，不見抽換之跡。惟《南唐書合訂》一種，係在史部載記類中，此類書籍甚少，現在別無備鈔之書，無可補入。查從前武英殿裝潢全書，向因冊數函數厚薄不勻，有奏定襯紙之例，現在四閣書內襯紙者甚多，今此書僅只六冊，勻裝此空匣之內，即可不必再補。再現在刊刻總目，應一併查明改正。所有臣等公同商酌通融辦理緣由，理合奏請皇上訓示遵行。謹奏。

右乾隆五十二年四月初二日檔。臣等者，軍機大臣也。

《諸史同異錄》此書係李清撰。因書內妄稱世祖章皇帝有與明崇禎相同四事，悖誕不經，續辦三分書，緒進一分，內未照底本刪去，當蒙指示，前經奉旨將全書銷燬，並將李清所撰各書，概行查燬。此係文淵閣繕進之本，其悖妄語句已經原辦之總校刪去，全書應燬。

《南北史合注》此書係李清撰。應燬。

《南唐書合訂》書係李清撰。應燬。

《列代不知姓名錄》此書係李清撰。應燬。

《書畫記》此書係吳其貞撰。因書內所載春宵秘戲圖，語多猥褻，奏明應燬。

《讀畫錄》此書係周亮工撰。因詩內有「人皆漢魏上，花亦義熙餘」，語涉違礙，經文淵閣詳校簽出，奏請銷燬，並將周亮工所撰各書，一概查燬。此係文淵閣繕進之本，其違礙語句已經原辦之總校挖改，全書應燬。

《閩小記》此書係周亮工撰。應燬。

《印人傳》此書係周亮工撰。應燬。垣案：周亮工尚有《書影》及《同書》二種，後亦一併撤出。

《國史考異》此書不著撰人姓名。內多引用錢謙益辨證，奏明應燬。垣案：此書潘檉章撰，已刻入《功順堂叢書》。

右乾隆五十三年十月二十日檔。

另，王重民《李清著述考》附錄李清著述三篇提要稿，分別為《南北史合注》提要、《南唐書合訂》提要、《歷代不知姓名錄》提要。王氏有《〈四庫抽燬書提要稿〉目記》一文，亦見於《四庫抽燬書提要稿》卷首，文云：「一九二七年春，余在故宮博物院圖書館，得窺方略館藏書。見有《四庫全書》清繕本十數部，每部或有二三重份。頗訝《四庫》何以有零種，並何以留置此許？及檢《總目》，概無其書，而俱見於《四庫簡明目錄》。當時余認為在《四庫全書》史上當為一極有趣味之問題。即請教於陳援庵先生，蒙鈔示乾隆五十二年三月《起居注冊》一則，得其底蘊。因草《李清著述考》一文，布之《圖書館學季刊》，嗣見余季豫先生言及此問題，余先生更詢於陳先生，又得鈔示乾隆五十二年四月初二日檔，及五十三年十月二十日檔兩則。於是此案原委，概可知矣。唯據《簡明目錄》，同時被抽燬書尚有李清《諸史同異錄》六十八卷，周亮工《同書》四卷，方略館無之，兩提要未得錄入，不無遺恨云。一九三一年七月二日王重民記。」〔註143〕

合印四庫全書總目提要及四庫未收書目禁燬書目

王雲五主持編印，臺灣商務印書館，1971 年。

是書包括《四庫全書總目提要》《四庫未收書目》《禁燬書目》三種，分別參見三書敘錄。王雲五有《合印四庫全書總目提要及四庫未收書目禁燬書目序》一文，茲錄於下：

余既主持續修四庫提要之印行，分月出版，已逾半數；因思四庫全書總目提要，坊間雖已流行甚久，惟卷帙浩繁，檢查不便。余於編印萬有文庫時，分別句讀，並附編四角號碼詳細索引，以五號字排印為四十冊，更精裝為四巨冊。讀者稱便。然以彙同萬有文庫印行，初未單行發售。茲續修四庫提要正在發行中，則文庫本之四庫全書總目提要，實有單行印售之必要，俾讀者對乾隆以前及乾隆以後，我國所有圖書咸能獲讀其提要；且以同一版式，並列書廚，予取予求，不稍窒礙；不其懿歟？

〔註143〕王重民：《冷廬文藪》上冊，上海：上海古籍出版社，1992 年，第 419 頁。

抑乾隆間纂修四庫全書時，尚有四庫未收書目及禁燬書目二種未附入其中，不無闕憾。因兼收二書，並仿四庫全書總目提要之例，編為四角號碼索引，與原四庫總目提要合印為精裝五巨冊，與續修四庫提要十三巨冊，合為十八冊。咫尺之地，而我因素千年來流傳至今之古籍，幾於網羅無遺，誠快事也。——六十年五月二十日〔註144〕

《合印四庫全書總目提要及四庫未收書目禁燬書目》使用較為方便，但學者引用時基本使用各單行本。

四庫未收書目提要

清阮元撰。阮元（1764～1849），字伯元，號芸臺，江蘇儀徵人。乾隆五十四年（1789）進士，經學家、目錄學家。在任職浙江巡撫期間，曾廣泛搜求「四庫」未收的重要古籍，每獲一書，即請屬員鮑廷博、何元錫等仿照《四庫全書總目提要》的體例撰寫提要，經其審訂，隨書進呈，十數年中計進百餘部。其子阮福（1784～1854），字賜卿，號喜齋，又號蔭生，亦有金石考據之雅好。道光二年（1822），彙編其父文集《揅經室集》時，將上述提要收入，列為外集。傅以禮又依《外集》所收，按照四部重新編序，另外補增各書版本及《瀛洲筆談》提要一篇，題名為《揅經室進書錄》，五卷本，後改成《四庫未收書目提要》，計共收一百七十五種，與《外集》稍有出入。

此書版本較多，有道光二年（1822）《揅經室外集》本、光緒八年（1882）成都御風樓刊本、光緒十四年（1888）上海漱六山莊石印本、民國二十年（1931）雙流黃氏濟忠堂刊本、石印本《四庫全書簡明目錄》附印本、大東書局石印《四庫全書總目》附印本、《國學基本叢書》（第二集）本、《萬有文庫》（第二集）本、《叢書集成初編》本、1955年商務印書館排印本、1965年中華書局影印本《四庫全書總目》後附《四庫未收書目提要》。上海圖書館藏清鈔本，五卷附一卷本，管庭芬校並跋。

《四庫未收書目提要》又名《揅經室外集》《揅經室經進書目》《揅經室進書錄》。書著於嘉慶年間，道光二年輯成並刊行。是書以四庫為序，收四庫未收書175部。考校原書，詳為釐定，追溯原委，注明版本，兼論其得失。所收

〔註144〕 王雲五：《合印四庫全書總目提要及四庫未收書目禁燬書目序》，《東方雜誌》，1971年第4卷第12期。

書多珍善之本，實為善本書目。阮福經校勘審定，附《揅經室集》為《外集》。書中亦有脫訛，後人撰《四庫未收書目提要補正》。〔註145〕

清代禁燬書目（補遺）‧清代禁書知見錄

清姚覲元編，清孫殿起輯，商務印書館，1957年。

一、《清代禁燬書目》。此書四卷包括《全燬書目》一卷《抽燬書目》一卷《禁書總目》一卷《違礙書目》一卷。是書有清光緒十年姚氏刻咫進齋叢書本，《續修四庫全書》史部第921冊據上海辭書出版社圖書館藏影印。《清代禁燬書目》可與《纂修四庫全書檔案》所載對參。是書前有英廉「銷燬書目原奏」兩篇奏摺，記載書籍禁燬、抽燬等情形。書後有《書目總跋》一篇，敘《清代禁燬書目》所包括的《全燬書目》《抽燬書目》《禁書總目》《違礙書目》四書的內容、成書及流傳狀況。茲錄如下：

> 覲元曩在東川，曾栞《銷燬抽燬書目》一冊，蓋先大夫舊藏乾隆四十七年三月二十五日四庫館奏進本也。嗣同縣吳刺史文昇，會稽章大令壽康，江陰繆編修荃孫，各以藏本郵眎。吳本題曰《禁書總目》，章本同。簡端恭載乾隆五十三年五月初四日上諭，暨浙江撫臣查辦覆奏，藩臣收書告示。其書目約分四類，首曰四庫館奏准，即前所已栞者是也；次軍機處奏准，蓋通行案；次錢謙益等著作，暨專案查辦各書，並山西等省查出石刻詩文，蓋節次奉准案；而以浙江省奏繳之目終焉。章本關浙省奏繳一類，殆非完書。吳本四類具備，而卷尾斷爛，其都數亦無從縣揣，約略計之，除館本外，尚千有餘種，此大較也。繆本前後無記載，以浙本校之，蓋即軍機處通行一類。特全燬抽燬，前後互倒，為小異耳。竊意查繳違礙書籍，當日原係通行天下，不應浙江一省，獨有成書。因於身所宦遊之地，加意訪求，四川湖北，絕無知者。廣東則聞之耆老，拱北樓舊有此書藏版，而燬於庚申海氛之變。然徧覓印本，亦不可得。維時舍弟凱元，方承乏大官，因走書京師，屬其搜訪。已而凱元果以一編至，其體式略如今行臺省例。冊首錄乾隆四十三年十一月初四日上諭一道，而以應繳違礙書籍各種名目，暨續奉應禁書目，序列於後，署

〔註145〕趙永紀等編：《清代學術辭典》，北京：學苑出版社，2005年，第811頁。

曰「河南布政使榮柱敬棐」。較之館本，互有詳略，因備錄而並棐之。其館本已棐者，不重出。浙本卷尾斷爛，亦從闕如，以待校補，稱名各從其舊。後有復得，將續棐也。方今聖人在上，稽古右文，百無忌諱。各行省書局宏開，博採爰搜，典籍大備。士生寬大之朝，或亦周識禁忌，因就其所得，詳著於篇。於以見國家功令，所以維持風教者在是。而為目錄之學者，於藝文掌故，亦有所考焉。

　　光緒八年歲在壬午七月乙酉朔廣東等處承宣布政使司布政使姚覲元謹記。

　　浙本末葉後半，凡殘闕應下三字。又尾七行書目五種，於甲申三月，在蘇州覓得全編，校補訖。覲再記。

　　《清代禁燬書目》後附《補遺》三篇，對姚氏刻咫進齋叢書本進行了補充，並述咫進齋叢書本的缺陷。每篇補遺前皆有小敘一篇，與凡例作用相似，說明補遺針對的對象，補遺所據之本等。補遺信息對進一步瞭解清代禁燬各種書籍的原因有重要作用。現將小敘鈔錄如下：

補遺一

　　姚氏咫進齋本《禁書總目》前列《軍機處奏准全燬書目》（本書四三頁～八四頁），又《軍機處奏准抽燬書目》《毋庸銷燬各書附》（本書八五頁～九○頁），從四三頁《明通紀》起，至七四頁《古學要覽》止，都是由軍機處分十次奏進全燬的書。當時軍機處奏進時，除每次附有奏疏外，每種書還具有書的本數和銷燬原由的說明等，如後面的《抽燬書目》一樣。但姚氏本把它全部刪掉，僅節鈔書名和作者，以及還保留著《抽燬書目》一小部分的說明。今據吳氏小殘卷齋所藏傳鈔足本補錄如下〔註146〕。這個鈔本北京圖書館善本書

───────────

〔註146〕按，據《中國古籍總目·史部》第八冊載「《禁燬書目》一卷，清高宗弘曆敕編」，有清刻本，藏於國圖、清華圖書館，此即「補遺一」所說的「吳氏小殘卷齋所藏傳鈔足本」。另有清鈔本一部，藏於國圖；天津金氏鈔本一部，藏於天津圖書館（《中國古籍總目·史部》第4981頁）。

又按，《中國古籍總目·史部》目錄類總錄之屬分「禁燬」一類，著錄書目十九種：1.《銷燬抽燬書目》一卷（咫進齋叢書本、國粹叢書本），2.《禁書總目》一卷（清刻本、咫進齋叢書本、國粹叢書本、叢書集成初編本），3.《全燬書目》一卷《抽燬書目》一卷（清乾隆四十七年刻本、清刻本、叢書集成初編本），4.《奏繳諮禁書目》一卷（國粹叢書本），5.《違礙書目》一卷（咫進齋叢書本、國粹叢書本、叢書集成初編本），6.《禁燬書目》一卷

庫、清華大學圖書館均藏有一部，其內容都出於一源。

補遺二

　　鄧實國學保存會排印本《奏繳諮禁書目》〔註147〕，據江寧布政使舊刊本補足姚氏咫進齋本《違礙書目》後面所缺部分。

補遺三

　　鄧氏所據江寧布政使刊本有殘缺，今據江寧原本補足。原書是最後從九五至一百一葉，共計七葉。

補遺後附鄧實跋，頗有文獻價值。又錄如下：

　　丁未秋，李君曉暾過滬造余，行篋攜有歸安姚氏所彙刻禁書目三種，假余重刊。余於是年春，方蒐得江寧官本《違礙書籍》目錄殘稿一冊。持以較姚氏所刻三種，其前半冊即與姚氏所得河南官本《違礙書目》大略相同，惟後半冊則為江寧本省《奏繳書目》，及各行省《諮禁書目》，為姚本所無。而卷首所載論旨告示條款，亦有姚本所未載者，因改名曰《奏繳諮禁書目》為合刊之。其前半冊與河南官本同，不重出，但惜此本其末已殘闕。《江西諮禁書目》共七十五種，今僅存目十五種，其後或尚有他省所諮禁者，未可知也。異日倘得全本，當續刊之。姚氏謂《查繳違礙書籍》當日原係通行天下，不應浙江一省獨有成書，因續蒐得河南一本，余今又得江寧一本。則其他各行省之本，或尚有留存者，苟盡得而考核之，證其異同，校其詳略，不更備乎？然就今所刊，其目已不下三千種，可謂烈矣。而當時官吏，妄揣意旨，額外蒐誅。小民懼禍，私自焚棄，其所燬當不止此數。〔貴池吳次尾孫銘道《跋留都見聞錄後》有云：「今年當事

清高宗弘曆敕編（清刻本、清鈔本、天津金氏刻本），7.《銷燬書目》一卷（清刻本），8.《禁燬書目略》一卷（清鈔本），9.《諮查書目》六卷（清乾隆間刻本），10.《諮送違礙書目》一卷（葉景葵題識清鈔本），11.《各省諮查禁燬書籍目錄》不分卷（清李文田校並跋清光緒二十一年李文田鈔本），12.《軍機處分次奏進應燬書籍單》不分卷（清鈔本），13.《軍機處奏准全燬書目》一卷《抽燬書目》一卷（清李文田鈔本），14.《應禁書目》不分卷（清刻本），15.《應禁書籍目錄》一卷（李宗顥校清鈔本），16.《纂輯禁書目錄》一卷（清乾隆間刻本），17.《違礙書籍目錄》不分卷（清乾隆間刻本、清刻本、清蕭穆鈔本），18.《違礙書目》一卷《應禁書目》一卷（清劉氏味經書屋鈔本），19.《應繳違礙書籍各種名目》不分卷清姚覲元編（清鈔本）。

〔註147〕按，《奏繳諮禁書目》一卷（國粹叢書本），見前注。

　　愿書獄滋蔓，密令體勘，而聞風心懍者，取其家有之書，稍涉疑似無論兔園冊子，

悉舉而畀之爨爐，自是當時實事。」〕蓋自秦政以後，實以此次焚禁為書籍

最大厄。

　　二、《清代禁書知見錄》。是書包括《清代禁書知見錄》及《清代禁書知見錄外編》，書前有《自序》一篇，《略例》八則。1960 年世界書局也有印行（與《偽書考五種》並為一冊）〔註148〕，缺書前《自序》。「知見錄」，顧名思義，各種禁書係編者經見之本。據《略例》所言「卷數、作者、籍貫以及刊刻年代等，力求詳確」。《自序》中詳細說明禁書著錄情形以及經眼情況：「四庫館臣以後並議定查辦違礙書目條款，凡宋明人著作中稱遼金元為敵國者，具應酌量改正，如有議論偏謬尤甚者，仍行籤出擬銷；即下至於書中有挖空字面、墨塗字樣，缺行空格，亦指為意存違悖，語必干犯，都在撤燬之例。即幸而得存，亦復大加點贊，盡改本來面目。據《禁書總目》《掌故叢編》《文獻叢編》《辦理四庫全書檔案》諸書考之，在於銷燬之例者，將近三千餘種，六七萬部以上，種數幾與四庫現收書相埒。當時對舊籍之追繳燬銷，與四庫開館相始終，大都由軍機處、四庫館，分別令各省隨處搜繳，先後近二十年。惟因各省原檔已多不存，故迄無完整之禁書總目。迨光緒初葉，歸安姚覲元獲得《禁書總目》四種，始刻入《咫進齋叢書》。光緒末年，嶺南鄧實據江寧布政使刊本增補姚本所無者，合刻入《國粹叢書》中。以後上海商務印書館、大東書局並有鉛印本行世。而杭州抱經堂更就姚氏四種本，編為《禁書四種之書名索引》，海寧陳乃乾氏，又加以擴充，編為《索引式的禁書總錄》，書目檢查，益為便利。但以上諸本，僅載書名、人名，至其各書卷數、刊本、年代，均付闕如。……余每於收書時，遇有禁書，輒詳記其卷數、著者、籍貫及刊鐫年代，以補原書之缺，歲月既久，不覺積有成編……顏曰《清代禁書知見錄》。」〔註149〕據統計，《清代禁書知見錄》收錄禁書 1480 種，《清代禁書知見錄外編》收錄禁書 406 種。清代禁書對瞭解有清一代的思想、文化、學術、政治等有重要作用，思想與文化的革新或退步，學術與政治的依附或分割，從某種程度上可從禁書的內容及數量上體現出來。禁書研究要注意角度，特別是政治與學術的微妙關係。寧俠有《四庫禁書研究》，參看相關敘錄。

〔註148〕楊家駱主編《中國學術名著・中國目錄學名著》第一集第四冊，《偽書考五種　清代禁書知見錄》，臺北：世界書局，1960 年。

〔註149〕孫殿起輯：《清代禁書知見錄・自序》，上海：商務印書館，1957 年，第 1～2 頁。

禁書總目（外十五種）

1.《禁書總目》，姚覲元輯，清光緒八年歸安姚氏咫進齋刊本。杭州抱經堂石印本。上海商務印書館萬有文庫第二集排印本。杭州抱經堂編印索引本。北平燕京大學引得編纂處所編印之《藝文志二十種綜合引得》已收錄此目。按此目共分四種：曰《禁書總目》，乃合軍機處奏准全燬書，抽燬書，應燬文字獄專案查辦各書，浙江省查辦奏繳應燬書，與外省移諮各種應燬書而成者。曰《全燬書目》及《抽燬書目》，乃乾隆四十七年四庫館臣所奏請禁燬之書目。曰《違礙書目》，乃河南省題奏應繳違礙書目。據《索引式的禁書總錄》王鍾騏序云：此目各種底本，為陳乃乾氏所得。

2.《全燬書目》，燕京大學圖書館藏鈔本。按此目即軍機處奏准全燬書目之底本。美國哈佛大學哈佛燕京圖書館藏有清乾隆刻本《全燬書目》一卷《抽燬書目》一卷，一冊，半頁八行，字數不一，四周單邊，白口，單魚尾，無序跋〔註150〕。

3.《銷燬書目》，燕京大學圖書館藏鈔本。按此目即乾隆四十七年四庫館奏准銷燬抽燬書目之底本。

4.《違礙書目》，燕京大學圖書館藏鈔本。按此目即《禁書總目》中之第四種，乃河南省奏繳者。

5.《奏繳諮禁書目》，鄧實編。鄧實，字秋枚，別署枚子、野殘、雞鳴，風雨樓主，廣東順德人，晚清國粹派的代表人物。1877 年生於上海，光緒二十八年（1902）創辦《政藝通報》，宣傳民主科學思想。光緒三十一年（1905）與黃節、章太炎、馬敘倫、劉師培等創立國學保存會，並創辦了刊物《國粹學報》，該雜誌宗旨是「發明國學，保存國粹」。建立國學保存會藏書樓，藏書樓以鄧實、黃節、劉師培三人所捐圖書作為基本藏書，《國粹學報》刊有劉光漢著《論中國宜建藏書樓》，黃節作《國學保存會藏書樓開樓小集記》，鄧實親自參與了該藏書樓的管理，對書籍逐一檢閱、編號、分類，裝訂和修補破損的圖書，完成了重新編目工作，並編制有目錄，撰寫有《國學保存會藏書志》。藏書樓於 1906 年 10 月正式開放，1932 年因經費短缺閉樓，藏書最後由他捐獻給復旦大學圖書館。鄧實等人在上海創立國學保存會時，大量搜購明、清兩朝的禁書，挑選精粹，出版了《風雨樓叢書》《風雨樓秘籍留真》等書籍，係影

〔註150〕沈津：《美國哈佛大學哈佛燕京圖書館藏中文善本書志·史部》，桂林：廣西師範大學出版社，2011 年，第 808 頁。

印顧苓、孫承澤、朱彝尊、王芑孫等名家手寫稿本。其藏書之印有「秋枚」「雞鳴風雨樓藏書記」「雞鳴子」「實」等數枚。〔註151〕《奏繳諮禁書目》版本有三：一、《國粹叢書》鉛印本；二、朱希祖手鈔本；三、姚覲元編、孫殿起輯本。文見朱樂川、姜晴文《鄧實〈奏繳諮禁書目〉及其文獻價值》一文〔註152〕。版本一：《國粹叢書》第二集刊有《禁書目錄》四卷一書，題鄧實輯，包括《銷燬抽燬書目》一卷、《禁書總目》一卷、《違礙書目》一卷、《奏繳諮禁書目》一卷。鄧實曾搜得《江寧官本違礙書籍目錄》殘本一冊，此殘本前半冊與《河南官本違礙書目》大致相同，而後半冊為姚覲元《清代禁書總目四種》所無。鄧實把《江寧官本違礙書籍目錄》殘稿與《清代禁書總目四種》不同的後半冊命名為《奏繳諮禁書目》。按，《國粹叢書》第一集十一種；第二集十八種，附錄九種；第三集二十種，附錄一種，共計四十九種十八冊，清光緒、宣統年間，國學保存會編，首都圖書館等有藏。又，南京圖書館藏《銷燬抽燬書目、禁書總目、違礙書目、奏繳諮禁書目合刻》一書，亦即《國粹叢書》本。版本二：朱希祖手鈔本現藏於朱樂川手中，見朱文。版本三：姚覲元編、孫殿起輯《清代禁燬書目（補遺）、清代禁書知見錄》一書，此書有「補遺一」「補遺二」「補遺三」，具體見此書敘錄。「補遺二」全文鈔錄了鄧實《書目》，但對《國粹叢書》本進行了校補。「補遺三」據《江寧官本違礙書籍目錄》原本補足了鄧實所搜江寧殘本的不足，對《書目》進行了一次較完整的補訂。另，關於此書的補遺，又有李楘編《鄧刻奏繳諮禁書目補》，書徵《補鄧刻奏繳諮禁書目補》兩文。

6.《銷燬抽燬書目・禁書總目・違礙書目・奏繳諮禁書目合刻》，鄧實編。清光緒廿三年國學保存會《國粹叢書》排印本〔註153〕，民國間有商務印書館《叢書集成初編》本和大東書局排印本。光緒初，姚覲元得乾隆四十七年（1782）四庫館奏准《銷燬抽燬書目》（又名《全燬書目》《抽燬書目》，其中記全燬書146種，抽燬書181種）予以翻刻。後又得浙江布政使司刊《禁書總

〔註151〕 李玉安、黃正雨：《中國藏書家通典》，北京：中國國際文化出版社，2005年。

〔註152〕 朱樂川、姜晴文：《鄧實〈奏繳諮禁書目〉及其文獻價值》，《古籍整理研究學刊》，2017年第1期。

〔註153〕 按，國學保存會，清末學術團體。光緒三十年（1904）由鄧實、黃節、劉師培、章太炎等發起組織成立於上海。奉章炳麟為大師。開設國粹學堂，編印《國粹學報》。「發明國學，保存國粹」為號召，宣傳排滿復漢思想。辛亥革命後，會員星散，國學保存會及其藏書樓停辦。

目》，內容附前目外，尚有軍機處奏准《銷燬書目》《浙江省查辦奏繳應燬書目》等，連同其弟姚凱元所得河南布政使司刊《應繳違礙書籍各種名目暨續奉應禁書目》一併刻入《咫進齋叢書》。光緒末年，鄧實得江寧布政使司刊《違礙書籍目錄》殘本一冊，選其與咫進齋本不重複者，改名為《奏繳諮禁書目》印出。按此目乃合姚氏之《禁書總目》《全燬書目》《抽燬書目》《違礙書目》，又增《奏繳諮禁書目》而成者，合稱《禁書目錄四種》。據之可考各省奏繳情形，惜已殘闕不全。

7. 李棪《鄧刻奏繳諮禁書目補》（《磐石雜誌》二卷四期至六期，民國廿三年四月及六月）。

8. 書徵《補鄧刻諮禁書目補》（《磐石雜誌》二卷十一期，民國廿三年十一月）。按以上兩目，乃補鄧實本《奏繳諮禁書目》者。

9. 《纂輯禁書目錄》，國立北平圖書館藏湖北刻本傳鈔本。按，此目共分三種：曰節次廷諭查禁書目。曰乾隆四十二年十月卅日四庫全書館諮查應燬書，此可補姚氏本《全燬書目》及《抽燬書目》之闕。曰各省諮查應禁書目，此係分批奏繳書目，可與鄧實本《奏繳諮禁書目》參校。

10. 《違礙書籍目錄》，燕京大學圖書館藏乾隆年刊本。按，此目洪煨蓮師謂為江寧刊本之四川增訂本。此目體例亦為分次奏繳者。

11. 《違礙應繳書目》，燕京大學圖書館藏鈔本。按此目洪師謂為安徽所輯之稿本，疑並未刊行。

12. 《應禁書目》，乾隆年刊本。按此目疑為安徽刊本。

13. 《六省分批奏繳禁書單》，《掌故叢編》第十輯，《文獻叢編》第七至十四輯。故宮博物院文獻館編印。按此目為各省奏繳原檔。

14. 乾隆四十八年九月，《檢查紅本處查辦應燬書目》（《北京大學研究所國學門週刊》第二卷第十七期，一九二六年二月三日）〔註154〕。按此目據王光瑞云，乃明清史料整理會整理清內閣大庫檔案，發現有《應燬書籍總檔》一冊，書面「乾隆四十八年九月立」「檢查紅本處辦」等字樣。

〔註154〕 王光瑞：《乾隆四十八年九月紅本處查辦應燬書目》，見《北京大學研究所國學門週刊》1926 年第 2 卷第 17 期，第 25 頁。《北京大學研究所國學門週刊》1925 年創刊，1926 年終刊。1925 年 10 月 14 日至 12 月 30 日出版第 1 卷 1～12 期；1926 年 1 月 6 日至 8 月 18 出版第 2 卷第 13～24 期；共計 24 期，624 頁。

15.《禁燬書目》，清華大學圖書館藏鈔本。按此目乃軍機處分次彙奏之清單。共分十一次，五百六十七種。較姚氏《禁書總目》所載為少，可知此目有殘闕。

16.《應禁書目》，金陵大學圖書館藏。按此目於姚氏本之外，各省禁查之簿錄，均有述及。惟目次紊亂，無由表示其內容。

以上書目，據徐緒典《乾隆禁燬書籍考》所考〔註155〕。除上述十五種外，海內外各圖書館，仍有收藏此種目錄之異本者，尚待訪錄。如 2017 年國家圖書館出版社出版的《南京圖書館藏稀見書目書志叢刊》收有英廉等編清乾隆刻本《奏燬書目》一卷。

乾隆代呈進書目（浙江解進書目）

哈佛大學燕京圖書館館藏的 4200 部、5.3 萬卷中文善本特藏全部完成數字化，置於哈佛大學圖書館網站上，供全世界免費閱讀和下載。哈佛大學圖書館所藏中文古籍善本書中有《浙江解進書目》一冊，此書封面題「乾隆代呈進書目 傳鈔本一冊 光緒乙巳夏王仁俊」〔註156〕。哈佛索書號為 T9608／2936.1。目錄前有浙江巡撫三寶咨文，稱：「為諮送事，竊照《浙江省解進備採遺書》四千六百種，內熊前院、王護院任內進書一百一十六種，本院任內進書四千四百八十四種，內熊、王兩任內一百一十六種、本院任內一千八百七十五種，均係可備鈔謄，應存留館閣收貯，毋庸領回不開外，餘所獻者二千六百九種，理合開造書籍名目冊，聽候貴清檢給發，以便派員領回轉發各處。」沈津主編《美國哈佛大學哈佛燕京圖書館藏中文善本書志》史部錄有此書情況，較為詳贍，茲擇要錄之如下：

> 《浙江解進書目》一卷，清《四庫全書》館編。清鈔本。一冊。

〔註155〕徐緒典：《乾隆禁燬書籍考》，《協大學報》，1949 年第 1 期，第 62～65 頁。

〔註156〕按，王仁俊，字捍鄭，號籟鄰，江蘇吳縣人。生於清同治五年，卒於 1913年。光緒十八年進士，曾任吏部主事，官至湖北知府。後任存古堂教務長、京師大學堂教授、學部編譯圖書局副局長等職。長於金石文字及史志目錄，著述甚富，有《漢書藝文志考証校補》《補宋書藝文志》《遼藝文志補正》《補西夏藝文志》《補梁書藝文志》《說文解字考異纂》《正學堂集內外編》《敦煌石室真蹟錄》等，還輯有《玉函山房輯佚書續編三種》等。按王仁俊題識，是書當鈔成於清光緒三十一年前。（沈津：《美國哈佛大學哈佛燕京圖書館藏中文善本書志·史部》，桂林：廣西師範大學出版社，2011 年，第810 頁。）

有譚篤生批校。半頁十二行，字數不一，四周單邊，白口，無魚尾。烏絲欄。框高 19.4 釐米，寬 14.2 釐米。無序跋。封面墨筆題「乾隆代呈進書目 傳鈔本一冊 光緒乙巳夏王仁俊」。

是書未著撰人，書末有「大清乾隆肆拾貳年捌月」一行，當為乾隆四十二年《四庫全書》館所編，內容為浙江省藏書家進呈書目，亦浙江省應行領回發還者。……內開曝書亭呈書目一十四種、小山堂呈書目六種、鮑士恭呈書目六百二十六種、吳玉墀呈書目三百五種、汪啟淑呈書目五百二十四種、孫仰曾呈書目二百三十一種、汪汝瑮呈書目二百一十九種、范懋柱呈書目六百二十種、鄭大節呈書目八十二種。實總計二千六百二十七種。每家呈進書目只列書名，無卷數、版本等，殊為簡陋。

乾隆三十七年正月，乾隆帝首次下詔在民間徵書。三十八年三月再次下詔訪書。第一次徵書，浙江所奏僅為一百一十六部，第二次因乾隆諭旨點名訪求，江南藏書最富之家，如朱氏曝書亭、杭州趙氏小山堂、寧波范氏天一閣、慈谿鄭氏二老閣等不得不紛紛獻書。據乾隆三十八年四月十三日浙江巡撫三寶奏摺稱，這些藏書家均願將原書呈進，毋庸再為鈔謄，這次徵書浙江一省進書四千四百八十四種，而九名藏書家獻書就達二千二百六十七種，占全省數量一半以上。鮑士恭、范懋柱、汪啟淑與江蘇馬裕四人各進書五百種以上，後得到頒賜《欽定古今圖書集成》一部之獎勵。乾隆帝曾明確表示，《四庫全書》編纂完畢後，私家呈進之書應予發還，故三寶咨文中有「聽候貴處清檢給發，以便派員領回轉發各處」之語，事實上絕大部分未能歸還，進書最多的四家除范氏天一閣外，從此皆不再以藏書著稱。

……

書中有墨筆批校數處，署「篤生記」，如「鮑士恭獻書目」下《兩漢博聞》一書，夾批有「十二卷，明嘉靖戊午元日，黃魯撰，琪園李鐸考藏書籍記陽文方印。篤生記」；《友林乙藁》一書眉批有「黃蕘圃刊《士禮居叢書》內顧千里撰《百宋一廛賦》稱此書是南宋刻本無疑」，夾批有「宋四明史彌寧撰，共四十四頁，目十二頁，跋一頁，歲乾道之癸巳，得詩一百四十首，每頁八行，行十六字。篤生」。

此批校者即京師書友譚篤生，清末琉璃廠正文齋書肆主人，孫殿起《琉璃廠小志》概述海王村人物中有：「至於書肆主人，於目錄之學，尤終身習之者也。光緒初，寶森堂之李雨亭、善成堂之饒某，其後又有李蘭甫、譚篤生諸人，言及各朝書版、書式、著者、刻者，歷歷如數家珍，士大夫萬不能及焉。」

《續修四庫全書總目提要（稿本）》收入。《中國歷代書目總錄》「徵存徵闕書目」下著錄有：《浙江解進書目》，臺北「中央研究院」藏北京人文科學研究所舊藏鈔本二冊；《乾隆浙江進呈書目》，清乾隆四十二年官編，北平圖書館藏清正文齋鈔本一冊；《浙江解進備採書目附進呈人總目》，清乾隆四十二年官編，北平圖書館藏清鈔本一冊。《中國古籍善本書目》著錄清三寶輯《浙江進呈書檔冊》不分卷，清鈔本，中國國家圖書館收藏。

鈐印有「國粹」「湖南」「湖南秘笈」「王仁俊」。知是書曾為日本漢學家內藤湖南收藏。〔註157〕

沈津有《〈浙江解進書目〉——兼說書估譚篤生》一文，有關於《解進書目》的介紹，「北京圖書館藏有清正文齋鈔本《乾隆浙江進呈書目》，清乾隆四十二年官編。按，此本即譚氏正文齋所鈔，或當年譚氏得一鈔本，以為此類書目傳世不多，乃著人用自印紙張據之鈔錄後售賣」〔註158〕。書中鈐有「湖南」「湖南秘笈」二印，譚書自北京流往日本，再由日本至美國，而為哈佛燕京圖書館庋藏。沈津關於譚篤生的考證極為詳實，其對典故的熟知非同一般。沈文中云：「篤生者，當譚氏無疑……譚氏設正文齋後，曾從內廷太監手中購得偷盜之內府圖書，因以起家。其時，京城中潘祖蔭、盛昱，王懿榮皆好蓄書，數年後，潘祖蔭之書歸韓俊華翰文齋，王懿榮之書歸正文齋。譚於光宣間執書業之牛耳，庚子亂後最有名。倫明《辛亥以來藏書紀事詩》於譚篤生條云：『五載春明熟老譚，偶談錄略亦能諳。頗傳照乘多魚目，黃袟宸章出內監。』」〔註159〕又云：「據說譚篤生去世是被氣死的，也是在盛昱藏書散出之時，事見

〔註157〕 沈津：《美國哈佛大學哈佛燕京圖書館藏中文善本書志·史部》，桂林：廣西師範大學出版社，2011 年，第 809～810 頁。

〔註158〕 沈津：《〈浙江解進書目〉——兼說書估譚篤生》，《老蠹魚讀書隨筆》，桂林：廣西師範大學出版社，2009 年，第 102 頁。

〔註159〕 沈津：《〈浙江解進書目〉——兼說書估譚篤生》，《老蠹魚讀書隨筆》，桂林：廣西師範大學出版社，2009 年，第 102～103 頁。

周肇祥撰《琉璃廠雜記》。盛昱卒後，其嗣子癡呆，不能守也不知家藏圖書之貴重，於是約譚氏前往估值。譚將藏書閱過，選出極重要之書混入一般圖書之中置於屋隅，其中有宋本 70 卷黃唐《禮記》、婺州本《周禮》、黃善夫本《蘇東坡詩集》《于湖集》、黃鶴注《杜詩》5 種。譚有意賤其值，留以待己。沒多久，旗人景樸孫繼譚而往，發見譚之拙計，問盛子譚開價幾何？曰估 200 金。於是景告之以 500 金而取之。及譚再往，知書已為景所得。而景樸孫得書後又將上述 5 種宋本以 10000 金賣與袁克文，此事讓譚氣得嘔血而死。」〔註160〕2017 年國家圖書館出版社出版的《南京圖書館藏稀見書目書志叢刊》收有清佚名編正文齋鈔本《乾隆浙江呈進書目》。

四庫採進書目（原名：各省進呈書目）

吳慰祖校訂，商務印書館，1960 年。

此書是《四庫全書》纂修時，各省進呈書目的彙編。此書整理說明云「商務印書館在 1921 年曾據涵秋閣鈔本《進呈書目》排印成四冊，收入《涵芬樓秘笈》第十集中」。但是這本書的利用率卻不高，原因是：「（1）鈔本書目的次序，依各省進呈的原草目先後編排，往往一書分別編在好幾處，未經歸納，不易檢查；（2）因原目鈔手草率，誤脫的地方很多，未經整理校勘，不便翻讀；（3）收在叢書，未有單行本，流傳面不廣。」（《出版說明》第 1 頁）今本《涵芬樓秘笈》第十集收錄舊鈔本《進呈書目》一部。1959 年商務印書館欲排印出版，請吳慰祖校訂，所做工作如下：

（1）先把國家圖書館藏的鈔本全部對校，其次再據《四庫提要》《四庫簡明目錄》查補原缺的卷數及作者，以求前後一致。有些四庫未著錄、未存目的書，盡可能找到原書或旁的書目來核實。

（2）涵秋閣本原缺「武英殿書目」約九百種，國家圖書館本還全部保存，經鈔出作為補遺。還有「江蘇採輯遺書目錄」（清黃烈等編，僅有鈔本流傳），又「浙江採集遺書總錄」（清沈初等編，有原刊本，但附有閏集的刊本比較少見），都與「採進書目」中的江蘇、兩江、兩淮及浙江幾部分進呈的書，出入很大，特輯錄為簡目作為兩種附錄，殿於書後。

（3）編輯「人名」「書名」兩種索引。

〔註160〕沈津：《〈浙江解進書目〉——兼說書估譚篤生》，《老蠹魚讀書隨筆》，桂林：廣西師範大學出版社，2009 年，第 103～104 頁。

—107—

　　四庫採進書目所進呈的書，都在《總目》成書以前，許多禁燬之書尚在其中，據此書可補《清代禁燬書目四種》之未備。吳著出版說明小注中稱「本書目中有許多書為《四庫提要》所未收，已經查明原因的，有清趙懷玉所刻《四庫全書簡明目錄》（即杭州小本）還載入的書，約有十種。一部分是因為在乾隆五十三年（1788）發現了明李清所著《諸史同異錄》和清周亮工所著《讀畫錄》中有「語涉違礙」的地方，而被撤燬的書。（其實這些書在二十多年前還發現存在故宮博物院，並未燬去。）還有已見於清胡虔所刻《四庫附存目》的書約有近三十種，都是今本《四庫提要》所沒有的，當是最初曾收入，後為編提要時所遺漏。此外更有許多四庫未著錄、未存目的書，則它以『欽定』的姿態，藉詞『釋道外教，詞麴末技』以及『九流方技，往往偽妄荒唐，不可究詰；抑或卑瑣微末，不足編摩』等等堂皇的字眼做藉口，一概屏而不錄了。」

　　四庫採進書目不包括館臣從《永樂大典》中輯出的書。採進書目包括直隸省呈送書目二百三十八種，卷數、著者闕。江蘇省第一次書目一千五百二十一種，卷數、撰人闕。江蘇省第二次書目二百零五種，闕卷數、撰人。兩江第一次書目一千零二十九種，闕卷數。兩江第二次書目三百種，闕卷數。兩江總督高第三次書目三十三種，闕卷數、撰人。兩淮鹽政李呈送書目二百四十種，書名、卷數、撰人、本數具在。兩淮鹽政李續送書目四百七十種，書名、卷數、撰人、本數具全。兩淮商人馬裕家呈送書目二百二十九種，書名、卷數、撰人、本數具全。浙江省進呈書目書名、卷數、撰人、本數具全。浙江省第一次進呈書目五十六種。浙江省第二次書目五十一種，又舊鈔本九種。浙江省第三次書目一百零八種。浙江省第四次孫仰曾家呈送書目二百三十一種。浙江省第四次吳玉墀家呈送書目三百零五種。浙江省第四次鮑士恭呈送書目六百二十六種。浙江省第四次汪啟淑家呈送書目五百二十四種。浙江省第四次汪汝瑮家呈送書目二百十九種。浙江省第五次范懋柱家呈送書目六百零二種。浙江省第五次曝書亭呈送書目六十九種。浙江省第五次鄭大節呈送書目八十二種。浙江省第六次呈送書目五百五十三種。浙江省第七次呈送書目二百零二種。浙江省第八次呈送書目一百三十四種。浙江省第九次呈送書目一百五十六種。浙江省第十次呈送書目一百七十一種。浙江省第十一次呈送書目二百三十五種。浙江省第十二次呈送書目二百零五種。安徽省呈送書目五百二十三種。山東省呈送第一次書目一百七十五種，卷數、著者闕。山東省呈送第二次書目一百九十二種，卷數、著者闕。山西省呈送書目八十八種，卷數、著者闕。河南省呈送書目一

百零八種，闕卷數。陝西省呈送書目一百零三種，卷數全闕，撰人只存數種。
江西省第一次呈送書目一百零四種，卷數、著者闕。江西省第二次呈送書目一
百一十種，卷數、著者闕。江西省第三次呈送書目一百一十種，卷數、著者闕。
江西省第四次呈送書目一百二十八種，卷數、著者闕。江西巡撫海續購書目一
百六十二種，卷數、著者闕。江西省六次續採八十一種，卷數、著者闕。湖南
省呈送書目三十種，卷數、著者闕。湖南省續到書目十六種，卷數、著者闕。
湖北省第一次呈送書目二十種，卷數、著者闕。湖北省第二次呈送書目三十種，
卷數、著者闕。湖北省第三次呈送書目三十四種，卷數、著者闕。福建省第一
次呈送書目二十種，闕著者。福建省第二次呈送書目二十五種，闕卷數、著者。
福建省第三次呈送書目十八種，闕著者。福建省第四次呈送書目二十種，闕著
者。福建省第五次呈送書目六十一種，闕卷數、著者。福建省第六次呈送書目
五十七種，闕卷數、著者。廣東省呈送書目十二種，闕卷數、著者。雲南省呈
送書目四種，闕卷數、著者。衍聖公交出書目四十種，闕卷數。總裁於交出書
目十七種，闕卷數、著者。總裁王交出書目十四種，闕卷數、著者。總裁張交
出書目十八種，闕卷數、著者。總裁曹交出書目十七種，闕卷數、著者。總裁
李交出書目十八種，闕卷數、著者。編修勵第一次至六次交出書目一百五十種，
闕卷數。編修莊交出書目一種，闕卷數、著者。庶吉士鄒交出書目一種。庶吉
士王交出書目二種，闕卷數。庶吉士莊交出書目一種，闕卷數、著者。都察院
副都御史黃交出書目二百九十九種，卷數全闕，著者不全。工部候補員外郎馮
交出書目二種，闕卷數。內閣侍讀嚴交出書目四種，闕著者。內閣侍讀沈交出
書目一種，闕卷數。翰林院孔目熊交出書目三種，闕著者。國子監學正汪交出
書目二百七十種，闕卷數、著者。侍讀紀交出書目二十二種，闕卷數、著者。
吏部主事程交出書目六種，闕卷數、著者。編修朱交出書目三十七種，著者不
全，亦闕卷數。編修徐交出書目五種，闕卷數、著者。編修鄭交出書目三種，
闕卷數、著者。編修勵交出書目二十三種，闕卷數、著者。翰林院檢討蕭交出
書目五種，闕卷數、著者。禮部侍郎金交出書目二種，闕卷數、著者。翰林院
庶吉士王交出書目二種，闕卷數、著者。提調張交出書目一種，闕卷數、著者。
提調劉交出書目一種，闕卷數、著者。洗馬劉交出書目一種，闕卷數、著者。
奉天送到書目三種，闕卷數。總進呈書目達一萬一千七百六十五種。加之補遺
中武英殿第一次書目四百種，武英殿第二次書目五百種（卷數、著者並闕），
共計一萬二千六百六十五種。

　　《進呈書目跋》對涵秋閣本進行了簡述，對瞭解《進呈書目》一書來源頗有價值，今略錄如下：

　　　　《進呈書目》四冊，題涵秋閣鈔，不著撰人名氏，記乾隆時京內外進呈四庫書名，意即館人所纂集也。按乾隆三十七年正月初四日，下求書之詔，收藏家欣值表章盛際，鼓舞奮興，各願整比所藏，上備天祿石渠之選，誠曠世之奇逢也。記載其事者，惟浙江、江蘇各有採集遺書總錄，鄞縣天一閣范氏、慈谿二老閣鄭氏、錢塘振綺堂汪氏，有進書目錄，附載《天一閣書目》及《振綺堂書目》之首。餘均闕如。《提要》於書名下雖分註進書之家，終嫌疏略，非睹此書，又何以見一代徵書之盛典哉！書中次第，先外省，後京官所進，凡九千餘種。江蘇、浙江居其大半，餘省備數而已。然江蘇進書者，尚有蔣曾瑩、吳成佐、朱奐、周厚堉四家，浙江尚有汪汝瑮一家，此皆不載，是尚不免遺漏也〔按，汪汝瑮所進書，見浙江省第四次呈送目〕。獻書者依諭旨每書應詳其卷帙爵里，並摘敘著書大指，此則但記卷帙爵里，甚有並此亦不記者，豈為鈔手所裁節，如宋人之於《崇文總目》歟？是書傳本頗罕，余見美國圖書館員在廣州買得，從之借印，東土遂有傳本云。辛酉三月無錫孫毓修跋〔註161〕

　　《補遺》增加了武英殿書目，前有案語數語，有助於瞭解《武英殿書目》與《進呈存目》《總目》《天祿琳琅書目》等之間的關係。云：「案涵秋閣鈔本無內府藏本書目，而北京圖書館藏鈔本有《武英殿書目》，亟為迻錄，以當補遺。兩次書目所列才九百種，多為四庫著錄或存目之書。其未收者豈皆『冗瑣無當』，或『語涉干礙』等。可作為不收之正當之理由乎？例如《詞苑英華》《宋詞》《盛唐詩集》《詩學大成》《元人百種曲》《六十種曲》《演劇五十種曲》《古雜劇（五本）》《風雅廣逸》《篆文六經四書》《福惠全書》《白玉蟾集》等，今四庫並未收。又宋林希逸之《三子口義》，四庫僅著錄《莊子口義》一種，其他《老子口義》《列子口義》二種並未收。還有不少內府藏善本，稽之《天祿琳琅書目》亦相同。而《四庫總目》未採用，另以次本著錄。證之本目，往往而有。雖瑕瑜互見，其有裨於考訂亦顯然。原目卷數、撰人亦並闕，今仍前採進書目校注之例，酌為校補。其所不知，則付闕如。」

〔註161〕吳慰祖校訂：《四庫採進書目》，北京：商務印書館，1960年，第186頁。

　　附錄有《江蘇採輯遺書目錄》《浙江採集遺書總錄》，今將相關緒言錄之如下，以備一考。吳慰祖在《江蘇採輯遺書目錄簡目》前有詳細按語，頗有學術價值，其云：「原書據《四庫總目》所引，名《江蘇採進遺書目錄》，未見刊本，僅有鈔本流傳，而亦難得。前南京《國學圖書館書目》載鈔本四卷，曾未寓目。今此底本乃北京圖書館藏舊鈔本，版心題『姚氏咫進齋』，不分卷，卷首列詔書奏章不下三十餘篇，次佚名氏序，末纂錄職名，題上海縣學廩生臣黃烈編。考《上海縣志》本傳：烈字右方，號一齋，中松子。窮經能文，克紹家學，芝庭彭尚書亟賞之。會博採遺書，乃屬烈編纂。是出黃氏一手，良可信也。惟此本魯魚亥豕，觸目皆是，大而解題，小而散注，又多闕文，豈屬稿未定，抑傳錄有譌？今無以審知。其分門別類，與四庫有異，則以成書在先，可置勿論。顧門類不無譌隸，時代間有失照，統觀全書，不一而足。如《北堂書鈔》，類書也，而列經解類；《山中白雲詞》，宋張炎所撰也，而入清別集類；《東岱山房詩選》，明李先芳一家之什也，而廁總集類。凡此種種，明知其譌，為存原本之真，不煩更張。然歷年既久，舊錄都亡，此書雖多可商，而考四庫底本者，實僅亞於《浙江書錄》。良以孤本舊帙，曾事兼收，違礙之籍，猶資考鏡，籀繹之餘，有可感者在焉。明朱睦㮮《五經稽疑》，四庫據浙江進鈔本箸錄，竄改卷第，非復舊觀，而江蘇所進自有八卷刊本，孤帙僅存，不知何故取彼捨此也？宋趙如愚《諸臣奏議》，唐黃滔《黃御史集》，並注明天水舊槧，如此佳本，有裨校勘者，不知又何故不取也？原序言進書共二千八百部，今此錄所載才千八百餘部，則所佚者多矣。又江蘇進書者四家，而《四庫總目》稱引者，惟周厚堉一家而已。其餘蔣曾煢、吳成佐、朱奐三家，皆三吳藏書名家，反為所掩而不彰矣。竊疑周氏一家，別有專目，故館臣得據以注明，理或然也。今輯簡目，於其闕文譌字，量為校正，藉便瀏覽。又總目原闕，為之補列，兼錄原序，俾明原委云爾。」〔註162〕

　　《江蘇採輯遺書目錄》原序：「洪惟皇上執古御今，終始典學，既搜輯《永樂大典》，復敕各直省蒐訪遺籍，為《四庫全書》，期以半年竣事。其有以珍藏善本彙交進呈者，優旨褒獎，各賜書籍，且諭核辦完竣之日，仍給還原獻之家，意甚美、法甚良也。總其大綱，分為三等：擇其中罕見之書，壽諸梨棗，以廣流傳，用活字法，以聚珍名，計字二十五萬餘，此上焉者也。其次則選派謄錄，彙繕成編，陳之冊府，其有俚淺訛謬者，止存書名，彙入總目，亦無燬棄之患

焉。江南之書，使相高公設局江寧，鹺院李公設局揚州，巡撫薩公、偕布政司增公、按察司胡公、設局於江蘇之紫陽書院，廣徵坊肆及藏書家。其自呈者，蘇州則有蔣曾瑩、吳成佐、朱奐，松江則有周厚堉，四家而已。自三十七年九月始，至三十八年冬，共得二千八百部，陸續裝載至京，交付書局。予忝蒞其事，爰屬與校書生，彙其目錄，標其卷帙及著書人姓名，得若干卷。伏讀詔書，謂本朝士林，如顧棟高、陳祖範、任啟運、沈德潛輩，各著成編，非勦說卮言可比。是四人者皆生長三吳，上蒙賜第於生前，褒揚於身後，豈非立言不朽之明驗歟？《書》曰：學於古訓乃有《獲》；《易》曰：君子多識前言往行，以畜其德。藝林承學之士，生逢明盛，下帷發憤，庶幾研性命之精，抉六經之奧，內以善其身心，而外施於家國政事。於以上追夫皋、夔、伊、傅之作者，豈不謂千載一時哉！至如一卷之書，一家之說，或藏諸名山，或登諸柱史，金玉之光積而必發，宗廟之器久而彌新，觀於此者，其亦可以慨然而興矣。同時浙江所進書頗多善本，先有目錄刊行，江南書既分為三，而呈書之家善本亦尟，又限以時日，多未審詳，如其博觀而慎擇之，尚有待於闕下諸君子。」〔註163〕

《浙江採集遺書總錄簡目》，吳慰祖按語云：「原書首列詔書三通，次巡撫三寶序，次纂錄職名，末總目。其秉筆者，或謂沈初，或不止沈初一人。無卷次，而以天干分十集，附閏集，乃乾隆三十九年序刊本。是時《四庫總目》未出，故所分門類，與《總目》頗有出入；所摘各書要指，類多簡略，間失之冗，意其雜出眾手，且屬急就，故不能如《總目》之平允。然考兩浙底本者，實莫詳贍於是書矣。顧以疏於校勘，不無形近之譌，與夫闕文，大抵可據《四庫總目》或他書補正之。惟亦有可正《四庫》之譌者，如明蔣以忠《藝圃球琊》一書，《採進書目》同，北京圖書館藏明刊本亦可證，而《四庫》譌球為琳。又如明雷禮撰《國朝列卿記》，又撰《列卿年表》，證以《採進書目》及京館藏明刊原本，明是兩書，乃《列卿年表》，《四庫》不惟譌於失收，而提要於《列卿記》，又譌以二書混作一談，非彼此互勘，何由知其癥結所在？其他足以資多聞而供考證者，又不待言。原書刊本尚有流傳，今撮舉簡目，藉便供參訂《四庫總目》版本者作稽考。」〔註164〕

《浙江採集遺書總錄》原序〔註165〕：「乾隆癸巳春，臣三寶奉命自山右移

〔註163〕 吳慰祖校訂：《四庫採進書目》，北京：商務印書館，1960年，第204頁。

〔註164〕 吳慰祖校訂：《四庫採進書目》，北京：商務印書館，1960年，第234頁。

〔註165〕 按，張昇《〈四庫全書〉提要稿輯存》，杜澤遜、何燦點校《浙江採集遺書總錄》，均未有三寶序，不知吳慰祖所見刊本為何。

撫兩浙。先是有詔徵求遺書，浙之前撫臣會同學臣檄監司郡守以下，諭所屬採訪，設局省垣，延儒紳，並委諸學博校勘其中，業取書百餘種以進。而浙東西轄十一郡，夙稱人文藪，家弦戶誦，其食舊德而服先疇者，率多列屋兼輈，號百城，即寒畯士亦不盡守兔園，偶抱秘文，所在皆有。祇以曠典非常，事方圖始，勢猶渙而未集。既而疊奉明詔，開載布公，悉蠲禁忌，浙人士亦遂踴躍奮興，競出所藏以獻。其最者如鮑士恭、范懋柱、汪啟淑及吳玉墀、孫仰曾、汪汝瑮等，各獻書五六七百種，至二百種以上，其餘各郡邑掇拾呈繳，收自故家，購於書肆，無稍滋累，於是舊本四出，駢集麇至。臣董率諸局員，矢勤矢慎，整理篇帙，檢別重複，及冗瑣無當者，以次敘目入告。統計前後自壬辰冬迄甲午夏，凡奏書十二次，為種四千五百二十三，為卷五萬六千九百五十五，不分卷者二千九十二冊，可謂盛矣。臣竊惟自古著述家淺深純駁，立言率非一體，後人考其異同，證其離合，皆於治術學問深有裨益。矧我皇上萬幾餘暇，乙夜敏求，嘉惠藝林，至優極渥，既以獻書各家，世守縹緗，詔許加鈐官印，給還原本，覆命詞臣擇其尤者，賁以宸章，又頒賜內府《古今圖書集成》，暨初印《佩文韻府》，量獻書多寡，以差分給，此尤逾格寵榮，前古未有……茲局員等以歷次所奏書，重為類聚條分，摘其指意，具見梗概。浙之學者喁喁嚮望，思欲一見書目之彙其全也，相與謀剞劂以行。臣因思浙士人嗜學藏書，誠可嘉尚……則是編也，雖一時之簿錄，一方之掌故，洵足昭黼黻太平之盛事云。乾隆三十九年夏六月，兵部侍郎都察院右副都御史巡撫浙江提督軍務糧餉兼鹽政海防世管佐領加三級臣三寶謹序。」〔註 166〕

哈佛大學圖書館所藏中文古籍善本書中有《浙江解進書目》一冊，見該書敘錄。關於此書的相關研究，杜澤遜的《吳慰祖校訂〈四庫採進書目〉舉正（上）》《吳慰祖校訂〈四庫採進書目〉舉正（下）》〔註 167〕，張學謙的《〈四庫採進書目〉考訂》《浙江鮑士恭汪啟淑進呈四庫書目辨正》〔註 168〕，江曦的《讀〈四庫採進書目〉》〔註 169〕，董國慧的《〈四庫採進書目〉訂正——以〈江蘇採輯

〔註 166〕吳慰祖校訂：《四庫採進書目》，北京：商務印書館，1960 年，第 234 頁。

〔註 167〕杜澤遜：《吳慰祖校訂〈四庫採進書目〉舉正（下）》，《圖書館工作與研究》，2000 年第 5 期；杜澤遜：《吳慰祖校訂〈四庫採進書目〉舉正（上）》，《圖書館工作與研究》，2000 年第 3 期。

〔註 168〕張學謙：《〈四庫採進書目〉考訂》，《圖書館研究與工作》，2010 年第 6 期；張學謙：《浙江鮑士恭汪啟淑進呈四庫書目辨正》，《山東圖書館學刊》，2012 年第 4 期。

〔註 169〕江曦：《讀〈四庫採進書目〉》，《中國四庫學》第五輯，北京：中華書局，2020 年。

遺書目錄簡目〉為中心》〔註170〕等文，或可參看。

四庫全書簡明目錄

　　永瑢等撰，有清乾隆文淵閣《四庫全書》附鈔本、乾隆四十九年杭州刻本、乾隆六十年武英殿本、同治七年廣東刻本、古典文學出版社 1957 年排印本、1985 年上海古籍出版社據古典文學出版社整理本重印本、華東師範大學出版社 2012 年等點校本。臺灣有 1975 年河洛圖書出版社「夏學叢書」本，1982 年洪氏出版社本等。

　　此書為永瑢領纂，紀昀總其成。乾隆三十九年，乾隆以《四庫全書總目》卷帙浩繁，命別編《簡明目錄》當年設局，四十七年成書，四十九年刊行。是書為《四庫全書總目》刪節本，其例一依前書，以四部為經，分設 24 類。然《四庫全書》及《四庫全書總目》收書幾經增刪，故是《簡目》刊出時與總目略有出入，收書 3400 餘種，存目書不錄，廣東書局重刻時，隨《四庫全書總目》撤燬明李清《諸史異同錄》等十種書。簡目提要簡眩，僅記書名、卷數、作者及扼要內容。〔註171〕

　　沈津《書城挹翠錄》記載其經眼一部殘稿本《四庫全書簡明目錄》此本現存重慶圖書館，其版本特徵如下：

　　　　《四庫全書簡明目錄》稿本，殘存卷十五，為集部楚辭類及別集類的部份，計四十八頁，分裝兩冊。書口上題「欽定四庫全書簡明目錄」。紅格，九行，與今所見四庫全書本同。封面為秋葵色，灑金絹面，湖綾包角，審即乾隆時四庫全書館原裝。每間隔一頁，皆鈐有「翰林院印」滿漢文大方印騎縫章。細審原書，字體工整，且葉數相連，當為謄正前之清本。書中眉批計兩處，在《伐檀集》上批有「在蘇魏公集後」六字；在《浮沚集》上批有「在東堂集後」五字。書不甚工，經與上海圖書館藏《欽定四庫全書總目提要》底本中四庫全書總纂修官紀昀批改字體相對，完全出於一人手筆。在眉端上尚有多張夾籤小注，黏貼之跡已脫落，這些夾籤間也有紀昀所書。

〔註170〕董國慧：《〈四庫採進書目〉訂正——以〈江蘇採輯遺書目錄簡目〉為中心》，《貴州文史叢刊》，2022 年第 3 期。

〔註171〕趙永紀等編：《清代學術辭典》，北京：學苑出版社，2005 年，第 809～810頁。

乾隆三十七年（1772 年）四庫全書館成立，九年後，《四庫全書總目提要》告成。此簡明目錄當在《提要》完成後的次年編定，書成，遂有刻本流傳。然此稿本與現今通行本相校，稍有出入。

此殘稿本鈐有「許光宇」及「固始許霽詳藏書」印記，印色甚鮮，當為近人所鈐。〔註172〕

沈津先生指出：「長期以來，《簡明目錄》及《提要》的稿本，（除分纂稿外）在清代的各種文集、筆記中鮮有記載，各種公私藏書目錄也無著錄，可見四庫當時的各種底本流傳至今，多散失殆盡，傳世甚少。今所知僅上海圖書館藏《四庫全書總目提要》殘稿二十四冊，臺灣中央圖書館殘存一冊以及此簡明目錄殘帙。這些四庫的原稿本雖為零星散帙，但仍為研究《四庫全書》以及目錄學、版本學的學者們不可忽視的材料。」〔註173〕

上海圖書館藏有一部《欽定四庫全書簡明目錄》，二十卷，清紀昀等撰，清乾隆刻本，十二冊，清莫友芝校〔註174〕。為莫友芝校本。沈津先生亦有目驗，所作書錄甚詳，迻錄如下備考：

卷首有莫氏題記，云：「此目錄中標記，半用邵位西所見經籍筆記，及汪鐵樵朱筆於紹本中勘注，並邵亭所知見雜書之。丁卯臘月，三山客舍。」丁卯，為同治六年。

扉頁上，莫氏又寫有「明南監板《二十一史》，或取他省舊刊，附官刊《元史》，不足之部，則新刊足之。其式大小行疏密皆不一律，以嘉靖印者為最佳，後來所收舊板遞有修補，不足貴矣。其板至嘉慶間燬於火，然自雍乾以來印者，直不可讀矣。收南監本，能得嘉靖前印舊刊諸種，益以嘉靖新刊初本數種，乃為最善。梅伯言、路小洲兩家俱有初印本，當是嘉靖時印，未必諸舊刊皆初印也。」

〔註172〕沈津：《書城挹翠錄》，上海：上海社會科學院出版社，1996 年，第 51 頁。

〔註173〕沈津：《書城挹翠錄》，上海：上海社會科學院出版社，1996 年，第 51～52頁，又見沈津：《中國珍稀古籍善本書錄》，桂林：廣西師範大學出版社，2006年，第 176 頁。

〔註174〕按，莫友芝，字子偲，晚號眲叟，別署郘亭長，貴州獨山人，莫繩孫之父，莫棠之伯父。道光十一年（1831）舉人，咸豐八年（1858）將補知縣而不就，與曾國藩、胡林翼善，嘗先後入其幕。太平軍敗，江南平復，攜眷於金陵，後任職江南書局。友芝家貧嗜古，喜聚珍本書，讀之恒徹旦暮不息，寢食並廢。通蒼雅、故訓、六藝、名物制度，旁及金石目錄家言。生於嘉慶十六年（1811），卒於同治十年（1871），年六十一。又著有《郘亭詩鈔》《聲韻考略》《影山詞》《宋元舊本書經眼錄》等。

「明北監板，萬曆間依南監本重寫刊為一律，雖較整齊，而不如南監印之少訛字。康熙間，通修補一過，其板至今猶存，然自乾隆殿板成，此板遂罕印矣。北監不如南監古雅。惟《三國志》一種，精校勝南監。」

「乾隆四年，武英殿刊板依北監《二十一史》式，而益以新修《明史》及《舊唐書》，曰《二十三史》。《史》《漢》等前數部校對差善，六朝及宋、遼、金等，即與北監無異。乾隆四十年刊《舊五代史》合入之，又曰《廿四史》，其中宋、遼、金、元四史，以在乾隆四十年前印，未改譯人名者為不易得。道光四年新修殿板，校補漫闕，多為淺學誤改，人不甚重，仍以乾隆四年本為佳。殿板《史》《漢》，初印者尤難得，以《史記·五帝本紀》末一頁不漫漶者為最早精印之本。乾隆殿板初印，其上端大線皆齊畫若一。咸豐中，廣州陳氏翻刊官本《廿四史》，間其《史》《漢》等二三部，經校者意改字甚多，故遲遲未印行，今頗行矣，人亦不重之。」

「汲古閣《十七史》，並明崇禎時刊成，經亂未能合印，頗有損失，至本朝順治庚子修補完，乃通行，即以此時印者為初印。其明時初印，僅有一二單部，不能全觀也。其《史記》集解後，附司馬貞《索隱》三十卷。《五代史記》後，附《五代史缺文》二種。毛氏《十七史》多據宋元舊板，勝其《十三經注疏》之僅傳監板多矣。汲古閣《十七史》外，尚刊有《宋史》，與《十七史》式同，聞吳中藏書家二三處有之。同治丁卯，邵亭於滬肆中見其殘卷，始信《十七史》初印本，邵位西言呂鶴田有之。邵亭又見陳息凡有一部。邵亭丙寅秋，在滬收一部，桃花紙印者，絕寬大，蓋康熙中印，亦精好醒目，惜其中《三國志》《晉書》《唐書》，乃以書業堂翻本單宣紙印插入。翻刻汲古《十七史》，有書業堂及掃葉山房二本，以書業堂趙氏本為勝，並嘉、道來蘇城書肆。」

邵位西即邵懿辰，汪鐵樵即汪士驤。梅伯言，即梅曾亮。路小洲，即路慎莊。呂鶴田，即呂賢基。陳息凡，即陳鍾祥。

……

此本藏上海圖書館。據《中國古籍善本書目》之著錄，當年內府所鈔之《欽定四庫全書簡明目錄》，除「清乾隆紀昀寫本」外，今

尚存全帙三部，分藏北京圖書館、甘肅省圖書館、南京博物院。重
慶市圖書館僅存一卷，為卷十五。而清乾隆四十九年趙懷玉刻本，
有二部，一有清徐鴻熙錄清邵懿辰校，藏上海圖書館；一有陸樹藩
批註並跋，藏南京圖書館。

　　鈐印有「莫印友芝」「邵亭群叟」「莫友芝圖書印」「莫友芝」「莫
氏子偲」「友芝私印」「莫繩孫」「仲武」「莫印繩孫」「莫彝孫」「彝
孫」「莫氏伯邕」。〔註175〕

　　《四庫全書簡明目錄》研究者較多，關於版本問題可參看琚小飛《〈四庫
全書簡明目錄〉版本考》一文〔註176〕。

欽定四庫全書考證

　　《欽定四庫全書考證》現存版本三種，包括清內府鈔本、文淵閣本、武英
殿聚珍本〔註177〕，版本系統較為簡單。1936 年《叢書集成初編》進行排印，
商務印書館出版，有簡單句讀。1940 年，商務印書館出版「國學基本叢書」，
收錄《四庫全書考證》一書。1978 年，臺灣鼎文書局出版《四庫全書考證》，
精裝五冊，亦係排印本。1991 年書目文獻出版社（今國家圖書館出版社）據
清內府鈔本影印出版。

　　《欽定四庫全書考證》一百卷，清王太嶽、曹錫寶、王燕緒、朱鈐、倉聖
脈、何思鈞等編輯，係《四庫全書》編修的衍生產品。全書是彙編黃簽而成，
收書一千一百多種，分為經、史、子、集四類，分別對其進行考證，包括文字、
順序、內容等的辨誤訂正。其所收的考證，是廣義的校勘，既包括訛、衍、闕、
倒置等一般問題的校正，也包括史實、觀點等的校正。這些問題張昇先生的《四
庫全書館研究》一書有詳細考證，《〈四庫全書考證〉的成書及主要內容》一文
亦可參閱〔註178〕。另，琚小飛的《〈四庫全書考證〉的版本及校勘價值述略》
《清代內府鈔本〈四庫全書考證〉考論》《〈四庫全書考證〉的編纂、鈔寫及刊

〔註175〕沈津：《中國珍稀古籍善本書錄》，桂林：廣西師範大學出版社，2006 年，第
　　　　 177～178 頁。
〔註176〕琚小飛：《〈四庫全書簡明目錄〉版本考》，《史學史研究》，2022 年第 3 期。
〔註177〕琚小飛：《清代內府鈔本〈四庫全書考證〉考論》，《文獻》，2017 年第 5 期，
　　　　 第 151 頁。
〔註178〕張昇：《〈四庫全書考證〉的成書及主要內容》，《史學史研究》，2011 年第 1
　　　　 期。

印》研究較為深入〔註179〕，可參看。據張昇先生考：「四庫館中一般的校籤，都是白色的紙條，而黃籤是指選取原有的校籤中較合適的，用黃紙謄鈔清楚，黏於進呈本相應校改之處的眉端，專供進呈御覽之用的校籤。可見，黃籤是特殊的校籤，有特殊的含義。這些黃籤相當大一部分都被收入《四庫全書考證》一書中。」〔註180〕《四庫全書考證》並非將黃籤全部收入，茲有一例略舉於下。宋曾丰《緣督集》二十卷，文淵閣《四庫全書》著錄《永樂大典》本，係四庫館臣據《永樂大典》輯佚而來。今本文淵閣《四庫全書》卷六後附《緣督集卷六考證》數條：

> 第二頁後一行，此首《永樂大典》原缺，今從刊本補入。
>
> 第四頁後四行，「無去計」，刊本作「為去計」，今仍原本附識於此。
>
> 第七頁前二行，此首《永樂大典》原缺，今從刊本補入。
>
> 第七頁前五行，此首《永樂大典》原缺，今從刊本補入。
>
> 第八頁前四行，此首《永樂大典》原缺，今從刊本補入。
>
> 第十頁前六行，此首及下一首《永樂大典》原缺，今從刊本補入。
>
> 十一頁前一行，此首《永樂大典》原缺，今從刊本補入。
>
> 十一頁前八行，「怪為寒所干」，按「干」字在十四，「寒」，今下三韻，俱十三元，且首二句義亦費解，似有訛舛，無本可校，仍存其舊。謹識。
>
> 十六頁前七行，一行無非占不驗，案唐釋一行姓張氏，鉅鹿人，行字讀平聲，此作仄聲讀，有誤。謹附識。
>
> 十七頁前二行，按此題刊本作「江上望永思陵」，今仍大典原本。附識於此。

今檢清內府鈔本《四庫全書考證》，並未見上述《緣督集卷六考證》中的

〔註179〕琚小飛：《〈四庫全書考證〉的版本及校勘價值述略》，《史學史研究》，2017 年第 2 期；《清代內府鈔本〈四庫全書考證〉考論》，《文獻》，2017 第 5 期；《〈四庫全書考證〉的編纂、鈔寫及刊印》，《中國典籍與文化》，2018 年第 1 期。

〔註180〕張昇：《四庫全書館研究》，北京：北京師範大學出版社，2012 年，第 190 頁。

文字。《四庫全書考證》收錄的《緣督集考證》只涉及卷七兩則，卷十兩則，卷十一一則考證。值得注意的是，文淵閣《四庫全書》卷六考證文字與《四庫全書考證》中的文字，在形式上有很大的不同。略錄如下，以茲考證。

卷七

《再遊登滕王閣》「斷碑無日不濃墨，古砌新秋猶雜苔」。按，《宋詩紀事》「新秋」作「雖秋」，「雜苔」作「淺苔」，似較此虛實對勝，今仍大典原本。

《陳子尚滄洲趣》「猗蘭青青結幽思，杜若紛紛生遠愁」。原本「猗蘭」訛「倚闌」。按，《文選》「藉皋蘭之猗靡」下句用「杜若」，則此句當用「猗蘭」為偶。今改。

卷十

《紹興、淳熙兩朝內禪頌》，按，此篇《鼇溪舊志》載：「曾丰倅瓊日所作《馹置以獻中朝》稱『其考證千載，若合符節，有可薦清廟』之語。」

《賀江西提刑馬少卿上任啟》「浮榮莫動處，九棘不殊於二松；大事敢爭視，三臺無異於一介」。按，「二松」刊本作「三槐」。玩句義，自應用「二松」為是。

卷十一

《代廣東帥通廣西漕到任啟》「行上木牛之效，南海澄清；佇歸金馬之居，北辰密邇」，原本「木」訛「土」，今改。

兩處文字比較，行文風格明顯不一致，後者考證審慎。張昇先生認為「《四庫全書考證》與四庫本書後或卷後所附考訂多不重複，兩者可以起到互補的作用」。

又，關於《四庫全書考證》的編纂，見《纂修四庫全書檔案》相關記載。乾隆四十一年九月三十日「諭內閣著總裁等編刊《四庫全書考證》」記載：「昨四庫全書薈要處呈進鈔錄各種書籍。朕於幾餘披閱，見黏簽考訂之處，頗為詳細。所有各簽，向曾令其附錄於每卷之末，即官板諸事，亦可附刊卷尾。惟民間藏板及坊肆鑴行之本，難以概行刊入，其原書訛舛業經訂正者，外間仍無由得知，尚未足以公好於天下也。前經降旨，令將四庫全書總目及各書提要，編刊頒行。所有諸書校訂各簽，並著該總裁等另為編次，與總目、提要，一體付

聚珍版排刊流傳。既不虛諸臣校勘之勤，而海內承學者，得以由此研尋。凡所藏書，皆成善本，亦以示嘉惠士林至意。」〔註181〕張昇先生推斷，「《四庫全書考證》是彙編上述的黃簽而成的」〔註182〕。

關於《四庫全書考證》的研究，琚小飛、張春國、何燦等也有相關成果可參看。如琚小飛的《清代內府鈔本〈四庫全書考證〉考論》《〈四庫全書考證〉的版本及校勘價值述略》《〈四庫全書考證〉的編纂、鈔寫及刊印》〔註183〕，張春國的《文淵閣本與清鈔本〈四庫全書考證〉關係考釋》〔註184〕，何燦的《試論〈四庫全書考證〉的學術價值》〔註185〕等。

四庫全書辨正通俗文字

一卷。此乃清乾隆朝詔修《四庫全書》供繕錄人取法的字樣書。係用顏元孫《干祿字書》的體例，辨別正、俗、通三體書法，故以「辨正通俗文字」為名。分辨似、正訛及正帖通用三門。是書有《青照堂叢書》本，有《拜梅山房几上書》本。

四庫全書字體辨正

四卷。清黃培芳（生卒年不詳）撰。培芳字子實，又字香石，香山（今廣東中山）人。嘉慶副貢，官乳源、陵水教諭。此書與王筠《正字略》性質相同，亦為《四庫全書辨正通俗文字》的重訂本。卷一二為辨似上下，卷三為正訛，卷四為正帖通用。以上門類，皆與原本相同，惟四卷加入增錄、附頁二目，最後又有審音、續增二門。統觀全書，較之原本為善。卷首有鈴祥序，意謂《四庫全書辨正通俗文字》雖在都中久已風行，而外省尚少傳本，偶在潞安見黃培芳訂本至為精審，便屬教授劉君校勘，付之手民，首刊於咸豐間。

〔註181〕中國第一歷史檔案館：《纂修四庫全書檔案》上冊，上海：上海古籍出版社，1997 年，第 537～538 頁。
〔註182〕張昇：《〈四庫全書考證〉的成書及主要內容》，《史學史研究》，2011 年第 1 期，第 111～118 頁。
〔註183〕按琚小飛先生論文參見註179。
〔註184〕張春國：《文淵閣本與清鈔本〈四庫全書考證〉關係考釋》，《歷史文獻研究》第 44 輯，2020 年。
〔註185〕何燦：《試論〈四庫全書考證〉的學術價值》，《圖書館工作與研究》，2013 年第 6 期。

四庫全書薈要目

清乾隆中敕撰，《松鄰叢書》甲編本，《叢書集成續編》本。

此目題《四庫全書薈要目》，目下小字注「《官史續編》卷八十二」，知該目錄從《國朝宮史續編》中鈔出。《國朝宮史續編》一百卷，清嘉慶五年命慶桂、王杰、董誥、朱珪、彭元瑞、紀昀等編纂，十一年十二月書成。此書隨《國朝宮史》（三十六卷，收入《四庫全書》）一書而來，仍按原書訓諭、典禮、宮殿、經費、官制、書籍六門類編排，子目略有增加，「堪稱乾嘉時期清宮史料集大成之書」。據左步青《清宮史料集大成之書——談〈國朝宮史續編〉》所言，「這部書為官修史書，材料來自清宮檔案，雖在取捨和編排上有不盡完美之處，但綜覽全書，除了頌揚本朝及弘曆自我標榜的色彩較重外，許多史料都是有價值的，究非一般筆記、雜錄所能比擬……書籍門提供的清代重要書籍的目錄學資料，從文化積累的價值看，也是彌足珍貴的」〔註186〕。《國朝宮史續編》一書中科院圖書館藏有殘稿本，故宮博物院、遼寧省圖書館、南京博物館、臺北「故宮博物院」等藏有清嘉慶十一年（1806）內府鈔本，上海圖書館藏民國二十一年（1932）北平故宮博物院圖書館鉛印本。

《四庫全書薈要目》首述摛藻堂《四庫全書薈要》架構、函卷之數，云「臣等謹案《薈要》萃全書之精，自乾隆癸巳特詔編錄，閱七載告成，命於乾清宮北摛藻堂排貯，鈐摛藻堂印識之以別於御園味腴書室所藏者也。經部列架六；史部列架十，陳於左；子部列架六；集部列架十，陳於右。函以木櫝，其二三種同函者中，用格別之，凡萬一千二百六十六冊，四百六十四部。每書前皆有提要，括書中大指，而考證附冊尾焉。首列《總目》一函，次經部百七十三種，釐三百八十四函；史部七十種，六百四十函；子部八十二種，三百八十四函；集部百三十九種，五百九十二函，總二千函。錦貯環羅，左宜右有，信足苞蒐林之奧要，光秘府之珍儲也。謹錄聖諭詩篇於簡端而分繫各書門目於後」。其次，錄乾隆三十八年五月初一日聖諭《諭內閣編四庫全書薈要著于敏中王際華專司其事》，文繁不錄，據此諭所言「書成，即以此旨冠於薈要首部，以代弁言」知，《四庫全書薈要》書前有是諭。再是《聖製重華宮茶宴內廷大臣翰林等題四庫全書薈要聯句並成二律（庚子）》，庚子係乾隆四十五年（1780）。最

〔註186〕左步青：《清宮史料集大成之書——談〈國朝宮史續編〉》，《故宮博物院院刊》，1993 年第 2 期，第 73 頁。

後為《欽定四庫全書薈要總目》，原書共一函，僅列經、史、子、集四部書名與函數，未及其他。

《四庫全書薈要目》未見單行本，吳昌綬輯《松鄰叢書》甲編第四種收錄《四庫全書薈要目》一卷，有民國七年（1918）仁和吳氏雙照樓刊本。《叢書集成續編》第二冊「公家書目」收錄此書。

文瀾閣志·文瀾閣志附錄

《文瀾閣志》清孫樹禮、孫峻撰，《文瀾閣志附錄》清孫樹禮撰，有光緒戊戌年（1898）刊本《武林掌故叢編》本；又見《叢書集成續編》第 233 冊影印《武林掌故叢編》本，臺灣新文豐圖書公司 1989 年本；又見《叢書集成續編》第 57 冊影印《武林掌故叢編》本，上海書店 1994 年本。單行本則少見。

《文瀾閣志》卷首有諭旨五則。其一，乾隆四十七年七月初八日諭：「內閣奉上諭：朕稽古右文，究心典籍，近年命儒臣編輯四庫全書，特建文淵、文溯、文源、文津四閣，以資藏庋。現在繕寫頭分告竣，其二三四分限於六年內按期藏事，所以嘉惠藝林，垂示萬世，典至鉅也。因思江浙為人文淵藪，朕翠華臨涖，士子涵濡教澤，樂育漸摩，已非一日，其閒力學好古之士，願讀中秘書者，自不乏人。茲四庫全書允宜廣布流傳，以光文治。如揚州大觀堂之文匯閣、鎮江金山寺之文宗閣、杭州聖因寺行宮之文瀾閣，皆有藏書之所，著交四庫館再繕寫全書三分，安置各該處，俾江浙士子得以就近觀摩謄錄，用昭我國家藏書美富，教思無窮之盛軌。至前者辦理四庫全書考募各謄錄，皆令自備資斧，五年期滿，給予議敘，至為優渥。但人數眾多，未免開倖進之門。且現在議敘者尚虞壅滯，若因此致礙選途，又非朕策勵人才之本意。此次續繕四庫全書三分，俱著發給內帑銀兩，雇覓書手繕寫，在鈔胥等受值傭書，自必踴躍從事，而書成不致濫邀議敘，亦於銓政無礙。所有應辦各事宜及添派提調、校對等官，著交四庫全書館總裁悉心妥議具奏，以副朕振興文教、嘉與多士之至意。欽此。」其二，乾隆四十七年七月初八日諭：「奉上諭：四庫全書現在頭分已經告竣。其二三四分限於六年內按期藏事，並特建文淵、文溯、文源、文津等閣以供藏庋。因思江浙為人文淵藪，允宜廣布，以光文治。現特發內帑銀兩，僱覓書手，再行繕寫全書三分，分貯揚州大觀堂之文匯閣、鎮江金山寺之文宗閣，杭州聖因寺內擬改建文瀾一閣，

以昭美備。著傳論陳輝祖、伊齡阿、盛住等，所有大觀堂、金山寺二處，藏貯圖書集成處，所空餘格甚多，即可收貯四庫全書。若書格不敷，著伊齡阿酌量再行添補。至杭州聖因寺後之玉蘭堂，著交陳輝祖、盛住改建文瀾閣，並安設書格備用。伊齡阿、盛住於文淵等閣書格式樣皆所素悉，自能仿照妥辦。至修建書格等項工費無多，即著兩淮江浙商人捐辦，伊等情殷桑梓，於此等嘉惠藝林之事，自必踴躍觀成，歡欣從事也。將此各傳論知之，欽此。」乾隆四十七年九月初二日諭：「奉上諭：據陳輝祖奏遵旨改建文瀾閣，安設四庫全書一摺內稱，勘得玉蘭堂近山根，地勢潮濕，難以藏書，擬於玉蘭堂之東池下藏書堂後堪以改建，並稱據商總等呈請改建等項及僱覓書手繕寫之費，情願按數呈繳等語。玉蘭堂既據陳輝祖奏稱地勢潮隘，難以藏書，現在盛住奏請陛見，且俟伊到京後詢明該處情形，將文淵閣式樣帶去，再行辦理。商總等呈請捐項目辦，該處改建文瀾閣，出自伊等情殷桑梓，踴躍輸忱，尚可准行。至僱覓書手繕寫，現已飭動官帑辦理。前據伊齡阿奏揚州商人請捐辦大觀堂、金山寺二分繕書費用，已於摺內批示：不必，令仍動用官項。所有浙商呈請公捐之處，亦可不必。將此傳論陳輝祖並盛住知之，欽此。」乾隆四十九年二月二十一日諭：「奉上諭：前因江浙為人文淵藪，特降論旨，發給內帑，繕寫四庫全書三分，於揚州文匯閣、鎮江文宗閣、杭州文瀾閣各藏庋一分。原以嘉惠士林，俾得就近鈔錄傳觀，用光文治。第恐地方大吏過於珍護，讀書嗜古之士，無由得窺美富，廣布流傳，是千緗萬帙，徒為插架之供，無裨觀摩之實，殊非朕崇文典學，傳示無窮之意。將來全書繕竣，分貯三閣後，如有願讀中秘書者，許其陸續領出，廣為傳寫。全書本有總目，易於檢查，祇須派委員董司其事，設立收發檔案，登注明晰，並曉論借鈔士子加意珍惜，毋致遺失污損，俾藝林多士，均得彌見洽聞，以副朕樂育人木稽古右文之至意。欽此。」光緒七年十月十六日諭：「奉上諭：譚鍾麟奏修覆文瀾閣，請頒發匾額方略，並將蒐求遺書之紳士獎勵等語。浙江省城文瀾閣燬於兵燹，現經譚鍾麟籌欵修復，其散佚書籍經紳士丁申、丁丙購求藏弆，漸復舊觀，洵足嘉惠藝林。著南書房翰林書寫文瀾閣匾額頒發，並著武英殿頒發《剿平粵匪方略》一部，交浙江巡撫祇領尊藏。主事丁申著賞四品頂戴以示獎勵，欽此。」論旨後有《高宗御製文瀾閣詩》《高宗御製趣亭詩》《高宗御製月臺詩》。

《文瀾閣志》記事起乾隆四十七年，止光緒二十一年，六萬二千餘字。卷上述文瀾閣建置，有《文瀾閣圖》《文瀾閣排架圖》《文瀾閣分櫥圖》等。

卷下則是藝文，詠文瀾閣詩文。《文瀾閣志附錄》有《書庫抱殘圖記》《文瀾歸書圖跋》《文瀾閣抱殘歸書二圖跋》《文瀾歸書圖贊》等藝文資料，「包括奏疏、進表、瑣記、逸聞等，內容豐富，角度多樣，是四庫諸閣研究的重要文獻」〔註187〕。《文瀾閣志附錄》又見於中華書局編《四庫全書目錄資料三種》附錄中。

四庫全書目錄資料三種

中華書局編，全二冊，中華書局，2016 年。

書前出版說明較詳細介紹了四庫全書三種目錄資料，具體情況如下：

一、《文津閣四庫全書目錄》四卷，附《園內各殿宇陳設書籍目錄》一卷，清世綱、英麟編，民國間鈔本。本書是光緒二十年（一八九四）熱河行宮總管世綱等奉命清點文津閣《四庫全書》及行宮各殿宇陳設用書的成果。據其檢查，除經部《日講詩經解義》一書原未補入，有函無書外，其他書籍基本無闕佚情況。隨後，世綱等按經史子集四部順序，逐一開列書目清單，並注明卷數、著者，呈報朝廷。一九一五年，文津閣《四庫全書》被民國政府移交京師圖書館（今國家圖書館）庋藏。一九二〇年，陳垣先生受國民政府教育部委託，再次清點造冊，編成《文津閣四庫全書統計表》。因此，本書是研究清光緒時期，文津閣本《四庫全書》收書和存藏情況的第一手資料，彌足珍貴。

二、《文瀾閣恭鈔四庫全書待訪目》不分卷，清佚名編，民國間鉛印本。文瀾閣地處杭州，咸豐間遭到太平天國戰火的浩劫，藏書幾乎損失殆盡。戰亂平息後，以丁丙、丁申兄弟為代表的江南士子和諸多有識之士紛紛投身於搜求閣本的事業中。本書就是為搜求散失之書而編制的「待訪」目錄。通過此書可以從一個側面瞭解文瀾閣藏書在戰爭中的損失情況，有助於對文瀾閣本《四庫全書》進行多角度研究。

三、《永樂大典點存目錄》不分卷，清四庫全書館編，清鈔本。本書是反映《四庫全書》編纂過程和《永樂大典》在乾隆時期存藏兩

〔註187〕 中華書局編：《四庫全書目錄資料三種‧出版說明》，北京：中華書局，2016年，第 2 頁。

方面情況的重要文獻。在《四庫全書》的編纂過程中，四庫館臣充分利用了《永樂大典》的內容，他們從中輯錄佚書、核查出處和檢討佚文。而作為各項工作的基礎，館臣們首先對當時存藏於內府各處的《永樂大典》進行了清點和目錄造冊，這便是本書誕生的背景。本目錄編制具體到卷，並統計實存冊數。通過此書，可以使後人瞭解乾隆時期《大典》的存佚情況。民國間袁同禮又據此書編訂成《永樂大典現存卷目表》一書，成為研究《永樂大典》的必備資料。

　　三種目錄之後，另收藏書閣志二種，其一為《文瀾閣志附錄》一卷，清孫樹禮編，清光緒二十四年（一八九八）錢塘丁氏嘉惠堂刻本；一為《文淵閣職掌錄》一卷，清舒赫德等撰，清鈔本。此二書所收皆為與文瀾、文淵二閣相關的時人著作，包括奏疏、進表、瑣記、逸聞等，內容豐富、角度多樣，是四庫諸閣研究的重要文獻。

《文津閣四庫全書目錄》附《園內各殿宇陳設書籍目錄》，國家圖書館藏兩部，鈔本一部，清祕閣鈔本一部。見《中國古籍總目·史部》第八冊。《文瀾閣恭鈔四庫全書待訪目》《永樂大典點存目錄》係原北平圖書館甲庫善本資料，亦藏於國家圖書館。三書目錄皆依原書原大影印出版，保留了書籍的部分原始特徵。

文津閣四庫全書目錄（附：園內各殿宇陳設書籍目錄）

　　見《四庫全書目錄資料三種》敘錄。

文瀾閣恭鈔四庫全書待訪目

　　見《四庫全書目錄資料三種》敘錄。文瀾閣書目有如下幾種：

　　欽頒文瀾閣四庫全書書目清冊古今圖書集成排架圖全唐文清冊不分卷，顧庚等編，清嘉慶二十五年（1820）鈔本。

　　壬子文瀾閣所存書目 5 卷，浙江公立圖書館編，1912 年浙江公立圖書館刻本。

　　壬子文瀾閣所存書目 5 卷附閣目補 1 卷，浙江公立圖書館編，章箴補，1923 年浙江公立圖書館補刻本。

　　文瀾閣書目索引不分卷，楊立誠編，1929 年浙江公立圖書館鉛印本。文瀾閣書目 6 卷，毛春翔編，稿本。

又有，文瀾閣志 2 首 1 卷附錄 1 卷，孫樹禮、孫峻撰，光緒二十四年（1898）刻本。〔註188〕

相關文獻可在《明清以來公藏書目彙刊》〔註189〕尋得。

補鈔文瀾閣四庫闕簡記錄

浙江圖書館刻，民國十五年（1926）。

書前有周慶雲〔註190〕《補鈔文瀾閣四庫闕簡記錄弁言》，其云：「厥惟《四庫全書》，其成於乾隆時代。當時天下承平，物力充羨。搜羅古今之圖書，抉擇天下之善本，招集士子鈔而校之。計成書七部，每部都七萬九千又十七卷。建七閣以貯之。曰文淵，貯內廷。曰文源，貯圓明園。曰文溯，貯奉天。曰文津，貯熱河。曰文瀾，貯杭州。曰文宗，曰文匯，貯鎮江、揚州。文化之隆，度越前代，未始非淵源於此也。淚乎英法之役，文源燬矣。洪楊之亂，文宗、文匯全燬。而文瀾亦燬其大半矣。喪亂之餘，北方四閣存其三，南方三閣燬其二。東南半壁所存者，僅文瀾之殘本耳。錢唐丁申、丁丙，於兵燹後搜集舊本，力為補亡，號稱完善。經大吏籌資，復建閣以貯之，誠甚舉也。厥後袁提學家縠輯《閣目待訪》，然後知四部闕漏尚多。歸安錢恂任圖書館館長時，撥款補鈔二百六十八卷。壬戌，海昌張宗祥長浙中教育。是年冬，持待訪目就商於余。擬醵資補鈔，俾完成文瀾之庋。余敬諾。歸與旅滬同志共謀之。僉曰分承籌款則眾擎易舉，不數月，而事集。公推宗祥為總務，幹事沈銘昌，沈寶昌、沈爾昌、姚煜、王體仁、張元濟、徐棠、劉承幹為評議幹事，以余為會計幹事，吳憲奎為杭州稽核幹事，吳震春為北京稽核幹事。更延堵福詵監理其事。先就圖書館所有之本鈔之，繼至北京，借文津閣本鈔其闕者，補其漏者，並詳校之。閱兩年之久，鈔書四千四百九十七卷，都二千四十六冊。尚有餘力，復將丁鈔

〔註188〕浙江省圖書館志編纂委員會編：《浙江省圖書館志》，北京：中國書籍出版社，1994年，第53頁。

〔註189〕本社古籍影印室：《明清以來公藏書目彙刊》，北京：北京圖書館出版社，2008年。

〔註190〕按，周慶雲（1864～1933），字景星，一字逢吉，號湘舲，別號夢坡、靈峰補梅翁，室名息園、夢坡室、晨風廬、怡園、梅花仙館、華萼樓、清遠樓、友石亭、五松琴齋、寶斯堂。吳興人。其家原為浙江鹽業富商，又先後投資天章絲織廠、長興鐵廠、浙江興業銀行和絲廠和精鹽公司，一生收藏書畫、金石、古器頗豐。曾與張宗祥等主持補鈔文瀾閣《四庫全書》，又刊刻古籍如《鹽法通志》《歷代兩浙詞人小傳》及《潯溪詩徵》等。有《琴書書目》《琴史補》等。

擇要重校五千五百六十卷，都二千二百五十一冊。共費餅金一萬六千圓有奇。
自是，全書完備。」〔註191〕

又有張宗祥《補鈔文瀾閣四庫闕簡記錄記》，所記涉及多個角度，對瞭
解文瀾閣《四庫全書》歷史頗有助益，今略加標點迻錄如下，以備研究者參
考：

> 宋有《太平御覽》，明有《永樂大典》，清有《四庫全書》，是
> 為敕編三巨書。《御覽》所引支離破碎，僅足供校刊之用。且有刊
> 本《大典》兼搜並蓄，不宗一家，最為宏富。當時凡寫三部，一儲
> 南都，一儲北都，後悉燬於火。今所留遺者，嘉靖重寫本，向儲翰
> 林院之書也。清初已不全，庚子一役喪事殆盡。殘餘之卷，僅京師
> 圖書館存八十餘冊，海內藏書家所零星收儲一二百冊而已。《四庫》
> 所輯之十三四為大典本，是《四庫》存，即《大典》雖失尚有軼書
> 存於中國。獨惜《四庫》當時有輯有不輯，並存目中亦不錄其名，
> 為可恨耳。

> 四庫凡七閣，北四而南三。文源，英法一役與圓明俱燬。文淵
> 向藏內庭。文溯向貯奉天，今運京歸內務部保管。文津向貯熱河，
> 今歸京師圖書館貯藏。故北四閣燬一留三，而三閣現皆聚於北京。
> 文宗、文匯燬於洪楊之役。其時文瀾亦燬十之七八，故南三閣等於
> 無存。亂平，丁氏據坊間刻本為文瀾補鈔。役未竣而中止，遂無有
> 過而問之者。民國之後，錢念劬先生補鈔於前。壬戌秋，予督浙學
> 繼功於後，今始勉強成全帙矣。

> 四庫之弊，不載諸書版本所自出，擅改古人卷帙、辭句。清初，
> 諸家著作刪竄尤多。如《潛邱箚記》中，錢牧齋之詞或刪其名，或
> 改為朱竹垞。此類不勝枚舉。而各閣所藏各書提要，尤互異其詞。
> 校坊間刻本，異同尤多。今補鈔之書，所據者為文津本。文津寫成
> 已在嘉慶初年，書用太上皇帝之寶，故可證也。

> 念劬先生補鈔書最精者，為《西清硯譜》《離騷圖》兩種。當時
> 聘善畫者至京鉤摹，竭一年之力始克成書。鄉人不諒，或有間言，
> 書遂留京。予來浙，始與俱來。然二書尺寸皆照北閣，北閣較南閣

〔註191〕浙江圖書館刻：《補鈔文瀾閣四庫闕簡記錄・弁言》，民國十五年（1926），第
　　　1～2頁。

為寬大。今付裝池，不知能一律否也。而《離騷圖》則視汲古閣所刻者高出萬倍矣。

北閣紙皆用開化榜，南閣則否。丁氏所鈔，紙尤劣。今佳紙不可得。初鈔時，所印紅格著水即滲。後始改印，且寫定後校者兩道，雖不能盡復，舊觀似較完善矣。

四庫有有目而無書者，如經部《日講詩經解義》，各目皆有，而藏書之匣空如也。當時，初主京師圖書館，遑遑然似求亡子。檢查文淵亦空匣也，後始知是書藏宮中者，凡十餘部。蓋當時目成在前，書之寫定在後。寫定之後，即不發閣，故各閣皆空。又《老學庵續筆記》亦有目而無書，此皆後人所當知者也。

予之初擬補鈔也，預計三萬餘金，三年竣事。及竣工，款不及二萬，時不及兩年。款之力，周君夢坡、沈君晃士。昆季張君菊生、徐君冠南等為多鈔寫之力。堵生申甫最著，不間寒暑，日夕督寫生二百餘人，乃能成此。予雖總其成，實無力焉。獨幸其成功之速耳。予之意，丁氏非據閣本補鈔，究一憾事。然時局如斯，款亦告罄，予又觀政甌海急切不能如願，聊記於此，以待後之君子成之，可也。丙寅夏海寧張宗祥記。〔註192〕

此本主要內容包括文瀾補闕圖、周慶雲弁言、張宗祥題辭、發起議事錄、監理報告成績、補鈔文瀾閣四庫闕簡目錄、補鈔丁氏舊鈔文瀾閣四庫各書卷頁字行闕數目錄、重校丁氏舊鈔文瀾閣四庫各書目錄、重鈔各書列為一目附以說明、補鈔文瀾閣四庫闕簡在事諸員姓氏錄、補鈔文瀾閣四庫闕簡收支徵信錄、捐款姓氏錄等十二則重要史料。發起議事錄及堵監理報告成績，可瞭解文瀾閣《四庫全書》補鈔的諸多細節。補鈔文瀾閣四庫闕簡目錄、補鈔丁氏舊鈔文瀾閣四庫各書卷頁字行闕數目錄、重校丁氏舊鈔文瀾閣四庫各書目錄，這三個目錄對研究文瀾閣《四庫全書》經史子集各部損燬情形及補鈔書籍書名、卷數、頁數等均有價值。此檔案整理本已完成，附錄於《抗戰時期守護文瀾閣〈四庫全書〉檔案編年輯考》書稿後。

〔註192〕浙江圖書館刻：《補鈔文瀾閣四庫闕簡記錄·弁言》，民國十五年（1926），第1～3頁。

第二編　四庫研究文獻

四庫研究文獻是指基於四庫原典文獻進行研究所得的成果。「研究文獻」是基於原典產生的研究成果，大致分為以下幾個方面：一是文獻研究，如關於《四庫全書》纂修的研究，郭伯恭的《四庫全書纂修考》即為對文獻的研究。以《四庫全書總目》為例，圍繞《總目》的研究成果，如《四庫全書總目提要補正》《四庫提要辨證》即為文獻研究。以《四庫全書》存目書為研究對象，如《四庫存目標注》可視為文獻研究。二是學術思想研究，如《〈四庫全書總目〉學術思想與方法論研究》《〈四庫全書總目〉的官學約束與學術缺失》《四庫禁燬書研究》者也。三是研究資料彙編，如《四庫全書研究論文篇目索引（1908～2010）》《四庫系列叢書目錄‧索引》《民國期刊資料分類彙編：四庫全書研究》。四是四庫研究詞典，如《四庫全書學典》《四庫大辭典》《四庫全書百科大辭典》者也。四庫研究文獻駁雜，著述較多，部分研究成果也無法納入上述分類。因此，四庫研究文獻的分類要與四庫原典文獻對參。四庫研究文獻是對原典文獻的研究與批評，當然也包括對已有研究成果的再研究、再批評。

四庫全書概述

楊家駱著。是書由南京東瓜市九號辭典館於民國二十年（1931）十月十日初版發行。民國二十六年（1937）五月南京辭典館再版發行，封面題「中國圖書大辭典提要組第一種附錄　民國二十六年五月辭典館再版發行」。民國五十六年（1967）四月二十三日在臺北中國辭典館復館籌備處發行第五版，封面題「中國辭典館復館籌備處專刊第一號」。民國六十年（1971）十月十日中國辭

典館復館籌備處出版第七版，增附五種本。民國六十四年（1975）九月十五日中國辭典館復館籌備處出版至第八版。

　　楊家駱生平，李歆《楊家駱先生及其文獻學成就》（《圖書情報工作》2006年第 4 期），徐蘇《楊家駱及其學術成就（上）》（《中國典籍與文化》1995 年第 3 期）、《楊家駱及其學術成就（下）》（《中國典籍與文化》1995 年第 4 期）有特別詳細的介紹。茲略述如下：

　　　　楊家駱，江蘇南京人，幼從舅父張變卿習經史，治目錄學。16
　　歲畢業於東南大學附中高中部，後入國學專修館肄業。少年時代即
　　隨祖父楊星橋編纂《國史通纂》，1926 年祖父去世後，由他主持《國
　　史通纂》的彙編。1928 年進教育部圖書館工作，開始系統地研究目
　　錄學，頗有造詣。1930 年春，正式從事出版工作，並創辦中國辭典
　　館和中國學術百科全書編輯館任館長。1931 年，楊家駱主編的第一
　　部巨著《四庫大辭典》正式出版。因南京館舍及資料不足，又在上
　　海、北平設立中國辭典館分館。抗日戰爭期間遷移重慶北碚繼續編
　　輯工作，編撰有《北碚九志》。1940 年把中國辭典館和中國百科全書
　　編輯館已經出版的 25 種著作和 48 種定稿本以及有目錄學的 57 種
　　稿本先改編為《世界學典》中文版的各個分典。1943 年楊家駱在北
　　碚設立了「人文印刷廠」，以協助辭典館排印諸學典。1944 年楊家駱
　　發起由 40 多個學術團體聯合照中國辭典館新訂的編志體例修訂《北
　　碚志》，為改編全國各省市、各縣方志進行嘗試。1945 年秋，中國辭
　　典館易名為世界學院中國學典館。1946 年楊家駱主編的《四庫全書
　　學典》正式在上海出版。同年，他主編的另一部巨著《清代著述志
　　資料叢書》也影印問世。解放前夕，楊家駱去了臺灣。在臺期間曾
　　先後任職於世界書局和鼎文書局，主編過《中國學術名著》《中國學
　　術類編》1500 冊。1963 年以後，他受聘各大高校教授目錄學、史學、
　　文學。1991 年 9 月 1 日，楊家駱病逝於臺北。（上述史料，摘錄於
　　李、蘇兩文）

　　楊家駱的學術貢獻見於《楊家駱教授九十冥誕紀念論文集》（萬卷樓圖書公司 2001 年版）一書，任育才《楊家駱教授對唐史之貢獻》、趙振績《楊家駱教授對遼史的貢獻》、王德毅《楊家駱教授對宋代文獻整理的貢獻》、顧力仁《楊家駱教授對永樂大典學術研究之貢獻》、莊芳榮《楊家駱教授對叢書學之

貢獻》、鄭喜夫《楊家駱教授對傳記學的貢獻》、胡楚生《楊家駱教授對目錄學之貢獻》、黃秀政《楊家駱教授對方志學的貢獻》、廖吉郎《楊家駱教授的古籍輯存的貢獻》、鄭恒雄《楊家駱教授與參考工具書》、黃慶萱《楊家駱教授在文學創作方面的貢獻》、傅武光《楊家駱教授對老子學的貢獻》等。

　　以第八版為例，現對《四庫全書概述》做一簡述。是書前有楊家駱民國六十四年（1975）九月二日「四庫全書概述第八版識語」。又有「四庫全書概述附錄本序」，據此序知《概述》係將《四庫大辭典》中的附錄予以單獨分印，「並就其需要分印增附三種本及增附五種本。三種本者，《四庫全書表文箋釋》《四庫全書提要敘箋注》《四庫全書簡明目錄》也。五種者，於三種外，更增《辦理四庫全書檔案》及《四庫採進書目》也」。

　　關於《概述》一書的內容，楊家駱在第一版目錄後加有識語，於今對研究《四庫全書》也有幫助，茲錄於下：

> 民國十八年，駱擬搜輯關於載籍之掌故，為圖書徵獻類考，擬目凡六：曰讀書考，曰著述考，曰收藏考，曰刊印考，曰著錄考，曰審校考。顧以所騖者多，一時未易竟其業也。及十九年，《四庫大辭典》成，乃掇其中關於《四庫全書》者成此編。惟資料尚多未備，僅稍稍排比，未遑重撰。而辭典排印頗歷時日，至今此稿方付手民。前此亦時有所增入，然如文獻篇之影響一章，表計篇之四庫著存書分地統計表、分代統計表、版本統計表、偽書表、禁書表、《四庫全書年譜》等，皆倉卒不能成，而即已成者，或未能一一覆案原籍，舛誤之處，亦不在少。異日再版，當補訂焉。民國二十年十二月楊家駱識。

　　據此書目錄，知其內容分為四個主體部分：一文獻編，包括編纂、採禁、鈔印、館臣四方面內容。細言之，編纂包括十個小題，分別是歷代之校書及目錄，儒藏之說，編四庫全書之表面原因，編四庫全書之實際原因，四庫全書編纂條例，四庫全書校理時之竄改，四庫全書總目提要及四庫全書簡明目錄，四庫全書告成上表，續修四庫全書之議。採禁包括八個小題，分別為乾隆以前之官修書、乾隆帝之網羅學人，四庫全書據本之來源，四庫全書未收之書，禁燬書籍，查辦違礙書之條例，文字之累，乾隆五十二年以後抽燬之四庫書及其提要。鈔印包括九個主題，分別為四庫書採集後之處理，四庫書之裝潢，南北七閣及其藏庋，七閣今昔，四庫全書副本及薈要，武英殿聚珍版，民國以來影印四庫全書之議，四部叢刊，四部備要。館臣則包括四庫全書館之組織，正副總

裁，總纂官及總校官，出力最多之纂修官及分校官等主題。這一文獻編條理係楊家駱弟子廖吉郎所錄，因這一條理使得書中內容更加清晰。楊氏原書內容黏連，未標注小標題，條理較弱。

二表計編，包括表十七種《四庫全書著錄存目書統計表》《四庫全書依據書本來源表》《四庫全書薈要書目表》《四庫全書孤本書目表》《武英殿聚珍板叢書書目表》《永樂大典採輯書書目表》《官修書表》《帝后著作表》《婦女著作表》《僧侶著作表》《道流著作表》《歐人著作表》《以別名發表之著作表》《不著撰人之著作表》《四庫全書總目卷類對照表》《四庫全書館大事表》《四庫全書館館臣一覽表》。

三類敘編，包括《四庫全書總目》經、史、子、集四部總敘和小敘。

四書目編，即《四庫全書總目》簡目。

是書資料性、學術性兼具，最早一版距今已有九十多年歷史。書中所涉《四庫全書》纂修諸種問題現在依然是「四庫學」研究關注的重點，隨著研究的深入，此書所提出的問題正在被一一解決。

四庫全書簡說

鄭鶴聲，鍾山書局，民國二十二年（1933），此書為鍾山學術講座第二種。

《四庫全書簡說》對有關《四庫全書》的文獻史料進行編輯，述其崖略，意在當時讀者對《四庫全書》有更好的瞭解。全書分為結集、編纂、藏校、續修、影印五部分。結集部分所論有三點，一為清代以前官方藏書之概況，二為清代搜集典籍之概況，三為清代禁燬典籍之概況。談到《四庫全書》書籍取捨之標準，作者認為採書標準有三條，即有關世道人心、有裨實用、沉潛經史，原本風雅。捨棄書籍標準有兩條，一為坊肆間出售舉業時文，及民間族譜、尺牘等無用之書；二為其人並無時學，其言瑣屑無當者。對於《四庫全書》的價值，作者首先肯定其積極意義，稱「《四庫全書》之纂輯，實為我國典籍之彙總」〔註1〕。「四庫全書館之開設，雖以倡明學術為前提，同時復以政治為背景」〔註2〕，正是在這種政治因素干涉下，作者認為對書籍的輯採，「一方面則又嚴加甄別，作為禁燬之餘地」。對明季野史及涉及違礙字詞之詩文集，一併禁燬。「故清代對於《四庫全書》之結集，就學術言，其功罪固未可一概而

〔註1〕鄭鶴聲編：《四庫全書簡說》，南京：鍾山書局，1933年，第6頁。
〔註2〕鄭鶴聲編：《四庫全書簡說》，南京：鍾山書局，1933年，第6頁。

論也」〔註3〕，作者主張辨證看待《四庫全書》的學術價值。在介紹清代禁燬典籍概況時，對於禁燬書籍的原因，作者以為「蓋文弱之漢人被滿人壓迫時，輒借文學以抒其不平之氣，為其唯一武器；其著書之牴觸清廷者，為數極夥，清廷恐其貽患將來，乃欲一掃而盡之，故有禁書之命令」〔註4〕。作者將禁燬書籍手段歸納為兩類，即焚書和抽燬。關於禁燬書籍的時間節點，作者稱始於乾隆三十九年，直至乾隆五十三年依舊嚴令各省搜繳禁書。

　　編纂部分討論了四個問題，《四庫全書》編纂的緣起、四庫館員的職務與人選、四庫所收書籍之淵源、四庫所收書籍之類別。

　　關於《四庫全書》編纂的動機，作者認為有兩點，一為「儒藏說」的提倡，一為《永樂大典》的輯佚〔註5〕。四庫館員的職務分為正、副總裁，下有總閱、總纂、總校官等，共七種職務。館員人選依職務不同，或為當時名臣，或為積學之士。四庫所有書籍版本來源，作者將其分為兩種六類。一種為官方政府藏書，又分為敕撰本、內府本、永樂大典本三類；另一種為外省私進到藏書，可分為各省採進本、私家進獻本、通行本。〔註6〕四庫收書類別，作者先簡單交代源流，然後以經、史、子、集為序，分別加以說明。藏校部分探究了兩個問題，一為庫書的貯藏及存缺狀況，二為庫書訛舛的校勘。關於庫書的貯藏與存缺情況，作者以南北為界，將北方四閣藏書及翰林院存放庫書副本，與南方三閣藏書的存缺情形，分別作了詳盡說明，並附有自作圖表。續修部分以時間先後為序，詳細講述了庫書續修之議源起於光緒中葉，創始者為王懿榮。後又有增輯、重修庫書之議。直至民國，又有邵瑞彭等諸人先後提議續修庫書。自王懿榮至邵瑞彭等前後諸人，皆旨在續修庫書，不出四部範圍。而呂思勉則提議改造庫書，超出四部範圍。影印部分主要記述了民國九年至民國二十二年，先後五次準備影印《四庫全書》未果的經過。

四庫全書學典

　　楊家駱著，世界書局，1946年。1994年又有大陸版，警官教育出版社將此書更名為《四庫全書百科大辭典》再行影印出版，係「歷代工具書精品叢典」之一。

〔註3〕鄭鶴聲編：《四庫全書簡說》，南京：鍾山書局，1933年，第7頁。
〔註4〕鄭鶴聲編：《四庫全書簡說》，南京：鍾山書局，1933年，第11頁。
〔註5〕鄭鶴聲編：《四庫全書簡說》，南京：鍾山書局，1933年，第16頁。
〔註6〕鄭鶴聲編：《四庫全書簡說》，南京：鍾山書局，1933年，第24頁。

　　全書包括四個主體方面的內容：一、《世界學典書例答問》《四庫全書學典插圖》（李煜瀛著）；二、《四庫全書通論》；三、《四庫全書辭典》；四、《四庫全書綜覽》。茲略述主要內容如下：

　　第一部分，李煜瀛（石曾）著《世界學典書例答問》《四庫全書學典插圖》。《世界學典書例答問》採用「問答式」代替一般章程序的「凡例」，一問一答解決「學典」的知識體系。在《世界學典書例答問》中有「附答關於四庫全書學典及他冊學典者」一文，內有三個問題，一是「世界學典中文版首次與讀者相見的一冊，為什麼不是『世界』或『學典』，而是『四庫全書』呢」，原因是李煜瀛與楊家駱合作改組「中國辭典館」為「世界學院中國學典館」，改組後的世界學院中國學典館，一面利用已有的原料，照此新體大量改編與重著；一面先以其首先試驗完成的「四庫全書」一冊，付諸印行。主要是出版方面的關係，非有次序或輕重的觀念。二是「在世界學典中的『四庫全書』學典，除提供我們關於這巨大的文化工程之全部知識外，還有些因參加世界學典而表示出的特殊貢獻麼」，其特殊性主要體現在方法論、系統性、知識性等方面，《四庫全書學典》前加「通論」，冠於全書之首，形成一知識整體；中增「廣編」，容納與《四庫全書》相關的各種條目；後列「綜覽」，提供研究的各種角度，多以圖表的形式出現。三是「世界學典除四庫全書學典外，在近幾年內，可陸續出版的還有些什麼書呢」，據李煜瀛所言，其他方面的書籍包括總冊性者、關於哲學及自然社會學之專冊、關於自然科學及其應用技術之專冊、關於人文科學及其應用技術之專冊、關於文學藝術之專冊、關於各民族各地方之專冊、關於傳記之專冊、關於原著之專冊、關於學術史及書志之專冊等。《四庫全書學典插圖》有各種精美圖片五十餘幅，部分圖片具有歷史感，頗為珍貴。

　　第二部分，《四庫全書通論》。全書目次為：第一章導言，第二章四庫全書的知識體系，第三章四庫全書史上的幾個命題，第四章四庫全書統計，第五章關於四庫全書的百種專書，第六章四庫全書前後清算知識的工作，第七章續修四庫全書，第八章世界學典，第九章世界學典中文版中的四庫全書學典。除第八章世界學典與《四庫全書》無甚相關外，其餘八章內容皆圍繞《四庫全書》展開論述。全書共五十四節，基本涵蓋《四庫全書》的諸方面問題。如第十二節四庫全書館的組織統計在館人員總數 4303 人，第十六節從分類上看著錄書與存目書的種數卷數比例對文津閣本《四庫全書》經、史、子、集進行數字統計，第二十節至第二十九節，對四庫全書提要書目、四庫全書校勘書目、四庫

全書據本書目、四庫全書印本書目、四庫著錄書庫本外板本書目、四庫修書搜禁書目、四庫全書失收書目、四庫全書史料書目、四庫全書目錄（不附提要）書目、四庫全書索引書目進行綜述，共 139 種書目，這是 1946 年之前關於《四庫全書》研究典籍的彙編，具有重要的文獻學意義。但是，有很多書目係稿本，現在看來很難能夠得見，或已佚失亦未可知。

　　第三部分，《四庫全書辭典》正編、廣編。《四庫全書辭典》正編係世界學院中國學典館就楊家駱著「四庫大辭典」改編，廣編係世界學院中國學典館編。正編收錄書名、人名、簡稱、字號等，每條條目下有或長或短的介紹文字，書名列出《總目》所歸之類，人名指出史源出處，簡稱或字號等指出實名，採用互見之法，不重複著錄詳細內容。廣編主要收錄正編未載之條目，如《四庫全書考證》《四庫全書珍本初集》《四庫全書薈要》等書目，有較為詳細的考述，特別是《四庫全書珍本初集》條目，對此書編纂影印的來龍去脈敘述甚詳。又如王太嶽、王念孫、朱筠、朱珪、周永年等四庫館臣，亦徵引文獻詳述其事蹟。

　　第四部分，《四庫全書綜覽》。《四庫全書綜覽表》包括三編內容。第一編進四庫全書表、四庫全書凡例、補充四庫全書凡例之重要文獻、四庫全書總目部類敘及重要案語、四庫全書著錄書及存目書總目、四庫全書總目卷類對照表、四庫全書薈要文獻、四庫全書薈要書目，並附四庫大辭典原序例；第二編四庫全書考證書目表、四庫著存目內官修書表、四庫著存目內帝后著作表、四庫著存目內婦女著作表、四庫著存目內佛教徒著作表、四庫著存目內道教徒著作表、四庫著存目內以別名發表之著作表、四庫著存目內不著撰人之著作表、四庫著存目內撰人有疑問諸著作表、永樂大典輯本書目表，並附據永樂大典校補書目表、武英殿聚珍板叢書書目表、四庫全書珍本初集書目表、阮元進四庫未收書分類書目及與點查書目影印書目對照表；第三編為「世界學典引言」中文譯語（李煜瀛著）。

　　全書《世界學典書例答問》8 頁，《四庫全書通論》158 頁，《四庫全書辭典》806 頁，《四庫全書綜覽》137 頁，合計 1119 頁，內有插圖 40 頁。世界書局版形制講究，裝訂精美，內容豐富，思想性與學術性並存，據此書可管窺《四庫全書》概貌。

　　世界書局版「學典」版權頁有「世界學典中國學典館印」鋼印，吾所藏之本又有「湖南省銀行／圖書室／總行」長方朱文印，「湖南省銀行總行／業餘進修社／學術組」圓環形藍文印。

此書現極不易得，雖出版年代較早，但時至今日依然具有參考價值。

附：《四庫全書學典·四庫全書通論》第五章關於四庫全書的百種書第十九節四庫全書考書目凡例

關於四庫全書之研究性記錄性和檢查工具性的專書，在中國已有很多，本節後的十節，便是那百專書的書目。這個書目編制的凡例如次：

一、本書目分下列十部，四十三類

A. 四庫全書提要書目

　a. 包括著存目者

　b. 僅包括著錄書者

　c. 僅包括薈要本者

　d. 提要分纂稿

　e. 提要之辨訂

　f. 從總目中摘鈔一類著作者

　g. 從總目中摘鈔一省著作者

　h. 進書表考證及注釋

　i. 提要敍考證及注釋

B. 四庫全書校勘書目

　a. 考證

　b. 辨字

C. 四庫全書據本書目

　a. 勅撰本

　b. 大典本

　e. 進呈本

D. 四庫全書印本書目

　a. 聚珍本

　b. 影印本

E. 四庫著錄書庫本外板本書目

F. 四庫修書搜禁書目

　a. 修書期禁燬書目

　b. 著錄後抽燬書目

c. 禁書考

d. 文字獄

G. 四庫全書失收書目

a. 經進失收書

b. 經進外失收書

H. 四庫全書史料書目

a. 綜合性論述

b. 以修書為記述中必之館臣傳記

c. 建築

d. 文獻

e. 同藏之圖數集成

I. 四庫全書目錄（不附提要）書目

a. 包括著存目者

b. 僅包括著錄書者

c. 著錄書架槅裝函圖

d. 薈要書目

e. 薈要架槅裝函圖

f. 僅包括存目書者

J. 四庫全書索引書目

a. 包括著存書名撰人名多數失收書名及書人之異名者

b. 包括著存書名撰人名及經進失收書書名撰人名者

c. 包括著存書名及撰人名者

d. 包括著存目中特種書名及撰人名者

e. 包括著存書名者

f. 包括著錄書名者

g. 包括薈要書名者

h. 包括著存書撰人名及經進失收書撰人名者

i. 包括著錄書撰人名者

二、本書目以收純以四庫全書為對象而成專書者為主體，其他書籍雜誌中關於四庫全書之論述及文獻等，非純以四庫全書為對象而成專書者，除為前稱專書所不能包括且未全部加以引用者外，概

不收錄。即收錄者，亦係選重要而量豐之數種，次要而量微者，仍不備載。

三、本書目所收各書，有可互見數部類者，或有一部分可入他部類者，倘第二部類無其他專書可以代替，或雖有其他專書，而不能兼具其性能者，則互見於有關部類下，或摘載一部份於有關部類下，以便參考者之檢尋。但非因絕對必要，以不重複著錄為原則。同時於必須重複著錄者，在其重複著錄時，說明其理由。

四、各書於書名前列編著者；編著者在二人以上時，列其代表者；失記姓名者，暫缺。次行首列卷冊數；有卷數者列卷數，因中國書卷數確定而冊數則因板本不同往往不甚確定也；無卷數之書，則列冊數；在他書中或失記卷冊數或創稿未畢者，其卷冊數暫缺。次列板本；板本甚多而易得者，舉一種或數種以概其餘；如為寫本，則註明收藏者；失記板本或藏處者，暫缺。倘必須附加說明者，略加說明於後。如前文已述其內容，或看部類目大體可明其內容者，則不復附加說明。

五、本書目編列目的：一為供研究四庫全書者之取材；二為使讀者瞭然於本冊學典構成之資料與兼具之功能；三為表示本冊學典論述對象之四庫全書，非足包括十八世紀前中國所有書，應別出他冊有關學典，以為補充，及關於此層工作本館已有之準備；以是對於其中所列拙著書，敍述較詳。

六、著者在滬編此目時，本館藏書有一部份尚在四川，多數圖書館亦未復員，有一部份書籍多憑記憶與記錄不詳之資料列入，失記及錯誤之處不少，容於再版時補正。並請讀者隨時以所見示知，以便遵改為幸！

這十部四十三類，共編列一百三十九號，內重複登錄者五號，實得書一百三十三種，其數量如下：

以卷數計者	35 種	763 卷
以冊數計者	60 種	269 卷
以幅數計者	1 種	12 幅
在他書中不能以卷冊數計者	15 種	
未畢稿不能以卷冊數計者	11 種	
失記卷冊數者	12 種	第二十節 四庫全書提要書目

a. 包括著存目者

1. 紀昀：四庫全書總目提要

二百卷，武英殿刻本，大東書局影印本。此書以前各節中介紹已詳，此處不再贅述。

2. 楊家駱：四庫大辭典

一冊，中國學典館排印本。內分三大部：

辭典部　由下列兩種條目照辭典式混合拼列：

書名一萬餘條，包括書名、卷數、附錄及其卷數、著者及其朝代、簡明提要、板本、類次七項。

人名七千餘條，即著存各書之撰人，各立一條。每條包括人名、此人所著書收入四庫著存目中之名稱、朝代籍貫、小傳、所著書未見於著存目中者、詳傳參考書六項。

概述部　有增訂之抽印單行本，名「四庫全書概述」，詳述於第二十七節。

助檢部　由十五種條目照索引式混合排列，詳述於第二十九節。

目學家姚名達在所著「中國目錄學史」中，稱為：「目錄學之似因實創之作」。王雲五於序文中說：「梁啟超先生前曾有編輯中國圖書大辭典（以分類臚舉書名及其存、佚、板本為範圍）的計劃，卒未竟其志。楊家駱先生精研目錄之學，也從事於中國圖書大辭典（按辭典式排列，附有著作家傳記之中國古今著作總目提要）的編輯，猛進不已，先成四庫大辭典一部……我認為和……歐美各國的字典式的圖書辭典相符，真是我國第一部最適用最便檢查的圖書大辭典」。現本冊學典，即由此辭典改編而成。

3. 楊家駱：四庫總目別編

未畢稿，中國學典館藏。本書按四庫全書總目提要之次序，於每書名下包括各項：

關於書名及數量者：

書名來由；

各板本及各書目著錄此書書名標稱之異；

卷冊之分合，及實含字數之估計；

在四庫全書架槅圖上之位置。

關於內容者：

原書凡例；

原書目錄及各本相異之點；

原書之序跋題識；

各家書目、別集、筆記及雜誌中關涉此書的解題、書評、記載等之彙錄（「四庫全書目提要」及「四庫全書簡明目錄」原文概不錄入，惟「書前提要」及「分纂稿」則錄入）；

注釋校訂繼作之書。

關於著作人者：

師承所自者之傳記及有關記載；

著作者之世系及碑傳彙錄；

各書中有關著作者之雜記；

著作者所著之他書；

傳授者之傳記及有關記載；

如經他人編次、輯錄、注釋、校訂者，於編、輯、注、校之人，亦照上列各項分載。

關於板本者：

四庫全書原進此書時所進之板本，及四庫全書館校理考訂與作提要者之人名；各板本刊年、刊地、刊者、板式等記錄，及其著錄經過，異點比較等；

特異之本，藏於何處，及其收藏印記之彙錄；

有關校訂之彙錄。

上列各項無者略之，已見其前另一條者分別注明；其中一項成為專書者則祇舉其要點。至對各「部」「類」「屬」，則亦不錄「四庫全書總目」各部總敍、各類小序、及各屬案語原文，另舉各目錄對此類書所予之位置，及位置先後分合之經過，並引錄其敍論以代之。卷首於「四庫全書總目」原載上諭表文凡例亦不錄入、而代以「四庫全書總目」前未錄之各種文獻，包括採禁、編校、鈔藏等方面。原載參與四庫全書館各人之銜各，則代以各人之傳記及有關記載，並分別列明在館所擔任之工作如編校之書名等。

b. 僅包括著錄書者

4. 紀昀：文溯閣四庫全書提要

　　遼海學社本。四庫全書中各原著，由分校官纂修官各作一篇提要，現存三家四庫全書提要分纂稿，即其殘存之原作。各篇提要，經總纂官改訂或重作之後，冠於每書之前，稱「書前提要」。「書前提要」錄出纂為一書，又經總纂官總目協纂官改訂或重作後，編成「四庫全書總目提要」。故提要分纂稿、書前提要及四庫全書總目提要中各提要，往往不同。1927 年陳垣、闞鐸、陶湘、尹炎武等，曾有影印四庫全書原本提要（即書前提要）之發起，未及實現。後瀋陽擬印文溯本四庫全書，遼海學社因先將文溯閣本四庫全書之書前提要，先行摘出彙印，以成此書。

5. 紀昀：四庫全書簡明目錄

　　二十卷，湖州刻本，上海排印本，石印本。此書成於四庫全書總目提要之前，故各書下所繫簡明提要，非四庫全書總目提要之節錄，而為就書前提要另作者。在此目成後，四庫全書又有抽增，故即所載書，亦有小部份與四庫全書總目提要有出入。

6. 楊立誠：四庫目略

　　四冊，浙江省立圖書館排印本。除書名、卷數、著作者外，分書旨與板本二欄。書旨欄之簡明提要，係自四庫全書總目提要節錄，非四庫全書簡明目錄之原文。板本欄據邵懿辰、莫友芝二家目錄彙成。

c. 僅包括薈要本者

7. 于敏中、王際華：四庫全書薈要總目

　　六冊，故宮博物院藏。此目係統全書之卷數以定次，故首列卷數，次部數，再次書名卷數，著者朝代爵里姓名，並述該書依何種版片校錄，據何種版本校正，故薈要之價值，觀此總目即知之。

d. 提要分纂稿

8. 邵晉涵：四庫全書提要分纂稿

　　一卷，紹興先正遺書本，又有改名南江書錄者，聚學齋叢書本。

9. 姚鼐：惜抱軒書錄

　　四卷，惜抱軒遺書三種本。

10. 翁方綱：翁蘇齋所纂提要書稿

　　一百五十冊，稿本，浙江吳興嘉業藏書樓藏。

e. 提要之辨訂

11. 余嘉錫：四庫全書提要辨證

　　五百五十餘篇。以四庫全書總目提要這樣浩博的巨製，當然不免有些錯誤。後有陸存齋想著「正紀」一書，以糾正紀昀主編之提要的失當處，俞樾因四庫全書總目提要，是用政府名義頒佈的，恐陸存齋因此遭過政府的嫉視，於是加以勸阻。余嘉錫此作，僅在圖書館學季刊上發表過幾篇。

12. 杜貴墀：四庫提要補證

　　桐華閣叢書本。

13. 尚鎔：四庫全書總目附考

　　尚宛甫雜著本。

14. 孫德謙：四庫全書提要校訂

　　曾載亞洲學報。

15. 胡玉縉：四庫全書提要補正

　　稿本，約五十卷。

f. 從總目中摘鈔一類著作者

16. 丁福保：四庫全書提要醫學類

　　一冊，醫學書局排印本。

g. 從總目中摘鈔一省著作者

17. 四庫著錄江西先哲遺書鈔目

　　四卷，豫章叢書本。

18. 盧靖：四庫湖北先正遺書提要

　　四卷，存目四卷，箚記一卷，沔陽刻本。此外如河北安徽等省亦有從四庫全書總目中鈔出其本省人著作之書目及提要者，或獨立自成卷冊，或載雜誌上，以江西、湖北用此辦法最早，列為舉例，餘不備錄。

h. 進書表考證及注釋

19. 林鶴年：四庫全書表文箋釋

　　四卷，求恕齋叢書本。

i. 提要敘考證及注釋

20. 四庫提要四部類敘附考證

　　一冊。盧靖所刻慎始基齋叢書，曾刊四庫提要四部類敘，一九二五年慈祥工廠以之重付石印，附考證及觀書例、觀書後例。

21. 李時：四庫全書敘

　　不分卷，附考證一卷，合一冊，鉛印本。

22. 周雲青：四庫全書總目提要敘箋注

　　一冊，醫學書局排印本。此書惜未將各「屬」重要按語選入，為供讀書者能明著述源流，及研究四庫全書分類法計，各「屬」重要按語之價值，實不減於四部總敘及各類小序，可參看「四庫全書概述」「類述」部份。

第二十一節　四庫全書校勘書目

a. 考證

23. 王太嶽：四庫全書考證

　　一百卷，武英殿聚珍板叢書本。內容在第十五節中已說過。

b. 辨字

24. 陸費逵：四庫全書辨正通俗文字

　　拜楳山房几上書（叢書名）本。

25. 王朝梧：四庫全書辨字

　　一卷，一瓻筆存（從書名）本。

第二十二節　四庫全書據本書目

a. 敕撰本

26. 國朝宮史書籍門

　　在四庫全書中。

27. 慶桂：國朝宮史續編書籍門

　　二十六卷，故宮博物院圖書館抽印本。

28. 清朝欽定書目錄

　　管廷芬傳鈔知不足齋本。

29. 陶湘：故宮殿本書庫現存目

　　三冊，故宮博物院排印本。殿本書固不以敕撰本為限，要多為敕撰書也。

30. 錢恂：清代進書表錄存目

　　聚珍本。

b. 大典本

31. 姚廣孝：永樂大典目錄

　　六十卷，連筠簃叢書本。

32. 北平北海圖書館：月刊永樂大典專號

　　一冊，北平北海圖書館排印本。

33. 袁同禮：永樂大典現存卷目表

　　載北平圖書館館刊中。前列專號中袁氏亦有同題之文，惟此係經補正者，知現存永樂大典共三百四十九冊。

34. 郭伯恭：永樂大典纂修考

　　一冊，商務印書館排印本。

35. 田繼宗：四庫全書永樂大典本板本考

　　稿本。

c. 進呈本

36. 進呈書目

　　十冊，鈔本，北平圖書館藏。

37. 各省進呈書目

　　四冊，涵芬樓秘笈據涵秋閣鈔本排印。

38. 沈初：浙江省採進遺書總錄

　　十冊，杭州刻本。

第二十三節　四庫全書印本書目

a. 聚珍本

39. 金簡：武英殿聚珍板程式

　　一卷，武英殿聚珍板叢書本。

40. 陶湘：武英殿聚珍板叢書目錄

　　載圖書館學季刊中。

b. 影印本

41. 趙萬里：影印四庫全書罕傳本擬目

　　一冊，北平圖書館排印本。1925 年擬印四庫全書時高步瀛即主

選印孤本及罕見本，作「四庫全書選印書目表」，其實武英殿聚珍板叢書選印的標準，即係此意。1928 年擬印四庫全書時，董眾又倡選印，就高目加注陳垣所點查之頁數，金毓黻又就高目作備考。1930年金梁另撰「四庫全書孤本選目表」，稍前傅增湘亦有選目之作。1933 年中央圖書館籌備處與商務印書館洽印四庫全書珍本初集，各目錄學家不滿意於機械的影印，主訪用四庫全書中各原著罕傳本之尚有舊刻本者，加以影印，絕無之部份始用庫本，但須以文淵閣文津閣所藏者互校，並增入宛委別藏中罕傳本，以成一較有板本價值之叢書。此運動實以北平圖書館為中心，趙萬里因為北平圖書館選成此目。

42. 中央圖書館籌備處：影印四庫全書未刊珍本目錄

　　一冊，中央圖書館籌備處印。是目經各目錄學者指出選擇未當之書很多，但因可看出此次選印運動官方最初擬印書目，故仍列於此。

43. 趙萬里：四庫庫書孤本叢刊擬目

　　一冊，北平圖書館油印本。趙萬里前目及中央圖書館籌備處目先後發表，經各目錄學家爭論後，教育部知此事非中央圖書館籌備處所可獨任，於是組織了一個編訂四庫全書未刊珍本目錄委員會，在北平的各委員，編成了這本擬目。

44. 編訂四庫全書未刊珍本目錄委員會：四庫全書珍本初集目錄

　　一冊，商務印書館影印四庫全書珍本初集樣本中排印本。稱「初集」之意，因各目錄學家，仍主一部份用舊刻本，此項舊刻本將來影印時，稱為「二集」。

45. 北平圖書館：館刊影印四庫全書專號

　　一冊，北平圖書館排印本。此書與後一書，皆為選印四庫全書而編印，故附於此。

46. 國風社：國風半月刊選印四庫全書問題專號

　　一冊，鍾山書店排印本。

47. 鄭鶴聲：影印四庫全書之經過

　　載教育部編第一次教育年鑑中。此文引列選印四庫全書的官方文獻甚多。

第二十四節　四庫著錄書庫本外板本書目

48. 邵懿辰：四庫全書簡明目錄標注

　　二十卷，半岩廬遺集本。

49. 繆荃蓀：批校四庫全書簡明目錄標注稿

　　二十卷，雲輪閣舊寫本，北平圖書館藏。

50. 莫友芝：邵亭知見傳本書目

　　十六卷，國學扶輪社排印本，多取材於紹書。

51. 失名：批註邵亭知見傳本書目

　　十六卷。

52. 傅增湘：批註邵亭知見傳本書目

　　十六卷。

53. 楊立誠：四庫目略

　　已見前，其板本欄彙合上邵莫二書而成。

54. 楊家駱：四庫大辭典

　　已見前，其板本記載，亦係彙合上邵莫二書而成。

55. 葉啟勳：四庫全書板本考

　　曾發表一小部份於圖書館學季刊，其書先考各板本書名之異同，次考各目錄著錄之經過，再考各目錄所載之板本。

第二十五節　四庫修書搜禁書目

a. 修書期禁燬書目

56. 四庫全書館：違礙書籍目錄

　　二冊，舊刻本。

57. 銷燬抽燬書目

　　一冊，姚覲元東川刻本。

58. 姚覲元：禁書總目四種

　　四冊，咫進齋叢書本。四種名稱如下：

　　禁書總目；

　　全燬書目；

　　抽燬書目；

　　違礙書目。

59. 鄧實：禁書目合刻

　　上海國學保存會排印本。除包括上四種外，增所得江寧官本違礙書籍目錄殘本一種，改名奏繳諮禁書目。

60. 江寧官本違礙書籍目錄全本

　　一冊，四川刻本。

61. 陳乃乾：索引式的禁書總目

　　二冊，上海富晉書社排印本。姚覲元所刻四種底本，及江西、湖北、廣東五省奏繳書目，及分次奏繳總目，為陳乃乾所得，乃綜合編成索引成此書。

62. 山西陝西奏繳書目

　　二冊，鈔本，鄞縣馬氏藏。

63. 清內閣大庫紅本處辦應銷燬書籍總檔

　　一冊，鈔本。為一九二六年明清史料整理會所發見，王光煒曾在北大研究所國學門週刊十七期發表「乾隆四十八年九月紅本處查存應燬書目」一篇。

64. 欽遵上諭四庫館議定章程查明違礙書目

　　一冊，鈔本。清華大學藏。

65. 禁書總錄

　　二冊，鈔本，北平圖書館藏。

66. 禁書總目

　　四冊，鈔本，金陵大學藏。

67. 故宮博物院：違礙書籍單

　　分載「文獻叢編」第七輯以後各冊。

b. 著錄後抽燬書目

68. 王重民：四庫抽燬書提要稿

　　一冊，醫學書局排印本。1787 年乾隆帝令抽燬四庫全書中已編入之李清等人所著書，其實抽而未燬，當時鈔本後為王重民所發現，因彙其書前提要及關係文獻成此書。

69. 王重民：李清著述考

　　載圖書館學季刊中。

c. 禁書考

70. 楊家駱：禁書考

　　未畢稿，中國學典館藏。正書體例與四庫全書總目別編相同，增禁燬經過一項。惟因各原著經禁燬後，已少傳本，故各項紀載闕略甚多，收書已達四千餘種。卷首有禁書年表，及有關文獻之不屬於一人一書者。

71. 江蘇省立國學圖書館：館藏清代禁書述略

　　載該館年刊，每書先考作者，次述內容。

72. 謝國楨：晚明史籍考

　　二十卷，北平圖書館排印本。此書與下一書所列多禁燬書及失收書。

73. 謝國楨：清初開國史料考

　　六卷，北平圖書館排印本。

d. 文字獄

74. 故宮博物院：清代文字獄檔

　　九冊，北平研究院故宮博物院排印本。

75. 故宮博物院：乾隆朝文字獄

　　分載「掌故叢編」「文獻叢編」中，各檔為上書彙刊前所整理發表者。

第二十六節　四庫全書失收書目

a. 經進失收書

76. 阮元：四庫全書未收書提要

　　五卷，大東書局影印四庫全書總目附印本。一名揅經室外集，文選樓叢書本。四庫全書告成後，阮元官浙江，將四庫全書失收書一百七十餘種，進於嘉慶帝，帝專闢「宛委別藏」以貯之。其書現存於故宮博物院中，有此目有而存書無者，亦有此目無而存書有者，袁同禮查編為現存書目，見後。1934 年故宮博物院選出四十種交商務印書館影印，目亦見後。

77. 傅以禮：揅經室經進遺書錄

　　四卷，七林堂校書彙函本。以前目未分類，故傅以禮分類重編為此書。

78. 李滋然：四庫未收書目表

　　一卷，四庫全書書目表附印本。此書亦就阮元四庫全書未收書提要重為分類，但僅有書名、卷數、著者、板本四項，無提要。魏魯男四庫總目及未收書目引得，陳乃乾四庫全書總目索引，其索引皆包括阮元四庫全書未收書提要之索引在內。

79. 袁同禮：宛委別藏現存書目

　　在北大圖書部月刊中。

80. 故宮博物院：宛委別藏四十種目錄

　　一冊，商務印書館宛委別藏四十種樣本中排印本。

b. 經進外失收書

81. 周郇：墨海樓書目補提要

　　二卷，在中國學典館影印楊家駱著清代著述志資料叢書中。稱補提要者，即補四庫全書總目提要失收書之意。內載四庫全書失收書新撰提要四十九篇，皆屬於易書詩禮四類者。

82. 胡玉縉：四庫未收書目續編

　　稿本，約二十卷。

83. 孫殿起：販書偶記

　　二十卷，北平文奎堂鉛印本。此目所載古書均四庫總目所未載者，或雖載而卷數互異者，每書著錄其書名、卷數、撰人及其籍貫、刊刻年代。

84. 楊家駱：四庫大辭典

　　見前，內載四庫失收書二千餘種。

85. 楊家駱：四庫失收書考

　　未畢稿，中國學典館藏。內載四庫失收書約一萬二千餘種，皆就各家書目及現存之書，知在乾隆時其書確存者錄之。正書體例與四庫全書總目別編相同。至乾隆前已佚之書，著者另著有佚書考一種，以彙錄之。乾隆後所編著之書，著者另有清代著述志及民國以來出版新書總目提要二作，前者未畢稿，後者已刊一部分。將來合此四書及四庫全書總目提要、四庫全書總目別編、禁書考以成與本冊學典有關各冊學典，則中國古今著作的書名與內容，大體完備。

86. 倫明：四庫全書續修總目

　　1920 年金梁以印四庫全書請於徐世昌，並擬續修四庫書目，事不果行，1928 年東北發起印四庫全書，亦擬於書成後續編之，倫明因輯此續修總目，列書一萬餘種。

87. 東方文化總委員會：續修四庫全書提要

　　此會為日本利用應退還之庚子賠款所設立，未為中國政府所承認，實對華文化侵略之大本營也。其續修提要，以三十元收稿一條，抗戰勝利後中央研究院接收此會時，有稿二三萬條。其主事日人之一橋川時雄，曾擇譯已刊拙著民國名人圖鑑為日文，稱「中國文化界人物總鑑」，以供續修提要之取材，有 1940 年北平排印本。此書與上書所包括者不祇為四庫失收書，而續出書為尤多也。

第二十七節　四庫全書史料書目

a. 綜合性論述

88. 陳垣：四庫全書編纂始末

　　稿本。

89. 任啟珊：四庫全書答問

　　一冊，啟智書局排印本。

90. 楊家駱：四庫全書概述

　　一冊，中國學典館排印本。此書係就著者所著圖書徵獻類考稿本中摘出，內容如次：

　　文獻

　　　　編纂

　　　　採禁

　　　　鈔印　附影印四庫全書珍本初集經過

　　　　館臣

　　　表計（有一部分已見第二十九節「四庫全書特種索引」類下者，不再列於此處）

　　　　　四庫全書著錄存目書統計表　附文津閣書架函冊頁確數表

　　　　　四庫全書依據書本來源表　附清初藏書家一覽表

　　　　　四庫全書總目卷類對照表

　　　　　四庫全書館大事表　附修書期間文字獄一覽表

　　　　四庫全書館館臣一覽表

　　　　類述（彙錄四庫全書各部總敍、各類小序及各「屬」重要按語）

　　　　書目（即四庫全書著錄書存目書之總目）

　　　　此書現已重加增訂，分別採入本冊學典「通論」及「綜覽」二部之中。

91. 鄭鶴聲：四庫全書簡說

　　　　一冊，鍾山書局排印本。

92. 郭伯恭：四庫全書纂修考

　　　　一冊，商務印書館排印本。

b. 以修書為記述中心之館臣傳記

93. 世界合作出版協會：紀曉嵐

　　　　一冊，世界書局排印本。1937 年四月李石曾先生等在上海福開森路三九三號世界社舉行「世界百科全書聯合展覽會」，會中特備印刷物二種：一為李石曾先生等 1906 年在巴黎以中文編刊之「近世界六十名人」世界書局重印本，因此書對中國最早介紹狄峁麓者，重印本封面即為狄峁麓之像；二為「紀曉嵐」，內有李石曾先生所做「書倉我見」一文，列舉狄峁麓學典及紀昀四庫全書而比較之，最後發表其參合狄峁麓紀昀之長而從事編纂「世界學典」之意願，故此冊雖不甚厚，然因此文，實可視為世界學典史的重要文獻。

94. 姚名達：朱筠年譜

　　　　一冊，商務印書館排印本。先是梁啟超謂姚氏作此譜為無益，姚氏則以筠建議輯大典而成四庫全書、館中學者又多其友生，故卒成之。

c. 建築

95. 朱啟鈐：彩印文淵閣內外全景圖

　　　　十二幅。此圖印過二次，第一次係北京政府印贈各國者，第二次係營造學社印，與下書及第二十九節所列之「四庫全書簡明目錄」一冊，合裝一函，稱「文淵閣藏書全景」。

96. 劉敦禎、梁思成：清文淵閣實測圖說

　　　　一冊，營造學社排印本。

d. 文獻

97. 周永年：儒藏說

　　一卷，松鄰叢書本。明曹學佺首倡彷彿教藏經纂輯儒藏之說，清周永年更實際從事此種運動，為編纂四庫全書開其先聲。後周永年併入四庫全書館任纂修官及分校官，故此書實為關係四庫全書之重要文獻。

98. 辦理四庫全書檔案

　　二冊，北平圖書館排印本。

99. 于敏中：于文襄論四庫全書手札

　　一冊，北平圖書館影印本。

100. 孫樹禮、孫峻：文淵閣志

　　二卷，附錄一卷，武陵掌故叢編本。

101. 浙江圖書館：補鈔文淵閣四庫闕簡記錄

　　浙江圖書館排印本。

e. 同藏之圖書集成

102. 蔣廷錫：古今圖書集成目錄

　　四十卷，同文書局影印本。古今圖書集成雖未收入四庫，但凡藏有四庫全書之處，均有圖書集成與之同藏，故並及之。

103. 古今圖書集成考證

　　四十卷，同文書局石印本。按銅活字本無考證，係影印時新加。

104. 萬國鼎：古今圖書集成考略

　　載圖書館學季刊中。

105. 程長源：古今圖書集成索引

　　開明書店曾預告出此書。

106. 日本文部省：古今圖書集成分類目錄

　　一冊，日本排印本。

107. 齋爾士（L・Giles 英人）：古今圖書集成索引（An alphabetical index to the Chinese Encyclopaedia）

　　一冊，British Museum 排印本。

第二十八節　四庫全書目錄（不附提要）書目

a. 包括著存目者

108. 李滋然：四庫全書書目表

　　四卷，大東書局影印四庫全書總目附印本。

109. 戴植：四庫全書總目提要別目

110. 楊家駱：四庫全書書目

　　在四庫全書概述中。此目非單行，本應不錄，但因次序與各家不同，而較明顯，故仍分錄於此，以便檢查之用。上列三家書目，其各部次序，完全依照四庫全書總目提要之次序，無所變更，所標舉類目的層次如下：

　　　　部
　　　　　　類
　　　　　　　　著錄
　　　　　　　　　　屬
　　　　　　　　存目
　　　　　　　　　　屬

　　一屬之中暗分朝代，但不標明。其病為同屬之書，分隸二處；一類一屬中同一朝代的著作，亦不能聚於一處。研究上，檢尋上，皆甚不便。此目所標舉類目之層次如下：

　　　　部
　　　　　　類
　　　　　　　　屬
　　　　　　　　　時代
　　　　　　　　　　著錄
　　　　　　　　　　存目

　　現已編入本冊學典「綜覽」中。

b. 僅包括著錄書者

111. 紀昀：四庫全書簡明目錄

　　一冊（與附簡明提要之「四庫全書簡明目錄」同名而非一書），北京政府影印贈送各國本，營造學社影印附入「文淵閣藏書全景」函中本。

112. 何遵先：四庫全書目錄

　　四十五卷，祁縣刻本。

113. 費莫文良：四庫書目略

　　二十卷，自刻本。

114. 世綱、英麟：文津閣四庫全書目錄，附避暑山莊陳設書籍目錄

　　二冊，鈔本，北平圖書館藏。

115. 陳垣：四庫全書書目考異

　　四十卷。是書係 1920 年籌印四庫全書，政府派陳垣點查文津閣本（時在北平）時作，各書函冊卷頁，無不一一註明。複製成文津閣四庫全書統計表一幅。

116. 文瀾閣藏欽定四庫全書目錄

　　四冊，竹書堂朱絲欄鈔本，清華大學藏。

117. 章篆：壬子文瀾閣所存書目

　　五卷，閣目補一卷，浙江書局刻本。

118. 金裕新：文瀾閣四庫全書書目清冊

　　殘存三冊，鈔本，北平圖書館藏。文瀾閣本四庫全書，殘後歷經補鈔，上三書可供考察文瀾閣各時期存書實情之用。

c. 著錄書架櫝裝函圖

119. 文淵閣架櫝圖

　　二冊，繪本，故宮博物院藏。

120. 紹英：清查四庫全書架櫝函卷考

　　四冊，故宮博物院藏。1917 年清查文淵閣本時編。

121. 文津閣分架圖

　　四冊，繪本，北平圖書館藏。

122. 文宗閣四庫全書裝函清冊

　　四冊，朱絲欄鈔本，北平圖書館藏。

d. 薈要書目

123. 四庫全書薈要目

　　一卷，松鄰叢書本。

124. 摛藻堂四庫全書薈要

　　一冊，故宮博物院排印本。

e. 薈要架槅裝函圖

125. 四庫全書薈要排架圖

與天祿琳琅排架圖合訂一冊，故宮博物院影印本。

f. 僅包括存目書者

126. 胡虔：四庫全書附存目錄

十卷，學海堂刻本。

第二十九節　四庫全書索引書目

a. 包括著存書名撰人名多數失收書名及書人之異名者

127. 楊家駱：四庫大辭典

本書已見前，但就索引觀點說，此書最便檢查，故重錄於此。蓋此書辭典之部，書名下附有簡明提要及板本，人名下附有小傳及失收書、參考書，檢後有時無須再閱四庫全書總目提要原書。況書之板本，人之小傳、失收書、參考書，皆為四庫全書總目提要原書之所未有，其功能實在機械式索引之上。至助檢表則包括下列各項條目一萬三千條，按辭典式混合排列（各條辭性舉例見第五十一節）：

著錄書存目書之總名、分名、繁名、簡名、通名、別名、次名、附名；

著作人之原名、改名、別字、別號、謚號、學者尊稱、四庫全書失收之他著名。

此皆為著者特創之例，而最便檢尋者。現更將原「辭典」之部及「助檢表」綜合排列，以成本冊學典辭典之部。

b. 包括著存書名撰人名及經進失收書書名撰人名者

128. 魏魯男（James R. Ware 美國人）：四庫全書總目及未收書引得

二冊，哈佛燕京學社引得編纂處排印翁獨健校訂本。

c. 包括著存書名及撰人名者

129. 鄧衍林等：四庫全書總簡目索引

130. 四庫書目總目提要四角號碼索引

一冊，商務印書館排印四庫全書總目提要附印本。

d. 包括著存目中特種書名及撰人名者

131. 楊家駱：四庫全書特種著作表

　　在「四庫全書概述」「表計」編中。因檢查四庫全書中特種著作及著者，祇此稍備，故分錄於此，項目如下：

　　四庫全書薈要書目表

　　四庫全書孤本書目表

　　武英殿聚珍板叢書書目表

　　永樂大典採輯書書目表

　　官修書表　附四庫著錄存目外明清兩代敕撰書書目表

　　帝后著作表

　　婦女著作表

　　僧侶著作表

　　道流著作表

　　歐人著作表　附明末清初來華基督教士及其著作表

　　以別名發表之著作表

　　不著撰人之著作表

　　各表現經重加整理，編入本冊學典「綜覽」之部中。

e. 包括著存書名者

132. 范志熙：四庫總目韻編

　　五冊，鈔本，北平圖書館藏。

133. 四庫全書總目提要簡明檢查表

　　一冊，中華圖書館排印本。

f. 包括著錄書名者

134. 四庫全書館：四庫全書簡明目錄韻編

　　鈔本，北平古物保存所藏。此書體例以書名末一字之讀音為次序，即「齊尾式」，與一般索引照首一字為次序標準之「齊首式」不同。

135. 楊立誠：文瀾閣書索引

　　一冊，浙江省立圖書館排印本。

g. 包括薈要書名者

136. 胡鳴盛：四庫薈要目錄索引

　　一冊，北平鉛印本。

h. 包括著存書撰人名及經進失收書撰人名者

137. 陳乃乾：四庫全書總目索引

　　　四卷，大東書局影印四庫全書總目附印本。

i. 包括著錄書撰人名者

138. 陳垣：四庫全書撰人目錄

　　　稿本。

139. 于炳耀：中英文四庫全書索引

　　　一冊，法文圖書館排印本。〔註7〕

四庫全書答問

　　任松如著，上海啟智書局，民國十七年（1928）八月初版，民國二十二（1933）四月再版，民國二十三年（1934）四月三版。1966 年震旦圖書公司將書名改為《中國典籍知識精解》出版。1988 年中州古籍出版社和巴蜀書社據1928 年初版影印出版。1990 年上海書店據 1935 年版影印，與吳哲夫《四庫全書纂修考》合為一冊，收入「民國叢書」第四編 41 冊。1991 年天津市古籍書店影印出版。1992 年上海書店再次將此書影印出版，係「《民國叢書》選印」叢書之一種，單冊發行。2016 年上海科學技術文獻出版社出版劉冬梅校點本，收入「傳統文化修養叢書」之中。

　　是書序載，乙丑（1925）秋，政府有影印文津閣本之令，海內外之人慾問此書之故實，任松如多有解答釋疑。雷滄石與任松如相交，雷氏遂將任氏為朋好所答之書條條記錄，後任氏將雷氏所記略加甄次存放舊篋之中，達兩年之久。未久雷氏去世，任氏將書稿整理付梓。書前有例言九則，據例言所云，是書分上中下三卷，上卷為《四庫全書》歷史，中卷為《四庫全書》門類，下卷為《四庫全書》有關重要文字，附錄《孫氏藏書紀要》。因是書上、中二卷均用問答體，故名《四庫全書答問》。卷上問題一百十六則，卷中問題一百四十二則，共計二百五十八問，基本涵蓋《四庫全書》纂修及與其相關的若干問題。除了對這些問題予以簡述外，另有附錄信息，對所答問題進行補充，很多史料頗有文獻價值。卷下收錄《總目》上諭、卷首凡例、各部類敘及提要案語。

〔註 7〕楊家駱：《四庫全書學典》，上海：世界書局，1946 年，第 49～65 頁。

四庫全書纂修考

　　郭伯恭著，國立北平研究院史學研究會出版，商務印書館印行，民國二十六年（1937）八月初版，二十七年（1938）三月再版。又有 1967 年、1984 年臺灣重印本，臺灣商務印書館印行，王雲五主編，係「人人文庫」系列叢書之一種。1990 年上海書店據國立北平研究院史學研究會本影印出版，見「民國叢書」第四編 41 冊，與任松如《四庫全書答問》合編為一冊。1992 年 12 月上海書店出版「《民國叢書》選印」，再次將《四庫全書纂修考》影印出版。2010年 12 月嶽麓書社出版「民國學術文化名著」系列叢書，再次將《四庫全書纂修考》影印出版。

　　是書顧頡剛作序稱「郭君伯恭治文學史有年，比復讀書北平，著《四庫全書纂修考》，都十六萬言，於其訪求編纂之始末，儲藏存佚之實狀，闡述詳贍，誠有補於方聞；即近若續修影印之乩議乩行，言之亦復靡遺」。書前又有郭伯恭自序，序中提及《四庫全書纂修考》撰寫背景及陳垣、金梁合撰的一部同題之作。「民國九年（1920），政府有影印《四庫全書》之議，陳垣檢文津閣，撰《四庫書目考異》四十（四）卷，卷冊葉數一一注明，又關於敕修《四庫》之記載，亦摘錄甚詳。金息侯（梁）曾借錄一，略加整比，間有增補，題曰《四庫全書纂修考》，惜未付梓，無由得闚」。今並未見陳、金二人著作，亦不知是否存世。陳垣是「四庫學」領域重要研究者，中華書局 1982 年出版的《陳垣學術論文集》（第二集）中有陳垣先生所撰《編纂四庫全書始末》等九篇文章。陳智超編《陳垣四庫學論著》收有《四庫書目考異》四卷等各種「四庫學」文獻。金梁於 1924 年第 21 卷第 9 期的《東方雜誌》發表《四庫全書纂修考跋》一文，可見《四庫全書纂修考》一書確有其事〔註 8〕。

　　全書共十二章內容，述四庫全書纂修之緣起，寓禁於徵之實際情形，四庫全書館之組織，四庫全書之編輯，四庫全書之容量，四庫七閣之告藏，四庫全書之增改，四庫全書之校勘，四庫七閣之今昔，四庫全書薈要，四庫全書總目提要，四庫全書評議。所涉論題涵蓋《四庫全書》纂修的主體方面和主要成果，粗略架構《四庫全書》纂修過程，對《四庫全書》編纂成果的評判亦有見識。這是整體研究《四庫全書》纂修的第一部著作，其提出的「寓禁於徵」學術觀點頗有見解，後世研究四庫者亦多受其影響。

〔註 8〕按，金梁「四庫學」相關文章還有《四庫全書孤本選目》（《東北叢刊》，1931 年第 14 期）、《選印庫書平議（5）》（《國聞週報》，1933 年第 10 卷第 35 期）等。

四庫全書編纂考

橋川時雄撰，稿本，中國科學院文獻情報中心藏；《中國科學院文獻情報中心藏古籍珍本叢書（第一輯）》據以影印，學苑出版社，2017 年。

橋川時雄字子雍，號醉軒、醉軒潛夫、七略盦主人，室名七略盦、提要鉤玄室。其漢文簡介，吳格在《續修四庫全書總目提要·叢書部》的整理前言中有簡略介紹，可查閱〔註9〕。

中國科學院文獻情報中心所藏《四庫全書編纂考》（下稱《編纂考》），為民國時期四庫學研究的重要成果。此稿秘藏館閣達八十年之久，至今研究者寥寥。撰者橋川時雄是著明的漢學家，此稿的發現為民國時期日本學者關注四庫學研究提供了重要文獻支撐。早在 1928 年，日本學者松崎鶴雄發表《四庫全書一瞥記》一文，稱「《四庫全書》之名，近年日本國內，無論知之與不知，莫不眾口一詞而稱道之……又日本人中，亦有鈔寫《四庫全書》之宏願」〔註10〕，由此可見日本關注《四庫全書》之一斑。同年，藤冢素軒發表《四庫全書編纂與其環境》〔註11〕長文，考證及分析甚為詳細，對《四庫全書》編纂諸問題的研究亦頗有見地。也大略在這一時間前後，《續修四庫全書總目提要》（下稱《續修提要》）開始編纂〔註12〕，參與的日本學人有入澤達吉、服部宇之吉、大河內正敏、狩野直喜、山崎直方、大內暢三、太田為吉、瀨川淺之進，這是東方文化事業總委員會日方的八位委員〔註13〕。據李慶所考，安井小太郎、內藤虎次郎及橋川時雄也參與其中〔註14〕，「橋川時雄在這個過程中，尤

〔註9〕吳格、眭駿整理：《續修四庫全書總目提要·叢書部》整理前言，北京：中華書局，北京：國家圖書館出版社，2010 年，第 2～3 頁。

〔註10〕松崎鶴雄：《四庫全書一瞥記》，《東北文化月報》，一九二八年八月，第 22 頁。

〔註11〕藤冢素軒：《四庫全書編纂與其環境》，《文字同盟》，一九二八年第十五號，第 1～24 頁。

〔註12〕李慶認為「確立要編纂《續修提要》這一工作的時間，是在 1925 年。真正開始撰寫提要的時期是在 1931～1939 年間」。見李慶《關於修撰〈續修四庫全書總目提要稿〉的人和事——以〈橋川時雄的詩文和回憶〉為中心》，《國際漢學研究通訊》第六期，北京：北京大學出版社，2013 年，第 181 頁。

〔註13〕孫穎：《二十世紀上半葉日本的「對支文化事業」研究——基於「東方文化事業總委員會」與「日華學會」的考察》，東北師範大學博士學位論文，2008 年，第 34 頁。

〔註14〕李慶：《關於修撰〈續修四庫全書總目提要稿〉的人和事——以〈橋川時雄的詩文和回憶〉為中心》，《國際漢學研究通訊》第六期，北京：北京大學出版社，2013 年，第 184、186 頁。

其是 1931 年開始編寫以後，實際起到了組織者的作用，而服部宇之吉當時是負責人」〔註15〕。黃愛平也認為「1934 年，日人橋川時雄實際主持工作以後，在人事、制度方面作了一些調整，一方面增加特約撰稿人數，一方面制定並實施有關規則，從而使工作進度大大加快」〔註 16〕。由此可見，橋川本人參與《四庫全書總目》續修工作，對《四庫全書》有所瞭解。但其所撰《編纂考》並不為人所知，甚至在民國四庫學文獻中也了無蹤跡。1946 年楊家駱《四庫全書學典》由世界書局出版，他在《四庫全書通論》第五章「關於四庫全書的百種專書」輯錄了民國期間絕大部分《四庫全書》研究論著，甚至包括叢書零本、鉛印本、油印本、未刊本、稿本、鈔本等珍稀文獻，但唯獨未見橋川及其《編纂考》一書。此鈔稿本《編纂考》對瞭解橋川的學術成就，乃至民國四庫學研究史有重要意義。

橋川《四庫全書編纂考》鈔稿本，2017 年由學苑出版社出版，收入《中國科學院文獻情報中心藏古籍珍本叢書（鈔稿本部分）》第一輯，分裝於第 39、40 兩冊中。第 39 冊收錄上卷，第 40 冊收錄中卷和下卷。據《珍本叢書》第 38 冊所收《滿洲文學興廢考》凡例稱：「是書附以《四庫全書編纂考》二卷，上卷編年敘成書之經過，下卷記其內容，各以寫真為說明。按庫書之編纂，亦為乾隆文化之一大成績，理應敘於本篇內，今別為卷，因編輯之便耳。」〔註17〕據此可知，這部《四庫全書編纂考》實際上是《滿洲文學興廢考》的一部分，獨立出來是為方便編輯。凡例中言《編纂考》共計二卷，蓋橋川當時擬撰之數，現三卷本卷下主要研究《總目》及《薈要》。橋川又撰有《滿洲人著述書目》一部，稿本，二卷，亦藏於中國科學院文獻情報中心。《四庫全書編纂考》《滿洲人著述書目》二稿是《滿洲文學興廢考》的「副產品」，其既是《興廢考》的補充，又有其獨立性。

關於《四庫全書編纂考》的研究，見拙文《橋川時雄〈四庫全書編纂考〉稿本考述》一文〔註18〕，姚江浩碩士學位論文《中國科學院藏橋川時雄〈四庫

〔註15〕 李慶：《關於修撰〈續修四庫全書總目提要稿〉的人和事——以〈橋川時雄的詩文和回憶〉為中心》，《國際漢學研究通訊》第六期，北京：北京大學出版社，2013 年，第 186 頁。

〔註16〕 黃愛平：《四庫全書纂修考》，北京：中國人民大學出版社，1989 年，第 393 頁。

〔註17〕 中國科學院文獻情報中心：《中國科學院文獻情報中心藏古籍珍本叢書·第一輯（鈔稿本部分）》第 38 冊，北京：學苑出版社，2017 年，第 6 頁。

〔註18〕 張曉芝：《橋川時雄〈四庫全書編纂考〉稿本考述》，《四庫學》第十三輯，北京：社會科學文獻出版社，2023 年。

全書編纂考〉研究》〔註 19〕。

清代禁燬書目研究

吳哲夫，臺灣嘉興水泥公司文化基金會，1969 年初版，1973 年再版。

此書收錄臺灣「嘉興水泥公司文化基金會研究論文」第一六四種，係吳哲夫先生碩士學位論文，王夢鷗教授指導。

臺灣故宮博物院文獻圖書處的吳哲夫先生在「四庫學」上頗有造詣，其所著《四庫全書纂修之研究》《清代禁燬書目研究》《四庫全書薈要纂修考》《四庫全書修書處工作人員之遴選與管理》《四庫全書的人事管理》《四庫全書修纂動機的探討》《四庫全書缺失考略》《四庫全書收錄外國人作品探求》《四庫全書經部春秋類圖書著錄之評議》《四庫全書史部奏議類圖書著錄之評議》《四庫全書子部小說家類圖書著錄之評議》《四庫全書與四庫全書薈要》《四庫全書薈要擇錄圖書標準的探討》《四庫全書所表現的傳統文化特色考探》等一系列論著。

對清代禁書書目的研究，這是第一部重要著述。此書關於帝王禁錮文人思想、禁燬書籍內容、版本等的研究，均有卓見。是書雖是上世紀 60 年代之作，但其所用史料卻十分豐富，對清代禁燬書籍的探究深度也有一定的價值。研究生初入「四庫學」研究之門，可學習此書的研究之法。

四庫全書簡論

王樹楷著，臺灣商務印書館，1974 年。

是書係王雲五主編的「人人文庫」之一種。此書共 70 頁，前有王雲五《復刊人人文庫序》，葛勤修序，傅禺序，王英萱（王樹楷子）代序以及王樹楷自序等五文。葛序、傅序兩文對瞭解王樹楷生平有重要價值，特別是傅禺所序，簡略勾勒王樹楷五十三年人生。

《四庫全書簡論》為王樹楷先生遺稿，1972 年歲末，王英萱自軍中退伍返家，整理其父遺稿，發現《四庫全書簡論》稿。此時距王樹楷（1907～1959）先生辭世已十三年。即便已是 20 世紀 70 年代，關於《四庫全書》研究的相關著述依然少見。王著在一定程度上彌補了這一空缺，特別是其在自序中所言

〔註 19〕姚江浩：《中國科學院藏橋川時雄〈四庫全書編纂考〉研究》，四川外國語大學碩士學位論文，2021 年。

「念及《四庫總目》為我國圖書之要籍，全書幾可代表我國學術文化之整體。而一般大中學生，尚多不知如何利用，因撰成此《四庫全書簡論》一冊」。

正文共十部分內容（包括引言、後記兩部分），主要圍繞四庫全書為我國互古以來最博大之一種叢書，四庫全書及總目提要在我國學術上之價值，四庫全書及總目提要搜編時重要政令之概述，四庫全書總目凡例二十則之概述，四庫全書館之組織及館內之重要學者，庋藏四庫全書之七閣及原書之存燬，四庫全書通行世間之印本，四庫全書之重要目錄書及索引書展開簡述。書有通論性質，對《四庫全書》及《總目》研究成果有所概述。如其引述《四庫全書學典・四庫通論》楊家駱所言，關於《四庫全書》的目錄書、索引書、大辭典，及其他種種有關之專書，有一百三十九種之多。在論及四庫館內重要學者稱「參加工作的人數，歷年累積至四千數百人」（第 15 頁及 55 頁），「外有謄錄二千八百二十六員，據楊氏（家駱）統計連添鈔南三閣職員謄錄共計四千三百零三員」（第 18 頁）。

另者，「四庫全書之重要目錄書及索引書」一節中列出重要者，雖時代較遠，但亦有參考價值，特別是對瞭解 70 年代臺灣「四庫學」的研究和發展亦有裨益，茲錄如下：

（一）《四庫全書總目》二百卷 紀昀撰 其重要版本有：

1. 武英殿原刻本。

2. 大東書局影印本 此本除提要之外並附有：

（甲）《四庫未收書目提要》五卷，阮元撰。（乙）《四庫全書總目索引》四卷，陳乃乾編。是索引亦包括阮元撰之《未收書目》。以人名筆劃為綱、每條之下包括有撰者，書名暨分類子目，惟不包括卷數及冊數。（丙）《四庫全書書目表》四卷，李滋然編。是表以原提要本分類綱目為序。表分上下兩欄，上欄為著錄書、下欄為存目書。每條之下包括有書名、卷數、撰者、著錄版本。亦包括有未收書目在內。（丁）《清代禁燬書目》四種。子、《禁書總目》，包括有書名及著者。丑、《全燬書目》，包括有書名、本數、著者。寅、《抽燬書目》，包括有書名、本數、著者，抽燬項目。卯、《違礙書目》，包括有書名、著者。

3. 商務印書館《萬有文庫》版排印本 是書名為《四庫全書總目提要》，僅包括著存書暨未收書提要，其特點為有斷句。《萬有文庫》

本分裝成四十冊，另有單行精裝四冊本，本後附有著存書名暨未收書名、著者之「四角號碼索引」，便於檢查。

　　4. 藝文印書館影印本　是書大致與大東影印本相同、惟附錄內無李滋然氏所編之《四庫全書總目表》四卷。

　　（二）《四庫全書學典》　楊家駱撰　世界書局印行，是書原名為《四庫大辭典》。二書內容大致相同而稍有區別，茲將二書之區別簡述於下：

　　1. 就排檢方法言　《大辭典》（《四庫全書大辭典》之簡稱下同）係用四角號碼排檢者，《學典》（《四庫全書學典》之簡稱下同）則係用筆畫部首方法排檢者。

　　2. 就內容言　《大辭典》與《學典》雖大體相同而稍有增刪。因《學典》本係楊氏與李石曾氏合作擬編印之《世界學典》之後，而將大辭典改名為學典，且作為中國學典之第一部，故在內容上特印入關於《世界學典》與《中國學典》之關係與體等資料。又因《學典》出在《大辭典》之後十餘年，故其部份內容又加以整理，或增加，如《學典》本所附之圖片數十幅即為《大辭典》之所無者。

　　3. 就印行處所言　《學典》本係由世界書局印行，《大辭典》係由中國辭典館名義印行者。

　　《學典》本編撰之體例除在上述二種版本時已曾稍有提及者外，其主要者，約分三部：甲、《辭典》之部　採辭典排檢之形式編錄者，此又分書名與人名二種排檢形式：書名──編錄一萬餘條，每條之下包括書名、卷數、附錄書及其卷數，著者及其朝代，簡明提要、版本、類次等七項。人名──編錄七千餘條，每條之下包括人名，此人著作收入《四庫全書》著錄或存目之書名朝代、籍貫、小傳、著存目以外之著作，詳傳，所在之書名與參考書等六項。乙、通論之部　通論排在學典本之卷首，此部有抽印之單行本即「《世界學典》與《四庫全書》」。通論之部除在上述二種辭典版本中已曾提及之介紹《四庫全書》與《世界學典》之關係外，通論共分九章五十四小節，其九章之章目為：一、導言　二、《四庫全書》的知識體系　三、《四庫全書》史上的幾個主要命題　四、《四庫全書》統計　五、關於《四庫全書》的百種專書　六、《四庫全書》前後清算知識的工作　七、

續修《四庫全書》 八、《世界學典》 九、《世界學典》中文版中的《四庫全書學典》。 丙、綜覽之部 有著錄書及存目書各類種數、卷數統計表。《進四庫全書表》、凡例、并補入全書館重要文獻若干則。部類敍文及重要按語八十四則。《著存書名一覽表》——只有書名而無卷冊數及著者姓名。《總目》卷類對照表。《四庫全書薈要》文獻及書目表、原大辭典出版時王雲五之敍文及自敍、《四庫全書考正（證）》一〇九四種之書目表、著錄官修書一九七種之書目表、著錄道教徒之著作七三種之書目表，著錄書以別名發表之著作五六種之書目表、著錄書無著者姓名之五一一種之書目表、著錄書著者有疑問之著作四五九種之書目表、《永樂大典》輯本四八六種及未列入上一目錄者四三種之書目表、《武英殿聚珍版》一五六種之書目表（只有書名而無卷數及著者）、《四庫全書珍本初集》二三一種之書目表（只有書名而無卷數及著者）、宛委別藏一七三種之書目表（只有書名而無卷數及著者）。

（三）《四庫全書簡明目錄》二十卷 紀昀撰 版本頗多，有湖州刻本及杭州刻本，上海同文書局石印本，上海掃葉山房石印八移齋校本。是書所附簡明之提要，即採各省各家進書時所撰之提要審編而成，與後成之進呈之提要不同。其所列書名與後成之定稿，亦偶有出入。又《四庫全書簡明目錄》另有一種僅有書名、卷數、著者姓名之版本，而不附有提要者，有北京政府印本分贈各國者，又有營造學社印本附入於「文淵閣藏書全景」函中者。此稿簡本，與大東本所附李滋然所編之「四庫全書書目表」內容完全相同，惟與學典本之僅列書名而不列卷數及撰者則較為詳細。

（四）《摛藻堂四庫全書薈要目》 故宮博物院圖書館民國二十二年編印本，又有民國二十七年武進陶氏鉛印《陶氏書目》十二種本。又有民國二十一年應城胡鳴盛編印《四庫薈要目錄索引》本。

（五）《四庫全書總目提要四角號碼索引》 是書附在商務印書館《萬有文庫》版，另行精裝為《四庫全書總目提要》四冊本之後，包括著存書之書名及撰者，均可用四角號碼查得，查用甚為便捷。

（六）《四庫全書簡明目錄韻編》 四庫全書館編 是書按各著存書名末一字之「在詩韻中之次序」而排列檢查者，即所謂「齊尾

氏」之索引法是也。又有范志熙編之《四庫總目韻編》與此書用法相同。

（七）《四庫全書總目及未（收）書目引得》 燕京大學引得編纂處編 民國二十一年該處鉛印本。是書乃就著存書之筆畫及部首而排檢者。

（八）《四庫全書總目索引》 陳乃乾編 附於大東本總目之內，係就撰者人名為綱，再以姓名筆畫及部首而排檢者。惟僅列人名、書名、類目而不列卷數及冊數。

（九）中英文《四庫全書索引》一冊 于炳耀編 法文圖書館排印本。（第 55～59 頁）

書後附錄《重印四庫全書珍本初集序》《景印四庫全書珍本二集序》《三集序》《四集序》《五集序》。

四庫全書薈要纂修考

吳哲夫著，臺灣國立故宮博物院，1976 年。

此書係「故宮叢刊甲種之三」。書前有蔣復璁所撰「緣起」一篇，云「故宮叢刊」分甲、乙、丙三種，甲種以學術性專著為主，乙種以一般性文物介紹之著作為主，丙種以專題性圖片為主之畫冊。「緣起」後附《四庫全書薈要》圖片十二張，其中圖十為「《四庫全書薈要》各書前裏封面均有詳校官浮簽」，對瞭解《薈要》纂修及館臣具體修書工作等有重要價值。

全書共分七章內容，第一章四庫全書薈要纂修緣起，第二章參與薈要工作的人員，第三章薈要圖書依據的版本，第四章薈要的分目，第五章薈要書中的提要，第六章薈要的完成，第七章薈要的庋藏。附錄有三，分別為薈要聯句、薈要凡例、薈要簡略目錄。

四庫全書薈要纂修緣起指出「四庫全書修纂工作開始時，高宗已屆六十三高齡，他深恐四庫全書卷帙浩繁，數量龐大，難期親睹其成……高宗既深怕日後或不得躬觀四庫全書藏工，於是便有濃縮四庫全書的構想，將浩如淵海的全書中，擷取菁華之書，先繕成一部小型全書，命名為薈要」〔註 20〕。

〔註 20〕吳哲夫：《四庫全書薈要纂修考》，臺北：臺灣國立故宮博物院，1976 年，第 3 頁。

　　參與薈要工作的人員統計包括兩個方面，一是乾隆四十四年十二月廿五日薈要完成之時開載的諸臣名錄八十一人；二是薈要各書書前銜名人員千人左右，其中謄錄官七百五十四人，繪圖二十七人，篆書謄錄二人，總計七百八十三人，為數最多。這些人均為四庫館臣。實際上，薈要編纂人員要複雜得多，這恐要挖掘史料詳細考證。

　　薈要著錄圖書共計四百六十三種，版本來源主要是內府刊本、內府藏本、各省採進本、各官員家藏進呈本四種。吳著比較《薈要》與《四庫全書》著錄書籍，發現二書依據書本來源不同，二百一十種版本有差異，並推斷「四庫薈要修書時四庫全書第一分書修纂工作也在進行，為求迅速蔵事，而依據書本有限，遂在繕錄時，便將各地採輯而來的相同書一起發下謄錄了事」〔註21〕。這種推斷有一定道理，但是薈要纂修隨時進呈乾隆，對版本要求恐不會低，擇選鈔錄版本亦不會敷衍了事。書籍依據的版本有宋、元、明、清刊本及鈔本，吳著進行了詳細的統計。需要注意的是，所據底本可考，但鈔錄過程是否存在刪改等問題尚需進一步探討。薈要中的每一部書皆有校本，校勘文字附於卷後或書後，這些文字對進一步瞭解書籍版本有重要價值。薈要考證文字的輯錄工作尚付闕如，薈要考證的學術價值，特別是版本方面的意義尚需深入研究。

　　另外，薈要對書籍的分類，薈要提要與《總目提要》、文淵閣等閣本書前提要的差異性，吳著也略有研究。江慶柏先生有《〈四庫全書薈要〉研究》一書，見相關敘錄。

《四庫全書》史話

　　劉漢屏著，中華書局，1980 年。

　　此書係「中國歷史小叢書」之一種。全書分為「古代最大的一部官書」「修書的背景和目的」「開館修書的經過」「寓禁於徵和文字獄」「《四庫全書》的主要內容」「《四庫全書》的修成及其副產品」「《四庫全書》的流傳情況」「結束的話」八個部分，簡明扼要地介紹了《四庫全書》相關問題，僅兩萬餘字。初入「四庫」之門，或欲簡單瞭解《四庫全書》編纂和流傳情形者，可從此書予以瞭解。

〔註21〕吳哲夫：《四庫全書薈要纂修考》，臺北：臺灣國立故宮博物院，1976 年，第45 頁。

書中所述各種常識性信息較多，全書字數雖少，但有些細節陳述較為重要，特別是對初研《四庫全書》者有所助益。如其述七閣《四庫全書》特點，包括用紙、裝幀、絹面顏色、鈐印等均有一定的參考。如其云：「七份《四庫全書》先辦成的四部，分貯在北京宮內的文淵閣、北京西郊圓明園內的文源閣、奉天（今遼寧瀋陽市）故宮的文溯閣、熱河（今河北承德市）避暑山莊的文津閣。這是北四閣，也叫內廷四閣。後辦成的三部，分貯在鎮江金山寺的文宗閣、揚州大觀堂的文匯閣、杭州西湖聖因寺行宮的文瀾閣。這是南三閣，也叫江浙三閣。先辦成的四部，用的是上等開花榜紙；續辦的三部，用的是白太史連紙，而本頭較小，橫度上窄七、八分。書頁都是直行紅格，名為『朱絲闌』。每半頁八行，每行二十一字，有注文的地方，每豎格裏是雙行小字。在有些書內還繪有精緻的插圖。書的裝幀是絹面『包背裝』式的。絹面的顏色，標誌著書的類別。北四閣書，經部是綠色，史部是紅色，子部是藍色，集部是灰色。南三閣：文宗閣和文匯閣的書是經部綠色，史部紅色，子部玉色，集部藕合色；文瀾閣書是經部葵綠色、史部紅色、子部月白色、集部黑灰色。每冊書的首頁和末頁尾，蓋了乾隆皇帝的璽印，每閣一式，各不相同。每若干冊貯存在一個楸木製的匣內，名為一函，函面上刻書名，函內的書用香楠木片上下夾起來，再用綢帶束住。函面字、綢帶和書的絹面，顏色都是相同的。用這種辦法保存書籍，不僅整齊美觀，而且可以防潮濕、防蟲蛀，不必每年翻曬。為了取書方便，每種書籍在架上的陳列，都有一定的位置；並且對每架陳列書籍的位置畫出了圖樣，名為《四庫全書排架圖》。」〔註22〕諸如此類的介紹，能夠使初入四庫學之門者對《四庫全書》樣式有一個基本瞭解。這樣在觀覽存世的文淵閣、文津閣、文溯閣、文瀾閣《四庫全書》時，會有一個基本判斷。關於乾隆修《四庫全書》的目的，此書總結三點，諸如借纂修全書的機會，在全國收集圖書，將歷代書籍作一次全面的審查、評論、總結；借纂修全書的機會，消除反抗清朝的民族思想；借纂修全書的機會，宣揚清朝是文治的盛世。這幾種觀念在二十世紀八十年代是較為突出的思想，隨著研究的深入，細節的揭露，關鍵情節的剖析，每一種觀點都值得商榷。嚴格來說，纂修《四庫全書》之時搜集禁燬書籍，管控思想，這應該有一個事件的發生期，並以相關事例產生為契機的。關於《四庫全書》書籍來源之說，此書的四點來源說確是準確，一者，政府藏書，即內府本，包括武英殿等內廷各處藏書；二者，清代皇帝的著作和奉皇帝

〔註22〕劉漢屏：《〈四庫全書〉史話》，北京：中華書局，1980年，第4～5頁。

命令纂修的書籍；三者，公私進呈的圖書，包括各省採進、私人進獻和通行書籍；四者，從《永樂大典》中輯錄的佚書。另外，書籍中一系列數字，雖不知來源如何，但也基本合乎事實。如十年間徵集圖書大約三萬三千多種，浙江進呈書籍十二次，共四千六百零一種，鈔北四閣的謄錄官有二千八百二十六人，續寫南三閣的謄錄人員有三千八百二十六人，四庫館官員總計四千一百八十六人，總校官朱鈐六年間記過一千七百三十四次，王燕緒六年間記過三千七百零五次。

關於四庫底本書籍，書中也提到了幾點。四庫館常有丟失書籍之事，乾隆四十五年，發現《四庫全書》的底本丟失了三十多種。採集圖書時乾隆應允退還書籍，實際上大部分沒有退還，有的堆入庫房，有的被四庫館員偷去、換去，據為己有。這些細節事實的提出，是很有價值的，也值得深入研究。

《四庫全書》之纂修研究

存萃學社編集，周康燮主編，香港·大東圖書公司印行，1980年。

此書為《清史論叢》第七集。收錄郭伯恭《四庫全書纂修考》一書，見此書敘錄。又收錄論文十八篇：（1）張崟《七閣四庫成書之次第及其異同》（《國立北平圖書館館刊》第七卷第五號，一九三三年九月）；（2）王樹楷《七閣四庫全書之存燬及其行世印本》（《大陸雜誌》第一九卷第六期，一九五五年九月）；（3）葉恭綽《跋文津閣四庫全書冊數頁數表（附原表）》（《矩園餘墨序跋》第一輯）；（4）鞠增鈺《四庫總目索引與四庫撰人錄》（《輔仁學誌》第一卷第一期，一九二八年一二月）；（5）袁同禮《四庫全書中永樂大典輯本之缺點》（《國立北平圖書館館刊》第七卷第五號，一九三五年九、一○月）；（6）陳垣《書于文襄論四庫全書手札後》（《國立北平圖書館館刊》第七卷第五號）；（7）那志廉《四庫總目韻編勘誤》（《輔仁學誌》第二卷第一期，一九三○年一月）；（8）余嘉錫《四庫提要辨證（一）》（《孟子正義》十四卷，《輔仁學誌》第四卷第一期，一九三三年一二月）；（9）余嘉錫《四庫提要辨證（二）》（《荊楚歲時記》一卷《呂氏春秋》二十六卷，《國立北平圖書館館刊》第九卷第五號，一九三五年九、一○月；《蒙求集注》二卷，《國立北平圖書館館刊》第九卷第六號，一九三五年一一、一二月；《北史》一百卷，《洛陽伽藍記》五卷，《能改齋漫錄》十八卷，《國立北平圖書館館刊》第一○卷第三號，一九三六年五、六月）；（10）岑仲勉《四庫提要古器物銘非金石錄辨》（《歷史語言研究所集刊》

第一二本，一九四七年）；（11）葉德祿《四庫提要宣室志考證》（《輔仁學誌》第一〇卷第一、二期合刊，一九四一年一二月）；（12）蒙文通《四庫珍本十先生奧論讀後記》（《圖書季刊》新第三卷第一、二期合刊，一九四一年六月）；（13）王德毅《四庫總目范石湖詩提要書後》（《大陸雜誌》第三三卷第九期，一九六六年十一月）；（14）陳樂素《四庫提要與宋史藝文志之關係》（《圖書季刊》新第七卷第三、四期合刊，一九四六年一二月）；（15）陳垣《四庫提要之周亮工》（《文獻論叢》，國立北平故宮博物院十一週年紀念，一九三六年一〇月）；（16）庾持《四庫瑣話》（《古今》月刊第六、七期，一九四二年八、九月）；（17）孟森《字貫案》（《東方雜誌》第一三卷第五號，一九一六年五月）；（18）黃雲眉《從學者作用上估計四庫全書之價值》（《國立北平圖書館館刊》第七卷第五號，一九三三年九月）。附錄四篇，包括：（1）余嘉錫《四庫提要辨證序》（《余嘉錫論學雜著》）；（2）孟森《選刻四庫全書評議》（《明清史論著集刊》）；（3）孟森《〈四庫抽燬書提要稿〉序》（《四庫抽燬書提要稿》，一九三一年九月）；（4）陳垣《致余季豫先生函答四庫抽燬書原委》（《四庫抽燬書提要稿》附錄，一九三一年九月）。

　　此書重新編頁，影印之文的頁碼也有所保留。另，此書所影印之文，可與《四庫全書研究》（國家圖書館出版社 2010 年版）對參，民國時期「四庫學」主要研究成果可由此得窺。

《四庫全書》縱橫談

　　華立，上海古籍出版社，1988 年。

　　全書共七部分內容，第一，舉世聞名的大叢書，介紹《四庫全書》編纂；第二，從康乾盛世說到修書緣起，標榜文治、儒藏說等觀點的提出，有一定的價值。第三，中國文化史上的浩大工程，包括徵書、開館、纂修機構、審定、纂修官等幾個方面。第四，豐富的內容，嚴謹的體例，主要論及「四庫」名稱的由來、古代圖書的大結集、「知類通方」的《四庫全書總目》，卓有成就的副產品。第五，七閣藏書及其命運，論及內廷四閣和江浙三閣、陸錫熊校書、七閣圖書的命運。第六，《四庫全書》功過談，對學術影響、禁燬書籍有所討論。第七，《四庫全書》的今天，對《四庫全書》存世情形進行了介紹。

　　此書可作為瞭解《四庫全書》的入門書籍，但其中所涉文獻或有價值，論述或有訛誤，需認真分辨。

四庫全書纂修研究

黃愛平著，中國人民大學出版社，1989 年初版，2001 年再版。

此書係戴逸主編的《清史研究叢書》之一種。此書係黃愛平博士學位論文，這是繼郭伯恭《四庫全書纂修考》一書後，又一部研究《四庫全書》編纂的力作。黃愛平師從戴逸、王俊義兩位先生，王俊義在書序中對黃著有很高的評價，指出此書有四大特色：一，全面、具體、深入地總結了《四庫全書》的纂修；二，引用資料豐富翔實，並有新的開拓；三，立論公允辨證，分析問題實事求是；四，考證精細、論斷準確，突破性地解決了《四庫全書》纂修研究中的一些問題。全書共分為十四章內容，近 30 萬字，包括《四庫全書》編纂的背景和起因，《四庫全書》的開館和規模空前的徵書工作，禁書與文字獄，四庫館組織與全書編纂，《四庫全書》的繕錄與校訂，《四庫全書》的貯藏與閱覽，《四庫全書》的撤改與復校，《四庫全書》的刊刻與《武英殿聚珍版叢書》，《四庫全書》的補遺工作，《四庫全書》的歷史變遷，《四庫全書薈要》，《四庫全書總目》（上下兩章），《四庫全書》簡論。平心而論，這部著作是一部全面探索《四庫全書》纂修的巨著，在「四庫學」研究史上留下了重要的學術印記。此書運用了很多歷史檔案資料，爬梳文獻，條分縷析，呈現出完整的《四庫全書》纂修史。

黃著的每一章均採用實證研究法，分析問題較為中肯。特別是第六章《四庫全書》的貯藏與閱覽中關於翰林院底本庋置的論述，通過史料分析書籍發還、底本遺失、鈔寫錄副等問題；第十章《四庫全書》的歷史變遷述及翰林院底本及其他書籍的散佚等研究，雖未詳細展開，但所論直擊要害。對樸笛南姆威爾（或譯普特南‧威爾）《庚子使館被圍記》國外史料的挖掘，也是亮點之一。第十二章主要包括《總目》與纂修官原撰提要（稿本提要）比較，《總目》與閣本提要比較，閣本提要之間的相互比較，既有宏觀論述，又有微觀例證分析，給後來「四庫學」「總目學」精細研究搭建了立體框架。當然，由於歷史侷限，《翁方綱纂四庫提要稿》原稿並未見，但卻經眼復旦大學圖書館藏後人據翁氏原稿鈔錄並略加銓次的兩部副本，已屬難得。

清代各省禁書彙考

雷夢辰，北京圖書館出版社，1989 年。

　　清代乾隆皇帝為了控制人們的思想輿論和加強思想統治,通過纂修《四庫全書》發動了大規模的查辦禁書運動。在這次運動中查出大批牴觸清王室的書籍,除了部分經過修改刪削的得以保存下來外,其餘多被銷燬。關於這次禁書的具體情況,雖然有一些記載,但都比較分散,並且還有很多傳訛的地方。而本書的作者經過多年的努力,搜集了大量的資料,對所禁之書作了細緻的考證,編著成了《清代各省禁書彙考》。本書彙集了清代各省的禁書書目,反映了當時書籍存亡的概況。將各省奏繳的燬禁書目單按行省分界,以奏准年月排比,並附加小考殿後,組織成篇,本書參考了近幾十年來刻本、鈔本禁燬書目的發現,具有較高的可信度。本書中每個省份均注有奏繳書籍的節次和總數。這樣以來,便於讀者翻閱,節省了讀者的大量的時間。

　　雷夢辰序中有關於禁燬書籍版本問題的總結頗有價值,其云:

　　　　自光緒初年,歸安姚覲元得四庫館刊《銷燬抽燬書目》一冊,並予以翻刻,公之於眾。其後又繼得浙江布政使司刊《禁書總目》一冊,其目內,分為四類:〈一〉四庫館奏准《銷燬抽燬書目》,即此前所刻之目;〈二〉軍機處奏准《銷燬抽燬書目》;〈三〉專案查辦各書目和節次奉准目錄;〈四〉浙江省奏繳目錄及外省移諮應燬各種書目。其弟姚凱元又得河南布政使榮柱刊《應繳違礙書籍各種名目暨續奉應禁書目》一冊,遂合刻入《咫進齋叢書》內,光緒末年嶺南鄧實得缺頁殘本江寧布政使司刊《違礙書籍目錄》一冊,鄧氏採其目內的《本省奏繳書目及各省諮禁書目》,易名為《奏繳諮禁書目》,以補姚氏所刻《禁書總目》之不足,並將其合併印入《國粹叢書》。其後上海商務印書館以及大東書局均有鉛印本行世。民國二十三年李椷據江寧布政使司增補刻本《違礙書籍目錄》,輯有《鄧刻奏繳諮禁書目補》一篇,載於《磐石雜誌》二卷四期至六期(民國二十三年四月至六月)。同年十一月書徵又據《應禁書目》,輯有《補鄧刻諮禁書目補》一篇,載於《磐石雜誌》二卷十一期(民國二十三年十一月)。一九五七年家舅父孫殿起先生據江寧布政使司刊刻之足本《違礙書籍目錄》,輯有《補鄧刻諮禁書目》兩篇,編入商務印書館鉛字排印《清代禁燬書目》的《補遺》之二至之三。此外,故宮博物院文獻館編印的《掌故叢編》第十輯和《文獻叢編》七輯至十四輯內載有六省奏繳原檔。以上各書內所記載的各省奏繳銷燬書目單,

雖然已能知其梗概，然而亦復多漏遺。近三十年來，刻本、鈔本禁
燬書目多有發現，各省督撫節次奏繳之奏准諮禁書目單，在其書目
中亦多有彙列者，以地區觀之，則內地十八省，各省皆備。為讀者
節省翻閱之勞，今乘公餘，試將各省奏繳之禁燬書目單，按行省分
界，輪以奏准年月排比，並附加小考殿後，鬖為成篇，取名《清代
各省禁書彙考》。〔註23〕

是書編纂之法見於「凡例」，但各類原始文獻著錄不一，整理本亦難於劃
一。讀此書，不僅可知當時書籍存亡情況，也可瞭解清代社會的政治思想及學
術文化。

四庫全書纂修之研究

吳哲夫著，臺灣國立故宮博物院，1990 年。

全書共十一章內容，第一章緒論，第二章民間藏書之搜求，第三章四庫全
書館之組織暨人事管理，第四章四庫全書之編輯，第五章七閣四庫全書之完成
暨異同，第六章 四庫全書之重檢，第七章四庫全書薈要，第八章四庫館燬禁
圖書之內容分析，第九章四庫全書之價值，第十章四庫全書之缺失，第十一章
餘論。書前有中華民國七十九年（1990）五月三十日秦孝儀序，其稱：

> 故宮博物院庋藏圖書，以天祿琳琅所集宋元舊槧，為天壤瑰寶。
> 而觀海堂、研易樓遺卷，亦屬罕見秘笈。至若殿本，傳世雖尚不乏，
> 然有本有末，要不足與本院比長絜短，苟論歷朝方略、實錄、奏議、
> 方誌、史稿……尤多海內精鈔孤本。乾隆間纂修四庫全書，經史子
> 集，搜羅所及，成書七閣、薈要二部，舉世推為古今叢書冠冕。乃
> 轉燭旋踵，內外憂患，燬棄泰半。幸民國肇造，故宮博物院成立，
> 內府第一精繕文淵閣正本、摛藻堂孤本，昔日一姓之私，皆得轉為
> 國家公器，可必其與日星河嶽，垂世不朽。

> 本院職司，典藏與弘揚並重，四庫全書暨四庫薈要，既已景印
> 刊行，其裨益當世，固不待言，然清高宗於先哲典籍，假右文之名，
> 行篡改禁燬之實，亦昭昭世人耳目。況成書歷時十有七載，謄錄人
> 員多至千數，其中難免怠忽塞責，致多魯魚亥豕之譌，而疏於版本

〔註23〕雷夢辰：《清代各省禁書彙考·序》，北京：北京圖書館出版社，1989 年，第
2～3 頁。

考核，散簡零篇，誤作全書引錄者，亦往往有之。今日科技景印傳
移，既無校讎之失，且原書仍面目依然，此固為士林之首願。然不
予參訂，則郭公夏五，千載滋諉。為恐長此疑誤，因釐定補正計劃，
引存世相關版本，補其殘缺，糾其謬誤，既足復古書原貌，又使民
族大義、天地正氣，不因清室私念而滅沒。是項計劃，期年計功，
已完成雍正朝存世古籍目錄考及四庫全書纂修研究兩篇，前者參酌
中外重要藏書目錄數十種，後者則據本院遜清檔案，輔以前賢有關
著述成之。而纂修一文於成書歷程，禁燬改易，尤足發往昔之所未
見，於全書得失之評騭，要亦精詣詳實。爰為刊布專輯，冀以宏揚
前修，並誌我同仁吳哲夫兄之辛勤，是為序。

　　吳哲夫先生對《四庫全書》纂修研究較為深入，上世紀八九十年代臺灣與
大陸幾乎同時對《四庫全書》纂修進行全面研究，臺灣以吳哲夫為代表，大陸
以黃愛平為代表。吳著對史料的挖掘與分析較為深入，揭櫫諸多問題。特別是
關於四庫館修書系統的研究，館臣數量的統計等，均有一定的意義。

四庫全書出版研究

　　李常慶著，中州古籍出版社，2008 年。

　　李常慶先生主要從事圖書情報學、出版學等方面的研究工作，所以此書是
「通過對《四庫全書》的編纂活動，持續 100 餘年的續修、影印、數字化等出
版活動進行考察，探討中國古籍在收集、編纂、保存及傳播過程中涉及到的諸
多問題及文化意義」（導言，第 5 頁）。

　　全書分為六章，包括《四庫全書》的編纂，《四庫全書總目提要》的編纂，
《四庫全書》的影印出版，續修《四庫全書》與四庫系列叢書的編纂與出版，
古籍的整理和使用與《四庫全書》的數字化，《四庫全書》的出版與「知識積
累」。研究視角站在「出版活動」的角度，著重研究《四庫全書》的編纂、影
印、續修和數字化四個主要方面的內容。因涉及《四庫全書》的出版，所以
與《四庫全書》出版相關的事宜皆在研究範圍內，在論述「《四庫全書》的編
纂」中，從背景起因，到組織機構，再到編纂過程，以及之後的貯藏和使用，
採用「線條」之法描述出《四庫全書》完成過程。《總目》的編纂旁涉內容較
多，對《總目》貢獻及存在問題的研究，對《總目》影響的研究等納入「出
版研究」有一定的意義。關於《四庫全書》的影印，則是「出版研究」的關

鍵章節，此章將出版劃分為若干個時期，即20世紀初期，民國時期，1949年以後三個節點，對《四庫全書》影印出版工作進行了較為全面的梳理，特別是1949年以後臺灣地區和內地關於《四庫全書》的影印出版的發展歷史，對瞭解《四庫全書》出版史頗有裨益。關於《四庫全書》的續修，從探究歷史原因，到分析發展動向，再到《續修四庫全書總目提要》的編纂，動態還原了續修工作的歷史情形。「數字化」概念相對於「印刷版」而言，包括全文數字化和圖像化，這一技術隨著計算機的發展而日臻完善。《四庫全書》數字化是一個長久的過程，除了現在通行的上海人民出版社與香港迪志文化有限公司共同開發的「文淵閣四庫全書電子版」外，其他四庫文獻的「數字化」尚處於開發階段。

《四庫全書》與十八世紀的中國知識分子

陳曉華著，社會科學文獻出版社，2009年。

是書係「東方歷史學術文庫」之一種。書前錄1994～2007年「東方歷史學術文庫書目」。

據後記知是書原題為《學術與政治張力——〈四庫全書〉纂修前後的中國知識分子》，兩題同指「知識分子」這一「人」的角度，論述角度新穎。全書五章內容，我們可以按照關鍵詞來把握書中內容。第一章關鍵詞「學術」「朋黨」「君王」，第二章關鍵詞「纂修官」，第三章關鍵詞「四庫館藝術家」「館內學者」「館外學者」，第四章關鍵詞「《總目》時代及人物」「清代朱子學人」，第五章關鍵詞「乾嘉學人」「館內外立異者」。陳著以「學術」和「政治」作為貫穿整部書的主線，將「知識分子」作為研究的主要對象。在具體論述中，也有學術史的視野。隨著研究的深入，《四庫全書》與中國知識分子的研究可以再行具體研究。對《四庫全書》及《總目》的研究，不能只是研究宏觀，也不能只是研究微觀。宏觀研究能夠形成輪廓，但容易失之「實」。微觀研究雖然能夠解決「實」的問題，但容易造成瑣碎。也就是說，《四庫全書》及《總目》研究還需要很長的一段時間來積累。先微觀，分館職、分術業、分時期、分階段進行考證性研究；後中觀，將四庫館臣群體進行系統研究；再宏觀，形成社會性群體評判。據現有研究來看，四庫館臣研究還處於薄弱環節。

具體來講，在「四庫開館的時代」中，提出「為了鞏固自己的統治，乾

隆也需要對全國藏書進行一番清理」〔註24〕，此觀點代表十年前學術界對《四庫全書》纂修的看法，今天來看有修正的地方。文中對四庫館引領漢學學風的論述，援引事例恰當，論證邏輯嚴謹。關於《四庫全書》的問世，文中有兩表，一是四庫全書館大事表，二是四庫修書期間文字獄一覽表。《四庫全書》修書期間的文字冤案值得研究，這是《四庫全書》纂修過程的一個環節。各種案件的辦理，實際上是有一個過程的，對過程的研究可以深入理解《四庫全書》纂修的相關問題。在研究四庫館外學者方面，涉及章學誠、洪亮吉、袁枚三位學者。在研究學術與政治之間的關係時，對「寓禁於徵」的觀念給予肯定，這與蓋博堅（R. Kent Guy）的《皇帝的四庫：乾隆朝晚期的學者與國家》的研究結論不同。是書論述《四庫全書》影響時，提出了新學術的興起這一問題，如其對《鄭堂讀書記》一書的研究可謂獨具慧眼。《鄭堂讀書記》的學術觀點與《總目》差異性明顯，反映了時代進步帶來的學術新發展。在此書的影響下，《東塾讀書記》《越縵堂讀書記》均沿著史學、史德、史實的角度向下發展，記述清代政治興衰與學術起落的關係。這一探討角度，亦是新穎。

四庫唐人文集研究

劉玉珺，巴蜀書社，2010 年版。

是書為劉玉珺博士後出站報告，收入西南交通大學《跨文明對話書系》。《四庫唐人文集研究》一書是較早研究《四庫全書》唐人別集的採進、編纂與禁燬的著作。《總目》唐人別集提要問題的研究，也開啟了分時段探究《總目》提要的學術模式。王永平先生在是書序言中說「在對《四庫全書》的研究中，歷來存在著比較多地關注全面的、綜合式的研究，而忽視斷代的、專題式的研究的現象，尤其是在四庫斷代專項文獻的研究方面更是顯得比較薄弱」。劉著的選題角度很好，章節架構不錯，行文邏輯嚴謹，解決了《四庫全書》唐人別集編纂中懸而未決的若干問題。需要指出的是，對「四庫唐集底本的選取」的研究，綜述採進本與《總目》著錄本之間的差異，然現存《四庫全書》底本並未納入考證。隨著四庫底本的面世，將《四庫》存世底本與各種進呈書目、《總目》進行綜合比較，這樣四庫館臣所選底本如何、著錄底本如何，選錄標準如何，校勘記如何等諸多問題才會被論述清楚。

〔註24〕陳曉華：《〈四庫全書〉與十八世紀的中國知識分子》，北京：社會科學文獻出版社，2009 年，第 37 頁。

　　劉著研究了唐人別集在「分纂提要與《總目》、庫書提要」中的情況，這一問題尚有繼續探究的必要。蔣勇博士的《〈四庫全書總目〉唐人別集提要研究》可參看。「唐集提要勘誤」辨證了《總目》唐人別集提要的諸多問題，可與《四庫提要辨證》《四庫全書總目提要補正》《四庫提要補正》《四庫提要訂誤》《四庫全書總目辨誤》等辨誤類著作互參。「餘論」中對四庫館臣校對唐集存在的錯誤進行了舉證，分類精審，細緻入微，但也有尚需斟酌之處。如文中稱「《唐音》『自號玉溪子』句，『玉』訛『王』」，其實這是書法鈔寫的問題，手寫體的「玉」字，可寫作「王」，而手寫的「王」則作「王」。

四庫全書館研究

　　張昇著，北京師範大學出版社，2012 年。

　　此書為 2011 年國家哲學社會科學成果文庫。《國家哲學社會科學成果文庫》出版說明稱：「為充分發揮哲學社會科學研究優秀成果和優秀人才的示範帶動作用，促進我國哲學社會科學繁榮發展，全國哲學社會科學規劃領導小組決定自 2010 年始，設立《國家哲學社會科學成果文庫》，每年評審一次。入選成果經過了同行專家嚴格評審，代表當前相關領域學術研究的前沿水平，體現我國哲學社會科學界的學術創造力，按照『統一標識，統一封面，統一版式，統一標準』的總體要求組織出版」。張昇先生《四庫全書館研究》一書係「四庫學」研究領域第一部獲得國家哲學社會科學成果文庫的著作，對「四庫學」研究起到了極大的推動作用。張昇先生此書以紮實的文獻，嚴謹的考證著稱。全書以實證研究法為主，結合專題研究法、比較研究法，利用圖表揭示四庫館館職，動態揭示四庫館運轉情形；又將人物研究與文獻研究結合，將個案研究與整體分析相結合。在緒論之中，張昇先生從選題緣起、選題意義、學術史回顧、寫作思路、研究方法和資料來源六個部分進行詳細論述。需要指出的是，該書資料有很多是張昇先生通過各種途徑努力搜集而來。關於《四庫》底本、稿本及錄副本的搜集尤費精力，諸多文獻在著作中有所體現。全書共九章內容，包括四庫館開閉館時間、四庫館的機構、四庫館的運作、四庫館臣的數量、四庫館臣的工作、四庫館謄錄、《四庫》編修中的助校現象、四庫館的私家錄副現象、《武英殿聚珍版叢書》等，詳細考述了四庫館的相關問題。迄今為止，這是研究四庫館最為深入的一部著作。《四庫全書館研究》入選 2012 年國家社科基金中華學術外譯項目（第一批），將被譯為英文版本國內外發行。

另，張昇先生在「四庫學」研究領域沉浸較久，在《永樂大典》研究、四庫館研究、四庫底本研究、《總目》稿本研究等方面頗有建樹，如《〈四庫全書〉館的機構與運作——以〈四庫全書〉職名表為中心的考察》（《北京師範大學學報（社會科學版）》2007 年第 3 期），《四庫館簽〈永樂大典〉輯佚書考》（《文獻》2004 年第 1 期），《新發現的〈四庫全書〉提要稿》（《文獻》2006 第 3 期），《〈四庫全書〉的底本與稿本》（《圖書情報工作》2008 年第 11 期），《翁方綱纂四庫提要稿的構成與寫作》（《文獻》2009 年第 1 期）等，亦可見其考據之功甚深。

《四庫全書薈要》研究

江慶柏著，鳳凰出版社，2018 年。

江慶柏先生主編《江蘇文庫·史料編》，主要研究四庫學、清代文獻學、江蘇地方文獻學。「《四庫全書薈要》研究」為其主持的 2012 年國家社科基金一般項目最終成果。《四庫全書薈要》的編纂，是《四庫全書》纂修的重要組成部分。《薈要》研究是「四庫學」中的一個重要分支。此著是《薈要》研究的集大成之作。1976 年吳哲夫所著《四庫全書薈要纂修考》由臺灣「國立故宮博物院」出版，篳路藍縷之功不可沒也。此後四十多年間，尚無人對《薈要》進行系統研究。

該書分十二章，內容厚重，幾乎涉及《四庫全書薈要》的各個方面，論述詳實，考證有據，是典型的實證性研究成果。如《四庫全書薈要》的一般情況，與《四庫全書》的關係，《四庫全書薈要》纂修機構與辦理人員，乾隆帝與《四庫全書薈要》纂修，《四庫全書薈要》的圖書來源與版本著錄，《四庫全書薈要》的圖書選錄、分類，《四庫全書薈要總目》研究，《四庫全書薈要提要》的文獻來源，《四庫全書薈要》文本研究、文字、校勘等。此書完成者江慶柏先生在後記中云：「課題組成員王婷參加了本書導論部分第二節《〈薈要〉研究概述及本書的寫作思路》中「概述」部分的寫作，吳婷參加了第五章《〈薈要〉的圖書選錄》第一節《〈薈要〉圖書選錄的基本標準》、第二節《〈薈要〉與〈通志堂經解〉》的寫作，魯秀梅參加了第八章《〈薈要提要〉研究（上）》第一節《四庫提要研究概述》二《四庫提要比較研究》的寫作。這在書中均已標注。課題組另一位成員張春國博士撰寫的內容因考慮到有相對的獨立性，為不影響其

單獨出版，所以未收錄到本書中。」〔註25〕

此書每一節都值得深入閱讀，如第十章第一節「《薈要》本與四庫底本」的關係研究，對四庫底本與《薈要》底本的研究，層層剝繭，頗見功力。如四庫館在辦理庫書繕寫時，遇到底本不敷使用的時候，會使用其他的本子，所用文獻為《纂修四庫全書檔案》一二三七則；又如四庫館因底本不敷或者遺失之時，會使用謄錄官購買之書，引用文獻為《纂修四庫全書檔案》六八一、六百四、六九三則，所論有據，亦可使人信服。其對文獻的熟悉、利用及分析能力，由此可見一斑。文獻學尤其是「四庫學」研究生，可將此書作為入門必讀之作。

四庫禁燬書研究

何齡修、朱憲、趙放等，北京出版社，1999 年。

據「編後小記」云，此書編輯的構想，是 1998 年產生的，隨著《四庫禁燬書叢刊》工程的結束，在編輯《叢刊》的過程中積累了對禁燬書籍的認識。全書是論文的彙編，大部分文章作者來自《四庫禁燬書叢刊》編委或工委會工作人員，其他文章作者則是對禁燬書籍問題研究有素的學者。此書是研究四庫禁燬書的第一批成果。四庫禁燬書的內容有不可估量的價值，值得深入研究。

此書共有論文 22 篇論文，前有《四庫禁燬書叢刊》編纂緣起、編纂後記，後有編後小記。部分論文選題很有價值，也值得深入研究，茲錄重要篇目如下：王鍾翰《四庫禁燬書與清代思想文化普查運動》，徐蕙《清乾隆年間江西省禁燬書籍查繳始末研究》，方寶川《葉向高著述彙考》，任道斌《明末學者茅元儀及其橫遭禁燬的著作》，楊海英《錢謙益及其被禁燬的著作》，張捷夫《屈大均及其著作的厄運》，張萬傑《吳應箕與〈樓山堂集〉》，姜伯勤《澹歸金堡與〈徧行堂集〉》《石濂大汕與〈離六堂集〉》，劉薔《魯之浴其人其書》，韋祖輝《明何喬遠〈明山藏〉的史學價值和版本問題》等。

四庫禁書研究

寧俠，商務印書館，2018 年版。

寧俠師從黃愛平，博士期間從事歷史文獻學研究。《四庫禁書研究》成為第一部系統研究「四庫禁書」的專著。書前有黃愛平序、曹永年序。黃序指出此書特點「資料豐富，論證嚴密」「視角新穎，思路清晰」「點面結合，辨析詳

〔註25〕江慶柏：《〈四庫全書薈要〉研究》，南京：鳳凰出版社，2018 年，第 730 頁。

明」。曹文指出「由準確的宏觀把握和大量具體生動的細節構築起來的政治史研究，使四庫禁書運動一系列問題都得到了符合客觀歷史的解釋，體現了該研究的新進展」。

　　全書六章主體內容，另有緒論一章。緒論第一節「四庫禁書研究述評」從禁書書目之彙輯與研究、四庫禁書活動研究、四庫禁書期間文字獄研究、四庫禁書的其他研究、與四庫禁書相關的檔案彙輯五個方面進行綜述，提供了完備的禁書原始文獻資料和研究資料，給研究清代禁書及《四庫全書》者提供了諸多參考。第一章四庫禁書之緣起，分析禁書令的出臺以及清代全盛背景下的禁書。第二章從屈大均案、《字貫》案、《一柱樓詩》案、明代編年史著述等四大要案分析禁書初期與查繳高潮的形成。第三章查禁範圍擴大的禁書中期，這一時期禁書的查繳主要在關乎風俗與世道人心者。第四章禁書活動的鬆弛，主要從糾偏文字案件、完善讀史指南、複審《四庫全書》等方面審視「鬆弛」狀態，並指出這種鬆弛其實是禁書活動的效果已經形成，亦即封建文化樣本漸次完善。第五章四庫禁書標準與全燬書分析，主要從禁書基本標準的三次限定，嚴禁「詆觸本朝者」，抽選與禁燬明季奏疏，嚴審明代談兵談邊之書，以人廢言，禁燬關涉黨爭之書六個方面進行區別論述。第六章各省奏繳板片、書籍彙考及禁書辨析，從搜繳禁書的機構與人員，各省奏繳板片彙考，各省奏繳請燬書籍彙考，禁書的分類與辨析結構此章內容。這一章共有二十三個表格，詳細羅列相關數據，對進一步研究《四庫全書》採進書籍頗有助益。此書附錄有二，一為各省奏繳板目、數量一覽表，二為軍機處抽燬書違礙原因及入選《四庫全書》《四庫存目》一覽表，可直觀查考相關禁書詳情。

　　黃愛平在序中指出「作為第一部系統研究『四庫禁書』的專著，本書也難免存在一些問題，如作者雖然從兩個層面、以兩條線索來梳理四庫禁書始末，但其中『乾隆與官僚層面的互動』方面，在實際敘述中仍顯得相對薄弱，有待繼續深究。又如，對被禁書籍內容的分析尚需進一步充實，四庫禁書書目也有待繼續整理和甄別」〔註26〕。此處所言可作為進一步研究四庫禁書的指導意見，特別是四庫禁書書目的文獻整理尤其不足。

─────────────

〔註26〕寧俠：《四庫禁書研究》序一，北京：商務印書館，2018年，第3頁。

《四庫全書》著者籍貫問題辨證

徐亮，人民日報出版社，2018 年。

本書的選題緣於對《四庫全書》作者籍貫歸類的初步整理和研究。《四庫全書》成書，原因眾多。而人之因素無疑是最主要的一個。對《四庫全書》作者籍貫和所收錄書籍作者籍貫全面客觀的整理，有重要的學術意義在四庫學中，著者籍貫研究多以地方歸類的方式為主，缺乏一種整體觀的論述。特別是《四庫全書總目》的解題中缺乏對著錄書籍作者籍貫的集中歸類，這給此書留下了很多可以探究的領域。由於這樣一部論文涉及的領域比較偏僻，在當時並沒有很多人注意到它。但是對於地方歷史來說，《四庫全書》著者籍貫問題卻是重要的地方傲資以及有力的歷史資源依據。

本書從歷史文獻學出發，系統考察了《四庫全書》收錄的三千多種書籍作者的籍貫，以及從《四庫全書總目》的敘述方式來考察著錄書的作者籍貫表達得失。該書由籍貫思想、籍貫敘述格式、籍貫啟發、代表性籍貫研究成果等部分構成，彌補了《四庫全書》籍貫研究中「綜合性」和「地區性」之間相對薄弱的一環，有利於更新人們對中國典籍的認知。據作者所言，此書研究意義有如下四點：

其一，對整理、歸納、利用地方文獻，挖掘地區歷史文化資源是非常必要的。

其二，可以瞭解到各地文化資源大致的分布背景和面貌，也基本上反映了某地在古代的文化狀況。為瞭解清朝及其以前的各地文化發展情況提供了一定的參考。柏楊先生曾經主張取消臺灣引起族群分裂的省籍劃分，但是籍貫確實是民族主義和文化的根本，不宜極端化對待之，宜淡化。

其三，從著者省籍歸類可以看出，各省人士官吏、士大夫知識分子等群體、共同參與並創作了《四庫全書》。《四庫全書》是各省人民智慧的結晶，因而反對某些省的妄自菲薄或驕傲自大，反對地區籍貫歧視和不顧大局的籍貫歸屬爭論。

其四，因為《四庫全書》基本上收錄了清代乾隆前的主要書籍，所以本書整理的資料對於地區認識自身的文化資源、增加家鄉的自豪感，認識中國和外國的文狀況是有益的。

此文研究角度可資借鑒，小文大作適合「四庫學」初入門者。

四庫全書總目提要補正

胡玉縉撰，王欣夫輯，中華書局，1964 年。

《四庫全書總目提要補正》係胡玉縉畢生之力所作，直至去世仍未完成定稿，後經王欣夫整理，編定為《提要補正》六十卷，《未收書目提要補正》二卷。胡著考訂提要二千三百餘種，數倍於余嘉錫《四庫提要辨證》(《辨證》一書糾謬近五百種)。此書不僅對《總目》中有關作者小傳、版本流傳、徵引文獻等信息進行辨證，還對《總目》的經學、史學、子學、文學思想和學術評價等方面提出質疑。此書後有王欣夫跋，述此書成書過程，茲錄如下：

> 清乾隆時，編《四庫全書總目》並《存目》，每種各著提要，號稱博洽，至今仍不失為讀古書者入門之鈐鍵。惟當時先有檢查禁燬之立意，門戶出入之私見，故不能無偏失，重以版本有異同，考證有疏略，分工有參差，傳寫有脫誤，後阮元《四庫未收書目》，雖有拾遺補藝之功，而所作提要則彌不能逮，蓋皆有不勝其糾摘者。昔人多從事於此，而未有蔚為鉅製以行世，至綏之胡先生始竭畢生精力以為之。先生之言曰：「學問塗術之紛繁，古今書籍之浩瀚，一人所涉，譬諸滄海一漚；又迫於年命，所謂以有涯逐無涯，其不殆者蓋鮮。雖然，精衛填海，愚公移山，亦在其志耳！吾之為此，惟俛焉日有孳孳，得寸則寸，得尺則尺而已。」故先生雖年臻八十有二，而仍草稿叢殘，未有定本，遺命以見委。余受命惕若，搜輯補綴，寢饋於斯者十餘載，又得吳興朱君五峰景增之繕錄，潮安鄭君雪耘翼之校勘、標點，皆助我實多，始克底於成，然於提要猶未及十一也，繼斯有作，則在後之學者！公元一九六一年九月二十七日覆校畢，王欣夫謹識於蛾術軒。〔註27〕

此書是胡氏畢生之作，臨終見委王氏，王氏用時十餘載，得朱景增、鄭翼二人相助方才完成。王欣夫、朱景增、鄭翼三人對學術傳承的擔當，也堪稱後世模則。胡氏生前對學術的態度對當下亦有裨益，「學問塗術之紛繁，古今書籍之浩瀚，一人所涉，譬諸滄海一漚；又迫於年命，所謂以有涯逐無涯，其不殆者蓋鮮。雖然，精衛填海，愚公移山，亦在其志耳」，後之學人或可以此作為探究學術之心態，長期以往，必有所獲，汲汲於當下，或一無所得。

〔註27〕胡玉縉撰，王欣夫輯：《四庫全書總目提要補正》下冊，北京：中華書局，1964 年，第 1764 頁。

　　胡玉縉《補正》一書頗具價值，在很長一段時間內，此書並未引起學界重視。其原因或是因為此書與《四庫提要辨證》幾近同時出版，而余嘉錫及其《辨證》在當時（1958年）已在學界有較大影響力。另一方面，《補正》所引文獻雖有歷史溯源，但所下判定之語或有商榷之處，且部分補正摘錄清人文獻為多，按語之中亦有可商之處。中華書局上海編輯所撰寫的「出版說明」中就指出其中部分訛誤。此書如何運用，對於初入「四庫」領域的研究者而言，可能無從把握。現略述幾點，以為拋磚引玉。

　　一、「補正」意在兩者，一為「補」，一為「正」。而何者為「補」，何者為「正」，不甚分明，胡氏將兩者是結合在一起進行辨證的，偶加按語。研究者可以首先分析《補正》一書所引史料，對照《總目》文字進行比較閱讀，找出其中「補」的部分與「正」的部分。對「補」的文字進行必要性與必須性比較，對「正」的文字進行學術性、學理性與文獻性判斷。換言之，研讀《補正》一書，進行疏證或糾謬，既可以學習《補正》，又可以研究《補正》。

　　二、《補正》一書對經、史、子、集四部似是平均用力，但細究下來，史部和集部用力較勤。以史部為例，補正部分頗顯功力。如《班馬異同》三十五卷提要引楊士奇跋云：「『《班馬異同》三十五卷，相傳作於須溪，觀其評泊批點，臻極精妙，信非須溪不能，而《文獻通考》載為倪思所撰，豈作於倪而評泊出於須溪耶？』其語亦兩持不決。」胡氏案曰：「楊跋作『豈非書作於倪而評論批點出於須溪耶？』今節去『非書』兩字，以決詞為疑詞，近於舞文弄法。」〔註28〕胡氏所言甚是，而《總目》之誤如此亦夥。又如《竹書紀年》二卷提要云「然反覆推勘，似非汲冢原書」，胡氏對這一句進行了長達四千餘字的補正，文繁不錄，所涉文獻之繁複，考證過程之縝密，所得結論之可靠，儼然一篇有價值的考據之文。對於《籀史》作者，《總目》云「耆年字伯壽，參政汝文之子，別號黃鶴山人」，胡氏案稱「耆年一字子清，既老自號羂溶老隱，事蹟詳嘉定《鎮江志》，陸氏《儀顧堂題跋》引之」〔註29〕。所補之文出自地方志，有填補史料之功。諸如此類簡短補正之文，胡氏之書亦較多見。

〔註28〕　胡玉縉撰，王欣夫輯：《四庫全書總目提要補正》上冊，北京：中華書局，1964年，第327頁。

〔註29〕　胡玉縉撰，王欣夫輯：《四庫全書總目提要補正》上冊，北京：中華書局，1964年，第682頁。

　　三、《補正》一書距今已逾半個世紀，經、史、子、集四部文獻的研究已取得豐碩成果，而學界最新成果能夠補《補正》一書之不足。將《補正》中的每一篇文字作為個案研究，結合最新研究成果，在補正的基礎上進行再補正、再糾謬。此或可舉一例說明，如《補注東坡編年詩》五十卷提要引《總目》：「其所補注，如《宋叔達家聽琵琶》詩『夢回猶識歸舟字』句，本用箜篌朱字事，見《太平廣記》，乃惟引『天際識歸舟』句，又誤謝朓為謝靈運，《黃精鹿》詩，本畫黃精與鹿，乃引雷斅《炮炙論》黃精汁製鹿茸事，皆為舛誤。又如《紀夢》詩引李白『粲然啟玉齒』句，不知先見郭璞《遊仙詩》，《遊徑山》詩引《廣異記》『孤雲兩角』語，不知先見辛氏《三秦記》，《端午》詩引屈原飯筒事，云《初學記》引《齊諧記》，不知《續齊諧記》今本猶載此條，皆為未窮根柢。其他譌漏之處，為近時馮應榴合注本所校補者，亦復不少。然考核地理，訂正年月，引據時事，元元本本，無不具有條理，非惟邵注新本所不及，即施注原本亦出其下。現行蘇詩之注，以此本居最，區區小失，固不足為之累矣。」〔註30〕胡氏針對這一段所做的「補正」如下：

　　　　錢大昕《養新錄》云：「查注東坡《和陳述古拒霜花詩》，引《古靈先生行狀》，『公名襄，字述古，文惠公堯佐長子』，案古靈，福建侯官人，而堯佐，閬州閬中人，堯佐名述古，而古靈字述古，兩人並非同族，豈可湥而為一，若非行狀差舛，則查所引誤矣。」劉毓崧《通義堂集·蘇米往還蹤跡考》云：「坡集《睡起聞米元章冒熱到東園送麥門冬飲子詩》云云，查注云：『案《紀年錄》，先生於辛巳五月至常州，據此，題中所云東園，當在常州，而無考。』又云：『本集《與錢濟明尺牘》云：一夜齒間出血，專是熱毒，根源不淺，當專用清涼藥，已令用人參、茯苓、麥門冬煮濃汁，渴即少啜之』，今案元章《挽坡公詩》序云：『季夏相值白沙東園』，第一首云：『六月相逢萬里歸』，第三首云：『小冠白氎步東園』，白沙係真州舊名，則東園在真州無疑，既云『季夏相值』，又云『六月相逢』，則坡公與元章六月會晤，正在真州，《紀年錄》謂『坡公五月至常州，睡起，聞米元章到東園送麥門冬飲作詩』，其誤甚矣。查氏知常州之東園無考，不知東園本與常州無涉，若夫《與錢濟明書》所言，自是坡公

〔註30〕紀昀等：《欽定四庫全書總目》下冊，北京：中華書局，1997 年，第 2065～2066 頁。

至常疾革時所服之藥，與在真州時饋元章解暑湯飲不同，未可因其
並用麥門冬遂牽合為一也。坡公此詩，南宋嘉定間，運判林拱辰刻
石真州東園中共樂堂之北窗，其題中『睡起』上有『館寓東園一日』
六字，『送』上有『急』字，較詩序尤為完備，《儀徵舊志》載之甚
詳。」又云：「東園在發運司治所之東，黃祐四年，施昌言為使，許
遵為副使，馬遵為判官，得州之監軍廢營以作東園，歐陽公撰記。」
翁方綱《蘇詩補正》載盧文弨《與金潢書》，亦稱其「考正歲月、辨
譌釋滯，洵有功於蘇氏，但微惜其校讎去取之間有未盡。」又稱「此
書外間有鈔本，於施注皆全錄其文，間附一二王注，而後乃繫以補
注，今本乃一概刪去，但載補注，翻使人疑其詳所不必詳，而孤文
僻事略而不說，安能使閱者意滿，初白晚年有更定本，豈其後人未
之見乎」云云？玉縉案：提要所錄為通行本，恐非晚年定本。吳氏
《拜經樓藏書題記》有《手定注稿》，云：先君子記後云：「視嘉善
刻本多有異同，蓋先生注此書，數易其稿始成，具見良工之苦心也。」
當即盧稱晚年更定本。楊氏《楹書隅錄》有宋本《注東坡先生詩》
卷第四十一、第四十二冊，云：「編年勝於分類，固已，顧《和陶》
諸詩，雖起於揚州，終於儋州，在惠州者又十之三四，本非一時所
作，然觀子由詩《引》云云，則實公所手定，當時自成一集，必應
謹循遺軌，此後學撰注之體宜然也。施、顧用殿編年詩之後，不敢
妄加移易，正為是公之原帙，其所併者，特省四卷為二耳。〔公墓誌作
四卷，宋刊杭本《東坡集》同。〕邵注紕繆良多，而《和陶》猶知彙載，
查注獨創異說，分之各卷，子由詩《引》遂刪而不錄。《合注》因之
不改，僅補錄詩《引》於三十五卷《和陶飲酒詩》題引下，《編注》
案云：『查注以所編《和陶》，與詩《引》年月詩數不符，抹去不載，
《合注》亦以其故載於此處，避其從誤之跡，皆非是』，所論誠允，
而《編注》又改載四十一卷總案丁丑十二月條下，亦未見其是也。
以公手定之集，乃取而竄亂之，謂不如我編年之例之善也，信乎否
乎？且查注於第四十卷《翰林帖子詞》獨不編年，謂存施氏之舊，
《和陶》則必假編年以案其舊第，而其間以意推之者年月復未能盡
確，何怪《編注》有『全不了了』之譏也。」玉縉案：《和陶》為軾
手定，自當別為一集，至轍作詩《引》，在丁丑十二月，而卷內諸詩

尚有丁丑以後之作，《編注》載在總案丁丑十二月條下，良非無見，楊氏必執宋本《和陶詩引》列首以議之，泥矣。又轍《引》亦經軾筆削，詳費袞《梁溪漫志》。李慈銘《荀學齋日記》辛集上〔五七〕云：「其中小有疵誤，馮星實《補注》及《提要》亦加駁正，然馮注徵引太繁，往往喧奪，不如此本簡覈謹嚴，用為家塾讀本為最宜也。」〔註31〕

　　補正全文徵引文獻包括錢大昕《養新錄》、劉毓崧《通義堂集》、翁方綱《蘇詩補正》、吳壽暘《拜經樓藏書題記》、楊紹和《楹書隅錄》、李慈銘《荀學齋日記》等，特別是李慈銘《荀學齋日記》的發現，頗為不易，引文中的馮星實即馮應榴。《于文襄手札》中第四十六通（陳垣本第三十七通）有云「遺書事，另囑星實寄信諸公妥議」一語，據此可推斷馮應榴實際參與《四庫全書》纂修，其人在四庫館臣名單中有著錄（《欽定四庫全書總目》卷首職名）。胡玉縉此處所引涉及馮應榴其人，《清史列傳》《馮君墓表》《清實錄》以及秦瀛《鴻臚寺卿星實馮君墓表》等載有其事蹟。馮應榴對修史、修書工作做了很多事情，如校刻《舊五代史》任總纂，《御批歷代通鑑輯覽》任收掌官，《平定準噶爾方略》任收掌官，《欽定捕臨清逆匪紀略》任漢纂修官，《欽定蘭州紀略》任漢提調等。今在「欽定四庫全書勘閱繕校諸臣職名」中有馮應榴名錄，其四庫館銜為提調官。據張昇先生《四庫全書館研究》所考，翰林院提調的主要工作包括收發圖書、文移、稽查功課、處理還書及蓋印記；而武英殿提調負責的工作要多很多，除了與翰林院提調有相同工作外，「裝潢書籍、經管補缺、議敘、定稿、行文諸事」，為謄鈔本字畫潦草負責，追查遺失底本等也是其工作。據《清史列傳》所載，馮應榴尤肆力於詩，因蘇軾詩注本疏舛尚多，曾合注蘇詩五十卷附錄五卷（《清史列傳》第九冊卷七十一）；錢大昕《與馮星實鴻臚書》一文也是與馮應榴討論蘇軾詩注問題（《潛研堂集》）。今《總目》之中在查慎行《補注東坡編年詩》提要中有這樣一句：「其他訛漏之處，為近時馮應榴合注本所校補者，亦復不少。」（《欽定四庫全書總目》，按，文淵閣庫書《蘇詩補注》書前提要沒有此句）這是《總目》在書籍提要內容之中唯一一處提到健在四庫館臣的記錄（按，文淵閣、文溯閣、文津閣庫書《蘇詩補注》書前提要並無此句），說明四庫館臣在校勘蘇集時，不僅參考了馮應榴注本，而

〔註31〕胡玉縉撰，王欣夫輯：《四庫全書總目提要補正》下冊，北京：中華書局，1964年，第 1280～1282 頁。

且馮應榴本人抑或參與其中。胡玉縉並未將問題全部澄清，但所引文獻具有啟發意義，後來研究者可據相關史料補充，繼續深入研究。此處所考詳細材料，見筆者《于敏中致陸錫熊手扎箋證》一書。

陳曉華有《論胡玉縉〈四庫全書總目提要補正〉》一文〔註32〕，可參閱。

四庫提要辨證

余嘉錫著，中華書局，1980年。

余嘉錫，字季豫，號狷廠，湖南常德人，清末舉人。「中央研究院」院士，語言學家、目錄學家、古文獻學家。曾在北京輔仁大學、北京大學、北京女子師範大學、中國社會科學院語言研究所任職。余氏齋名有「讀已見書齋」「不知魏晉堂」「小勤有堂」「槐抱椿樹庵」，其中「槐抱椿樹庵」僅見於《小勤有堂雜鈔》。著作有《四庫提要辨證》《目錄學發微》《古書通例》《世說新語箋疏》《余嘉錫論學雜著》等。

《四庫提要辨證》係余氏一生所萃，50餘年時間，對《總目》經、史、子、集490篇提要進行辨證，成24卷。考證內容包括提要中古人姓名、字號、時代、籍貫及生平事蹟，徵引文獻包括正史、別傳、墓誌、碑銘等。對於歷史史實的考證，較為詳細。古籍所涉版本問題的考辨，廣泛徵引歷代官修、私修書目，辨版本源流，補提要之闕，正《總目》之失。各家藝文志、經籍志、藏書志、古籍題跋等，皆有徵引。全書考證詳實、取材廣博，對《總目》史學、哲學、文學、文獻及學術的研究，貢獻很大。關於此書的評價可參陳曉華的《余嘉錫〈四庫提要辨證〉的考據學貢獻》《余嘉錫〈四庫提要辨證〉及其辨證思想》〔註33〕，廖璠的《余嘉錫及其〈四庫提要辨證〉》〔註34〕等文。

余氏《辨證》最早以單篇論文的形式發表於各類雜誌、報刊，如《圖書館學季刊》（1928年），《國立北平圖書館月刊》（1929年），《國學叢編》（1931年），《師大國學叢刊》（1931年），《輔仁學誌》（1933年），《國立北平圖書館館刊》（1935年），《大公報（天津）圖書副刊》（1936年），《經世日報（讀書週刊）》（1947年）等。1937年7月余氏個人排印《四庫提要辨證》一書，鉛

〔註32〕陳曉華：《論胡玉縉〈四庫全書總目提要補正〉》，《史學史研究》，2014年第4期。

〔註33〕陳曉華：《余嘉錫〈四庫提要辨證〉的考據學貢獻》，《文獻》，2008年第1期；《余嘉錫〈四庫提要辨證〉及其辨證思想》，《史學史研究》，2011年第4期。

〔註34〕廖璠：《余嘉錫及其〈四庫提要辨證〉》，《山東圖書館季刊》，1999年第2期。

印，線裝六冊，只有史、子二部，標注「讀已見書齋所著」，線裝六冊。《圖書季刊》有「圖書介紹」，內容頗為詳細，茲錄大略如下：

> 目錄之書，向、歆以後代有撰述。《四庫全書》為卷數十萬，《總目》二百卷，《提要》之作，成於眾手，迫於期限，其所援據，經部多取朱彝尊《經義考》，史、子、集多取馬端臨《文獻通考・經籍考》，故其疏漏，自不可免。然承詔撰述諸臣，別白剖析，博引旁徵，於撰人爵里，典籍源流，考證鉤玄，動至千言，已屬難能。及奉旨編刻刊行，乃由紀昀一手修改，考據益詳，文體更暢。惟紀氏恃其博洽，奮筆直書，謬誤遂多。又以右漢詆宋，立論時復偏頗。其書雖有疵病，百餘年來，論學著書者無不引以為據。逮至近世，縱有燬之者，徒託空言，未有以析作者之心。余氏嘉錫少治提要，每讀一書，輒玩其辭意，審其是非，搜集證據，推勘事實，權衡審慎，而後筆之於書，時復訂正。閱三十餘年，積二十餘冊，乃銓次先後，刪芟重複，編為目錄，最經、史、子、集四部，得七百餘篇。又自念經學不深，集部書多而可傳者少，未易論定，因僅取子、史二部稿二百餘篇，刊印問世。自序稱此猶非定稿也。

> 是書編次悉從《提要》及《存目提要》原序，各篇首錄《提要》或《存目提要》原文，次另行低格，錄《辨證》之語，逐條論駁。於《提要》原文所本，亦為指出。《辨證》所及，凡史部正史類八部，編年二部，別史四部，雜史十部，傳記四部，載記三部，地理十六部，政書二部，目錄三部，史評三部；子部儒家十部，兵家七部，法家六部，農家三部，醫家十六部，天文算法五部，術數八部，藝術十六部，譜錄七部，雜家三十八部，類書十四部，小說家三十三部，釋家一部，道家十三部。共二百三十二部。〔註35〕

《中和月刊》也有關於《四庫提要辨證》的介紹，此書可視為一篇書評。

> 著者辨證之義例綦嚴，首重博採群書，不為空洞之言。史部正史一類，考證南北朝諸史，綜貫精密，最能訂正紀書。子部雜家一類，又附雜家類雜學之屬後按語一則，於《四庫》合名、墨、縱橫諸家盡入於雜學，謂為不妥。蓋《四庫》陰（因）襲《明史・藝文

〔註35〕衣：《四庫全書提要辨證史部四卷子部八卷》，《圖書季刊》，1939 年第 3 期，
　　　　第 163 頁。

志》之例。《明史·藝文志》又大抵取法於《千頃堂書目》，著者徵諸《隋志》及阮氏《七錄》並唐宋目錄書，無不各為一家。不相混淆，以至明焦竑《國史經籍志》。猶守此法，是可謂能推溯源流，以求其當，固不僅正《四庫》之失。而於後世師法《四庫》之體例者，亦大有斠辨矣。書中論《四庫》書之分隸一事者不甚多。而以此辨為最精審，故特為識之。〔註36〕

　　……自是書所為辨證以核《四庫》之失，大抵可有數事。經部多取之《經義考》，史、子、集三部多取之《通考經籍考》，而未能覆檢原書，此其一也。引徵群書多失之眉睫之前，蓋館臣絀於時日，未遑諦審細察，此其二也。撰者本可考按，而提要誤為不詳，或詳而張冠李戴，或又錯注時代，誤書里貫，此其三也。《總目》之例，某書不著明板本，館臣隨取一本，以為即是，而實有不同，遂致提要所言與著錄之本不相應，此其四也。提要之稿不出一手，乃不免彼此參差，此其五也。或又曲解文義，謬信譌言，此其六也。此不過略舉梗概，其詳具見於著者辨證中。著者如能另纂《四庫提要辨誤釋例》，略如陳援庵先生校補《元典章釋例》之體，為目錄學立一不刊之說，固大有用處也。〔註37〕

　　《四庫提要辨證》，史部四卷，子部八卷，共十二卷，二十六年排印本，武陵余嘉錫撰……此書全稿辨證《提要》之誤者，凡經、史、子、集七百餘篇，今所印者，只史、子兩部二百四十二篇。嘉錫自謂少讀《四庫提要》，有所疑輒識之，如此三十餘年，積至二十許冊。自念平生於經學所得不深，集部書汗牛充棟，讀之未徧，未易妄加論定。惟史、子二部，宋以前書，未見者少，元明以後，亦頗涉獵。因先就此兩部芟定之，畀之手民，以代鈔胥。則未出之稿尚夥也。考《四庫提要》成書以後，乾嘉諸儒，格於功令，不敢置一詞，惟姚姬傳頗詆之（周壽昌說），而錢辛楣《廿二史考異》《潛研堂文集》《答問》，王西莊《十七史商榷》，孫怡谷（曉芝按，孫志祖字貽谷，或作頤谷，號約齋，無怡谷之說）《讀書脞錄續編》，《嚴

〔註36〕 鐸：《書林偶拾：四庫全書提要辨證》，《中和月刊》，1941 年第 2 卷第 6 期，第 125 頁。

〔註37〕 鐸：《書林偶拾：四庫全書提要辨證》，《中和月刊》，1941 年第 2 卷第 6 期，第 126 頁。

鐵橋漫稿》（曉芝按，嚴鐵橋待考，或為嚴可均，或為嚴誠）等書，亦嘗有辨訂，頗致微詞。道咸以後，燬之者始多，陸存齋嘗欲撰《正紀》一書，俞曲園恐其罹禍阻之。然如許瀚《攀古小廬雜著》，魏源《古微堂外集》，徐時棟《煙嶼樓讀書志》，周壽昌《思益堂日札》，勞格《讀書雜識》，李慈銘《桃花聖解盦日記》《荀學齋日記》（均在《越漫（縵）堂日記》中）、《讀諸史雜記》，均加批擊。惜皆零條散記，未能勒為專書。近人胡玉縉有《四庫提要補正》，孫德謙有《四庫提要校訂》，余未見傳本。嘉錫搜集證據，推勘事實，薈萃眾說，指譌摘謬，頗為詳細。〔註38〕

　　1949 年建國後，余嘉錫又繼續進行研究。直至 1958 年 10 月，科學出版社出版了二十四卷本《辨證》，經部二卷，史部七卷，子部十卷，集部五卷，分精裝和平裝兩種，皆為一巨冊。1974 年中華書局香港分局出版三卷本《四庫提要辨證》，係據科學出版社版印行。1980 年中華書局又根據科學出版社本進行標點重排，裝訂四冊出版，之後又多次印刷。此書又有 2004 年雲南人民出版社版，2009 年湖南教育出版社版，收入「湖湘文庫」，皆為上下冊。

　　余氏在《四庫提要辨證‧序錄》中說：「間嘗論之，乾、嘉諸儒於《四庫總目》不敢置一詞，間有不滿，微文譏刺而已。道、咸以來，信之者奉為三尺法，燬之者又頗過當。愚則以為《提要》誠不能無誤……雖然，古人積畢生精力，專著一書，其間牴牾尚自不保，況此官書，成於眾手，迫之以期限，繩之以考成，十餘年間，辦全書七部，薈要二部，校勘魯魚之時多，而討論指意之功少，中間復奉命纂修新書十餘種，編輯佚書數百種，又於著錄之書，刪改其字句，銷燬之書，簽識其違礙，固已日不暇給，救過弗遑，安有餘力從容研究乎？且其參考書籍，假之中秘，則遺失有罰，取諸私室，則藏弆未備，自不免因陋就簡，倉卒成篇……《四庫》所收，浩如煙海，自多未見之書。而纂修諸公，絀於時日，往往讀未終篇，拈得一義，便率爾操觚，因以立論，豈惟未嘗穿穴全書，亦或不顧上下文理，紕繆之處，難可勝言。又《總目》之例，僅記某書由某官採進，而不著明板刻，館臣隨取一本以為即是此書，而不知文有異同，篇有完闕，以致《提要》所言，與著錄之本不相應。」〔註39〕余氏所言，

〔註38〕張白珩：《記四庫提要辨證》，《志學》，1944 年第 15 期，第 9～10 頁。
〔註39〕余嘉錫：《四庫提要辨證‧序錄》，北京：中華書局，1980 年，第 48、49、50
　　　　頁。

至今依然具有學術價值。《辨證》一書體例，按《總目》經、史、子、集順序進行排布，先錄《總目》中需要考辨之處，然後以「嘉錫案」起言，進行辨證。因主客觀原因，如個人經眼書籍情形，文獻處理方式等，余氏《辨證》一書並非沒有失誤。今人多有對余氏《辨證》進行再辨正者，如周建渝《吳兆宜〈徐孝穆集箋注〉並非劉少彝輯本——〈四庫提要辨證〉之辨正》〔註40〕，楊劍橋《〈四庫提要辨證〉「小學類」商補》〔註41〕，江枰《〈四庫提要辨證〉對〈東坡別集〉的誤解》〔註42〕，蔣潤《〈四庫提要辨證〉訂補五則》〔註43〕等文。對《辨證》一書進行辨正是學術發展的必然，隨著中國古籍總目的編纂完成，余氏未見之書再現於世，特別是四庫底本的發現，《辨證》之辨正將是新的學術點。

四庫提要補正

崔富章著，杭州大學出版社，1990年。

姜亮夫作序，稱「近人余嘉錫、胡玉縉諸先生，對《四庫提要》皆有所修訂補正，方面頗寬，為學術界所重視。今杭州大學出版社刊印崔富章新著《四庫提要補正》一書，又正訛補缺六百餘條。至此，三書可相互配套使用，而古籍校理之端緒已密」。又云「然富章所用之方法，與其他諸家不同，且為古籍整理之重要途徑。此書著力四點：（一）追尋《四庫》底本，明著版本；（二）詳辨《提要》所據本與《四庫》本之差異；（三）實錄相關善本，以明《四庫》本之優劣；（四）揭示文瀾閣庫書現狀，查考清末至民國間補鈔本之來源」。崔著所補《提要》六百餘條中，經部著力甚重，達248條，集部較弱，僅辨證17條。姜亮夫所言「追尋《四庫》底本」係指根據《總目》所述版刻特徵，判斷《四庫》著錄之書所收版本，然後查詢此版本之存世情形。此「底本」概念與文獻學中之底本有出入。嚴格來說，《四庫》底本指的是四庫館臣實際所用之本。也就是館臣依據實際採進之書，挑選出的用以鈔入《四庫》的書籍，這才是真正的《四庫》底本。《四庫》底本有一些典型特徵，張昇對此已有界定，

〔註40〕周建渝：《吳兆宜〈徐孝穆集箋注〉並非劉少彝輯本——〈四庫提要辨證〉之辨正》，《文學遺產》，1989年第6期。

〔註41〕楊劍橋：《〈四庫提要辨證〉「小學類」商補》，《河南大學學報（社會科學版）》，2011年第1期。

〔註42〕江枰：《〈四庫提要辨證〉對〈東坡別集〉的誤解》，《文獻》，2015年第5期。

〔註43〕蔣潤：《〈四庫提要辨證〉訂補五則》，《圖書館研究》，2019年第1期。

約略述之蓋有以下數端：一，書籍首頁鈐有「翰林院印」滿漢文大方印；二，書面封有「乾隆三十八年□月浙江巡撫三寶送到吳玉墀家藏□計書□本」木戳〔註44〕；三，書中或有館臣勾畫、刪改、批閱的痕跡。《四庫全書》纂修結束後，《四庫》底本統一存放於翰林院，後燬於大火。《四庫》底本存世數量極少，約有五六百種。《四庫提要著錄叢書》《四庫全書底本叢書》兩套書收錄諸多四庫底本，合之則四庫底本概貌盡可觀矣。此二書各有特色，收書範圍有所不同。《四庫提要著錄叢書‧徵訂說明》稱：「《四庫提要著錄叢書》作為一部『原生態』保存中國古代典籍的曠世大型叢書，為還原《四庫全書總目提要》『著錄』的 3461 種古代典籍原貌，用 10 年時間以國家圖書館所藏善本為核心，旁及海內外百餘家圖書館、博物館、檔案館及私家藏書，徵訪到 3000 餘種未被 200 多年前四庫館臣遵乾隆旨意纂改、刪節和重寫的存世『原生態』典籍。《四庫提要著錄叢書》收錄典籍，首選『四庫底本』，但真正的『四庫底本』已存世寥寥，此次徵訪到 250 多種『四庫底本』；且一部份著錄為『四庫底本』的實際是『四庫進呈本』，此次徵訪到 30 多種『四庫進呈本』……在典籍的徵訪過程中，還徵訪到 50 多種四庫館臣從《永樂大典》中輯錄出作為鈔寫閣本《四庫全書》的『四庫底本』，均有四庫館臣的勾改和浮簽，保存了《永樂大典》的文獻原貌，只是有『欽定四庫全書』字樣，多被著錄為『清乾隆翰林院鈔本』，因著錄不是很恰當，容易忽視其文獻價值，《四庫提要著錄叢書》重新著錄為『清乾隆翰林院四庫館臣輯永樂大典鈔本（四庫底本）』。《四庫提要著錄叢書》收錄之典籍，其版本絕大部份早於閣本《四庫全書》，間有個別底本早於閣本《四庫全書》之乾隆以後的鈔本、翻刻本……《四庫提要著錄叢書》收書 3000 餘種，正編 1000 冊，分 10 輯出版，每輯 100 冊，每冊 700 頁左右，每頁分上下兩欄，精裝 16 開影印，2013 年 11 月完成，北京出版社出版；補編 400 餘冊，2014 年底完成。」〔註45〕《四庫全書底本叢書》共收書 380 種，共中「四庫底本」314 種，「四庫進呈本」66 種。全套叢書共 489 冊，其中經

〔註44〕按，乾隆三十八年五月十八日軍機處上諭檔《大學士劉統勳等奏遵議給還遺書辦法摺》記載：「臣等酌議刊刻木記一小方，印於各書面頁，填註乾隆三十八年某月、某省、督撫某、鹽政某送到，某人家藏，某書計若干本，並押以翰林院印，仍分別造檔存記。將來發還之日，即按書面木記查點明白，注明底檔，開列清單，行文各督撫等派員領回，按單給還藏書之家，取具收領存案。」（中國第一歷史檔案館：《纂修四庫全書檔案》，上海：上海古籍出版社，1997 年，第 117～118 頁。）

〔註45〕按，參見《四庫提要著錄叢書‧徵訂說明》。

部 61 冊，史部 110 冊，子部 41 冊，集部 277 冊，另有目錄索引 1 冊。據羅琳稱「這部《四庫全書底本叢書》因多有館臣刪改、圈識和夾籤、浮籤，所以按原大影印，經、史、子、集比照《四庫全書》分為四種顏色」。

　　崔著有一特色，即書前「敘例」所言，「七閣庫書，互有異同。文瀾尤殊：原鈔散佚過半，幾經鈔補，復成完帙。補鈔底本，向無著錄。今著意查考，所得皆錄於各條之末」。

四庫全書總目辨誤

　　楊武泉著，上海古籍出版社，2001 年。

　　此書為《總目》辨證的重要文獻。據楊著前言知，共指摘《總目》之誤 680餘則，實際 670 則，計經部 104 則，史部 153 則，子部 177 則，集部 236 則。訂誤所用之本為中華書局 1965 年據浙本並參考殿本、粵本之影印本，書名次第及所注卷數皆依中華本。是書可補邵懿辰、邵章《增訂四庫簡明目錄標注》，李慈銘《越縵堂讀書記》，胡玉縉《四庫全書總目提要補正》，余嘉錫《四庫提要辨證》，崔富章《四庫提要補正》，李裕民《四庫提要訂誤》之不備。此書體例：首錄書名，再錄《總目》需辨證之原文，最後辨誤。辨誤之文言簡意賅，直指問題內核，實證研究思想突出。

　　辨誤以細節為重點，如涉及字號、時間、地點等問題，頗見爬疏文獻之功。如《近思錄集注》，《總目》云「茅星來，字豈宿，烏程人，康熙間諸生」，楊氏辨證引同治《湖州府志》卷七十六人物傳文學三所載「茅星來，……歸安人」，又光緒《歸安縣志》也有茅星來傳〔註46〕。需要指出的是，明、清時期，烏程與歸安兩縣同為湖州府首縣，採用同城而治，館臣不查之下以致出錯。又如《戒子通錄》，《總目》云：「宋劉清之撰。清之字子澄，號靜春，臨江人，紹興二年進士。」楊氏云：「劉清之為朱熹弟子，朱熹生於建炎四年，紹興二年時，朱熹才三歲，而其弟子是時已登進士第，豈不可疑？《宋元學案》卷五七劉清之小傳，謂光宗即位，起知袁州，卒，年五十七。由光宗即位之紹熙元年，上溯五十七年，則清之生於紹興四年。紹興二年時，清之無成進士之可能。《宋史》本傳謂紹興二十七年進士，確。《總目》作『紹興二年』，誤。」〔註47〕諸如此類的問題，辨證結果可成定論。又如《鹿皮子集》，《總目》云：「元陳樵

〔註46〕楊武泉：《四庫全書總目辨誤》，上海：上海古籍出版社，2001 年，第 120 頁。
〔註47〕楊武泉：《四庫全書總目辨誤》，上海：上海古籍出版社，2001 年，第 120～121 頁。

撰。樵字居採，婺州東陽人。」關於陳樵字，楊氏考《宋元學案》作「君採」，康熙《金華府志》《嘉慶一統志》，道光《東陽縣志》皆為「君採」，楊氏所考確。閱楊氏《辨誤》一書，所辨諸種問題皆能直指內核，辨誤之文少有謬誤。

四庫提要訂誤（及其增訂本）

　　李裕民著，初本 1990 年由書目文獻出版社出版，增訂本 2005 年由中華書局出版。

　　初本共辨證《總目》之誤 274 則，之後李裕民又陸續發表相關論文，據「增訂本序」云，「陸續發表了《四庫提要訂誤十五則》（《山西大學師範學院學報》1990 年 1 期）、《四庫全書方誌提要訂誤》（海南大學《四庫全書研究》，1994 年）、《四庫提要訂誤九十則》（《河東學刊》1998 年 3、4 期，2000 年 2、4、5 期）、《四庫提要訂誤十六則》（《學術論叢》2001 年 4 期）」。2005 年李裕民對原著進行修正，糾正若干錯誤，並補充相關條目，「新增一百七十六條，篇幅增加一半多」。序稱「全書共收四百五十條，其中經部三十八條、史部一百二十三條、子部一百七十二條、集部一百一十七條」；「又《四庫全書總目提要》正文之後，附有阮元作的《四庫未收書目提要》，這次對它作了八則訂誤，也附於本書之末」。是書體例首列書名、次及提要，後再辨證。因一則提要之中訛誤或不止一處，因而將提要拆分若干小段，逐一訂誤。需要指出的是，李著對《總目》過簡敘述有所補充和考證，如《總目·記纂淵海提要》（第 111 條）敘潘自牧生平過於簡單，李著予以重考。李著除了對《總目》中的訛誤進行訂正外，對館臣的學術判斷也有一定的辨析。如程俱《北山小集》，《總目》云：「俱天性伉直，其在掖垣，多所糾正……頗著氣節。今諸劄俱在集中，其抗論不阿之狀，讀之猶可以想見。」李氏對程俱之作頗有異議，通過對史實的分析論證，認為「程俱的氣節並不高，《提要》稱其『頗著氣節』『抗論不阿』，未免言過其實」〔註48〕。

　　《四庫提要訂誤》初版前言對《總目》存在的問題進行了總結，分為三個方面：一，書名、卷數、版本。具體表現為，書名更動、擅改卷數、版本（出入大）。二，作者。具體表現為，人名有誤、字號有誤、時代有誤、籍貫有誤、生平有誤、生平失考。三，內容評價。具體表現為介紹之誤（包括地名之誤、書名之誤，門目之誤）、考據之誤、評價之誤。

〔註48〕李裕民：《四庫提要訂誤（增訂本）》，北京：中華書局，2005 年，第 383 頁。

四庫提要叢訂

王勇著，齊魯書社，2018 年。

此書在余嘉錫、胡玉縉、崔富章、李裕民、杜澤遜、楊武泉等人的基礎上，參考魏小虎《四庫全書總目彙訂》以及 2012 年刊發的訂誤論文，集中訂正《總目》之誤四百餘條，皆未見於報刊（據《後記》）。全書按照經、史、子、集四部分類，依照《總目》之次編排。是書為進一步辨證《總目》錯誤之作，採用實證方法，直指錯謬點，是進一步清理《總目》錯訛的一部著作。《叢訂》一書可與上述諸公之作互參，有助於進一步完善《總目》這一巨作。《總目》彙訂彙校彙考亦當參考此書。

四庫提要箋注稿

王培軍撰，上海大學出版社，2019 年。

此書為上海大學文學院「泮池學人叢書」之一。

是書係王先生為研究生授課時所用之講義，箋注採用陳垣「史源學」之法。《提要》所據之本為中華書局一九六五年影印浙本，句讀或依王伯祥所斷，破句之處訂正之。《箋注稿》體例簡潔，首錄《提要》原文，次為箋注，如此而已。箋注內容較為清晰，一般將文獻出處指出，檢索之功甚勤。箋注中時有辨證，偶有徵引余嘉錫《四庫提要辨證》、胡玉縉《四庫全書總目提要補正》、崔富章《四庫提要補正》、楊武泉《四庫全書總目辨誤》、李裕民《四庫提要訂誤（增訂本）》等研究成果，亦可補上述諸位學者研究的不足。如《楚辭補注》提要謂：「陸游《渭南集》有興祖手帖跋，稱為『洪成季慶善』，未之詳也。丹陽人。」對《總目》所言「洪成季慶善」所指，皆未詳考。王氏予以箋注，所言甚確：「陸游《跋洪慶善帖》：『某兒童時，以先少師之命，獲給掃灑丹陽先生之門，退與子威講學，則兄弟如也。每見子威言洪成季、慶善學行，然皆不及識，今獲觀慶善遺墨，亦足少慰。衰病廢學，負師友之訓，如媿何。嘉泰二年五月丁卯，陸某謹題。』（《渭南文集》卷二十九）明指二人，館臣蓋誤為一人，故云『未之詳』。成季為洪擬字，一字逸叟，亦丹陽人。興祖叔父也。傳見《宋史》卷三百八十一。」（第 7 頁）又如《溫飛卿集箋注》提要云「（曾）益字予謙」，關於曾益字為何，《總目》內部記載不一致，或云「予謙」，或云「子謙」。王氏梳理《漁洋詩話》《明畫錄》《兩浙輶軒錄》《歷代畫史彙傳》等文獻記載，得曾益字「謙」「謙受」「謙六」「鶴岡」等，但依舊不知何者為確。

箋注內容甚詳，注釋文字多超過提要，甚至數倍於原文，如對《唐宋八大家文鈔》提要的箋注文字幾乎是原文的四倍。當然，《提要》之中有些內容不必注，特別是館臣進行詩文舉例之時。但館臣所舉或有謬誤，注出出處有助於繼續研究。還有部分內容並無關注最新研究成果，可能與該書體例有關。初研《總目》者可參考此書，進行深入閱讀。當然，文獻的查找依舊需要讀者翻檢原書。

《箋注稿》僅為集部的部分提要，包括楚辭類五篇、別集類三十七篇、總集類八篇、詩文評類十一篇、詞曲類九篇，共計七十篇提要。

四庫提要小傳斠補

李堅懷撰，上海古籍出版社，2020 年。

書前有杜澤遜先生序。此書「前言」將《四庫全書總目》辨證類書籍進行了研究綜述，將余嘉錫、胡玉縉、崔富章、李裕民、楊武泉、杜澤遜等人著述進行評述，兼及各高校碩博論文，當然也有遺漏。「前言」指出《總目》小傳訛誤八種：1. 人名有誤；2. 字號有誤；3. 籍貫有誤；4. 仕履有誤；5. 時代有誤；6. 科分有誤；7. 生平失考；8. 人物關係訛誤。據其介紹，此書查閱多種文獻，如文人別集、筆記、書目、墓誌、形狀、年譜、總集、地方志、登科錄等，依《總目》著錄書籍次序，對人物小傳中誤載的姓名、字號、籍里、科分、仕履、行實等詳加考辨，糾謬正訛，查補闕漏，兼及《總目》其他疏謬，特別是對過於簡略或付之闕如的小傳予以補充。

此書所用文獻包括 1997 年中華書局版《欽定四庫全書總目》，臺灣商務印書館影印的《文淵閣四庫全書》，臺北成文出版社出版的《中國方志叢書》，江蘇古籍出版社、上海書店出版社、巴蜀書社影印的《中國地方志集成》，書目文獻出版社影印的《日本藏中國罕見地方志叢刊》，齊魯書社影印的《四庫全書存目叢書》及《四庫全書存目叢書補編》，北京出版社影印的《四庫禁燬書叢刊》及《四庫未收書輯刊》，上海古籍出版社影印的《清代詩文集彙編》，黃虞稷《千頃堂書目》等。

此書體例大致是根據《總目》順序，首列書目、卷數，並標注其在《總目》中的位置；其次引用《總目》中作者小傳原文；最後加按語進行斠補。斠補所引文獻體系龐大，將記載作者事蹟的史料進行排比，提供了諸多原始文獻，根據作者斠補的小傳可以勾勒出作者一生事蹟，這是此書最大的價值所在。閱讀此書需要邊讀邊核對文獻，對文中辨證的相關問題才能有所得。

需要指出的是，已有學者辨證之文，引用和評斷有所缺漏。研究生在學習此書辨證之法的同時，需要瞭解基本四庫文獻，並要花費時間將四庫學論文進行綜述，尤其是涉及作者小傳考證之文，也需要一併查閱、熟悉，做出學術卡片，對於研究四庫學術思想的著作，也要逐一檢索，因為有學者順手將作者小傳有誤之處予以指摘，以腳注的形式出現在書中。研究生只有做好以上工作，再對照此書進行學習方能有所得。實際上，《總目》人物小傳校正和補充工作還有諸多形式和方法，研究者可以再進行探究。只是在探究之前要做足準備工作，爬梳文獻，剔抉有關人物傳記的校正條目，這是一個極為細緻的工作，費時費力。對四庫學感興趣者或可由此入門，邊讀邊校，邊學邊研，漸能入四庫學之門。

四庫全書總目彙訂

魏小虎編撰，上海古籍出版社，2012年。

全書共計十一冊，第十一冊為《總目》書名及著者索引。杜澤遜先生為此書作序稱，「《四庫總目》存在大量錯誤。清代陸心源曾擬作一部訂誤性質的書，叫《正紀》。他的書沒寫成，但在《皕宋樓藏書志》《儀顧堂題跋》《儀顧堂續跋》《儀顧堂集》等書中已零星做了不少訂正工作……對於讀者來說，報刊論文固不便隨時查檢，即使幾部專書也不是十分方便隨時核對的。哪些條目已經有人指出其中的錯誤？這就造成了讀者的困難。有鑒於此，1993年，我和劉心明、王承略兩兄在隨王紹曾先生完成《清史稿藝文志拾遺》後，曾商議從事《四庫全書總目》點校，除加新式標點，校勘《四庫總目》的殿本、浙本、文淵閣、文溯閣本書前提要、《進呈書目》之外，還要摘附各家辨證於當條之下……現在魏小虎先生以一己之力，花費多年時間，完成了《四庫全書總目彙訂》，其辦法與我們接近，而網羅之廣，自然是我們當年力不可及的。根據《彙訂》清樣初步統計，其中引用余嘉錫、胡玉縉、王重民、李裕民、崔富章、楊武泉、杜澤遜七家，已達二千餘條〔註49〕。其他散見條目尤多，讀者翻閱一目了然。鑒於《四庫全書》的廣泛運用和《四庫總目》的崇高地位，小虎先生的這部《彙訂》在『傳統學術』領域可以說是不可或缺的要籍。今後當然還會有

〔註49〕 按，杜澤遜在《四庫全書總目彙訂》序初稿中統計，余嘉錫 330 條，胡玉縉193 條，王重民 134 條，李裕民 307 條，崔富章 120 條，楊武泉 647 條，杜澤遜 405 條。

新的訂正成果發表出來，希望若干年後，小虎先生再出版增訂本，從而更好地滿足讀者的需要，為學術研究做出更大的貢獻」〔註50〕。此書可以說是階段性《總目》訂誤成果的彙編，頗有助於學界。就目前來看，《總目》訂誤工作遠遠不夠，尚有更多問題亟需澄清。此書以後必將要進行修訂，這樣方才符合學術發展規律。當然，這項工作南京師範大學江慶柏先生已在著手進行，《總目》的彙編彙校彙考工作也將是階段性工作，但確實是學術發展的必然總結。

　　是書凡例九則，指出《總目》所用底本為中華書局影印浙江杭州本，以上海古籍出版社影印文淵閣《四庫全書》卷前武英殿刻本《總目》為校本。對異文的精細處理，使得《總目》原文更準確。採用前人研究成果截止於2011年底，每條目下標明作者及書名或篇名。引用不嚴格照錄辨證文獻，或刪略、增訂，或概括前後數章數段。事實上，做彙訂工作很難，前人研究成果體例不一，求全則可能使得彙訂結果繁複累贅，求精則非常考察研究者的歸納水平。

　　詳細來看是書正文，提要未有辨證者，只錄正文，有校記則出，無則不出。如《子夏易傳》提要只有提要，無校記，無彙訂；《周易鄭康成注》提要，彙訂即為校記，僅一條。也就是說，《彙訂》一書是將《總目》正文校記與摘錄辨證文字置於一起，合為「彙訂」。全書以一己之力爬疏文獻，十分不易。特別是一些單篇論文，檢索有效信息實為不易。如《庾開府集箋注》提要，彙訂辨證的成果包括余嘉錫《四庫提要辨證》、王欣夫《蛾術軒篋存善本書錄》、鄧之誠及鄧瑞《五石齋文史劄記》、伯克萊加州大學東亞圖書館《伯克萊加州大學東亞圖書館中文古籍善本書志》〔註51〕。又如《對山集》提要，彙訂成果包括韓結根《對山集版本述考》、劉敬《〈四庫全書總目〉七子派批評研究——以七子派主體作家為中心》〔註52〕。第十一冊《索引》未將所引文獻編制索引，這是十分遺憾的，各種辨誤成果若能集中編制索引，讀者似可按圖索驥，尋找原文獻進行閱讀、比對。另者，又有2011年以前的部分辨證成果未收入，如《中華文史論叢》的部分論文。

〔註50〕魏小虎：《四庫全書總目彙訂·序》，上海：上海古籍出版社，2012年，第16頁。

〔註51〕魏小虎：《四庫全書總目彙訂》第八冊，上海：上海古籍出版社，2012年，第4740頁。

〔註52〕魏小虎：《四庫全書總目彙訂》第九冊，上海：上海古籍出版社，2012年，第5605頁。

從《彙訂》一書來看，經、史、子、集四部各部辨證均不完善，也可以說是處於起步階段，尚有較大研究空間。《彙訂》一方面總結了前代研究成果，另一方面也指明了後續研究的可能。在進行彙訂之前，尚需將要引用的文獻進行排目，已引用的文獻編制索引，這樣放可知曉彙訂成果是否有遺漏，遺漏多少，以後如何訂補。若以《四庫全書研究論文篇目索引（1908～2010）》為中心，旁及其他非四庫學論文，但卻偶有涉及《總目》辨證的文字，恐怕需要補充者尚多。初入四庫學門徑者，可翻閱此書，但不應將此書作為單篇提要辨證的參考文獻。

《四庫全書總目》研究

司馬朝軍著，社會科學文獻出版社，2004 年。

此書係國家社科基金青年項目成果，得到東方歷史研究出版基金資助。書前有《東方歷史學術文庫》書目（1994 年～2003 年），共計十年六十四部學術著作，這些著作很多都具有「新視野」「新角度」「新見解」，是一套很好的歷史研究學術叢書。《〈四庫全書總目〉研究》是司馬朝軍在其博士論文的基礎上修改而成。全書分為八章內容：《總目》編纂考略，《總目》版本考略，《總目》分類學，《總目》目錄學，《總目》辨偽學，《總目》輯佚學，《總目》考據學之貢獻。引言之中回顧了《總目》研究史，對各家著述有精彩評論，「綜述」角度清晰明瞭。司馬著作研究力度、角度、寬度、深度、思想度兼具，在《總目》研究史上確是一部力作。略舉幾例，以作敘錄，管中窺豹，時見一斑，研究者可參閱全書自行判斷。

其一，細考《總目》編纂過程。分纂官起草、總纂管修訂、總裁官裁正、清高宗欽定四個修書階段清晰地呈現出《總目》編纂過程，特別是對分纂官起草、清高宗欽定兩個環節的考論，頗見邏輯和考據之功。對《翁方綱纂四庫提要稿》的細緻分析，對乾隆持衡《四庫全書》與《總目》編纂作的疏證，均有重要價值。另者，《總目》編纂這一問題可與其另一部著作《〈四庫全書總目〉編纂考》可相互參看，有助於深入瞭解《總目》的編纂。也就說，此本《總目》研究是宏觀層面的考察，而《編纂考》則是《總目》的微觀探究。

其二，對《總目》版本進行詳細考證，將《總目》與《簡明目錄》、《總目》殿本與浙本、《總目》與庫書提要三個問題了進行比較，實證研究之法的運用，使得這部分考論贏在了細節方面。第一個問題《總目》與《簡目》的關係，二

者之間存在的差異性是非常明顯的，值得深入研究。司馬先生將粵本《簡目》
與《總目》做了有一番比較，而「浙本」《簡目》與《總目》的比較則缺失。
值得注意的是，「浙本」與「粵本」《簡目》的差異，兩版《簡目》與殿本、浙
本《總目》的差異，這都值得深入研究。《簡目》的提要精悍短小，這些提要
與《總目》之間存在怎樣的關聯性和差異性，此書並未做研究。因刊刻時間不
同，《簡目》中存留定本《總目》所沒有的撤燬書目，這對研究清代禁燬書籍
有重要價值。第二個問題是《總目》殿本與浙本的優劣，這個問題很早就有學
者討論，也是《總目》研究史上的公案。司馬先生亦認為殿本《總目》較浙本
為優，主要是「簡明」「典雅」「平實」。關於《總目》可參閱相關敍錄。第三
個問題《總目》與庫書提要的比較，取文淵閣經部提要，文溯閣前八卷提要與
殿本《總目》進行比較，雖取例較少，但發現的問題很多，也很具有代表性。
隨著研究的深入，稿本的發現，第三個問題可繼續深入研究。

　　其三，表格的運用，見統計之功。全書二十多個表格，各種問題可從表格
中窺得。在論述《總目》注意把文品與人品結合起來這一問題時，從《總目》
之中選擇了 100 位宋代作家，建立表格，納入一體進行研究，比較《總目》論
人、論文之間的關聯性。研究《總目》與庫本提要之間的差異也多用表格呈現，
簡潔明晰。如《總目》與庫書在著錄書籍卷數上的差異是眾所周知的，通過部
分比較，司馬先生認為「《總目》著錄之卷數與庫本提要差別較大，不能準確
反映庫書之實際卷數」〔註53〕，但原因分析闕如。

　　其四，《總目》版本學中關於版本鑒定、善本觀的總結，雖未詳論，但基
本點的提出涵蓋了各個方面。《總目》善本觀分正面標準、負面標準，皆從《總
目》提要內容入手，精細考索。

　　書後附錄有二，附錄一為《總目》辨偽書目彙編，將《總目》中辨偽書籍
進行勾勒，製成表格，並將今人辨偽成果收入其中。辨偽之作有很大的文獻學
價值，對研究各朝代偽書有線索之用，頗有助於澄清歷史迷霧。附錄二為博士
論文評審意見，周文駿、孫欽善、吳金華三先生都給予此文很高的評價。

《四庫全書總目》編纂考

　　司馬朝軍著，武漢大學出版社，2005 年。

〔註53〕司馬朝軍：《〈四庫全書總目〉研究》，北京：社會科學文獻出版社，2004 年，
　　　　第 140 頁。

　　全書七十多萬字，分上下兩編，上編「總論」，下編「分論」。總論部分分四章內容。第一章論分纂官與《總目》，涉及到戴震、余集、周永年、劉權之、鄒炳泰、任大椿、張羲年、程晉芳八人。戴震所纂四庫提要稿今已不存，但通過《戴震文集》中的序跋，或可推測「戴震主經部說」不能成立。通過對余集《秋室學古錄》中七篇提要的研究，探究余氏與《總目》經學立場的異同。周永年與《大典》本輯佚書的關係，說法較多，司馬先生據有限的資料考證《大典》本輯佚書成於眾手，歸功於周永年一人之說不能成立。關於《大典》輯佚書的研究可再參張昇先生相關研究。劉權之在四庫館長達五年時間，加之其為紀昀門生，司馬先生認為《總目》的起草與修訂劉權之付出甚多。鄒炳泰也是大典本纂修官，據其《午風堂叢談》，或可探究其對《總目》的貢獻。據司馬先生所考，鄒氏輯錄了《直齋書錄解題》《易緯通卦驗》《養吾集》《須溪集》《蘇氏演義》《學易集》《丹陽集》《秘書監志》等八種大典本書籍。任大椿提要稿並未留存，據姚鼐《陝西道監察御史興化任君墓誌銘》及《清史列傳》等文獻所記，任氏於經部禮類提要付出不少。張羲年《噉蔗集》存三篇提要稿，分別為《宋朝事實》提要、《孫燭湖集》提要、《庸庵集》提要，司馬將其與《總目》進行比較，得出張氏所撰提要稿與《總目》「大致相合」的結論。程晉芳著有《勉行堂詩文集》，其論、序等文所表現的主張與《總目》既有相同者，又有截然相反者。司馬將程氏二十四篇序跋與《總目》進行比對，另有杜澤遜先生發現的程氏《南夷書》提要稿一篇，共計二十五篇，粗疏比較，發現的問題直接呈現出來，但內在原因的探索尚未深入。第二章總纂官與《總目》，主要論述紀昀、陸錫熊二人。論述紀昀與《總目》的關係，主要採用直接文獻法，利用各種史料確定紀昀在《總目》中的角色，書中批評《紀昀評傳》一書，各種觀點讀者可自行評判。陸錫熊與紀昀同為《總目》總纂官，陸氏有《寶奎堂集 篁村集》，集中與《總目》相關文獻不多，但已然有部分文字涉及陸氏編纂《總目》一事。司馬先生所引不多，研究者可深入閱讀陸氏集，再行探討。另有上海圖書館藏《辨言》提要稿一篇，司馬先生認為陸錫熊所作，通過比較稿本與定本《總目》的差異，確定陸氏參與過《總目》的修訂。又考《于文襄手札》《紀曉嵐文集》，裒輯相關史料，推測陸氏在四庫館的作用。按，是書所引《于文襄手札》中的相關條目，文字識讀存在部分失誤，讀者可參拙著《于敏中致陸錫熊手札箋證》一書。第三章總裁官與《總目》，主要研究于敏中及其手札。《于文襄手札》係《四庫全書》

纂修期間，于敏中給陸錫熊的書信，遙控《全書》與《總目》纂修事宜，除司馬著作外，還可參照徐慶豐先生碩士學位論文《〈于文襄手札〉考釋——並論于敏中與〈四庫全書〉纂修》〔註54〕。余有《于敏中與〈四庫全書〉》及《于敏中及其手札述要——兼論〈四庫全書〉纂修的若干問題》兩文〔註55〕。第四章清高宗與《總目》，全面考察《凡例》、《聖諭》、《進表》、清高宗詩文、紀昀詩文等，得出清高宗對《總目》的作用係「《總目》之大綱出自欽定，絕非他人越俎代庖」的結論〔註56〕。以上係「總論」內容。

　　分論部分亦包括四章內容。第五章翁方綱與《總目》，第六章邵晉涵與《總目》，第七章姚鼐與《總目》，第八章沈叔埏與《總目》。所論內容忠實於文獻本身，頗有發覆。在《〈四庫全書總目〉研究》一書中，亦有對翁方綱、姚鼐、邵晉涵等分纂官的相關研究，可對參。此書結論是對全書論述的總結，可據此把握整部書的論點。餘論「四庫館派與乾嘉考據學」提出「四庫館派」、漢宋之爭等問題，視角很好，亦可深入論析。附錄「四庫館臣別集目錄」是很重要的文獻資料彙編，諸多四庫館臣文集可從此處獲得載錄信息。

　　在後記中，司馬先生言及以後將繼續完成《〈四庫全書總目〉彙考》《四庫提要與文獻整理》《四庫提要與乾嘉學術》《〈四庫全書〉分纂官提要稿校注》等系列課題。這些問題確係很好的選題。現在已有學者在著手研究上述問題。

《四庫全書總目》學術思想研究

　　張傳峰著，學林出版社，2007年。

　　是書角度為「學術思想」。主要以紀昀與《總目》學術思想、《總目》與唐宋詩學批評、乾隆與《總目》學術思想、十八世紀學術思潮與《總目》學術思想結構全篇。在緒論之中，對《總目》分類體系、學術體系、學術史的總結，雖粗疏但角度很好。用簡述的形式將《總目》學術史談論清楚是極難的問題，這個問題需要將《總目》經學、史學、子學、文學史進行系統研究。此緒言所總結的「學術史」是《總目》自身的學術史，而不是《總目》研究的學術史。

〔註54〕徐慶豐：《〈于文襄手札〉考釋——並論于敏中與〈四庫全書〉纂修》，北京師範大學碩士學位論文，2005年。

〔註55〕張曉芝：《于敏中與〈四庫全書〉》，《讀書》，2013年第11期，《于敏中及其手札述要——兼論〈四庫全書〉纂修的若干問題》，《中國四庫學》第四輯，北京：中華書局，2020年。

〔註56〕司馬朝軍：《〈四庫全書總目〉編纂考》，武漢：武漢大學出版社，2005年，第187頁。

關於「四庫學」研究概況，分三個階段進行簡述，乾嘉以降至清末為第一階段，所論較少，幾乎不涉及嘉道以後文人評價《總目》的史料；民國時期為第二階段，認為這一時期為「四庫學」研究的第一個高潮；1949 年至本世紀初為第三階段，大致以 1980 年分前後兩期，認為 80 年代以後為「四庫學」研究的第二個高潮。對「四庫學」主要研究成果進行了分類，值得借鑒。《總目》學術思想的意義，通過研究《總目》的學術思想及其意義，探索《總目》的學術價值。紀昀、乾隆與《總目》學術思想，在 21 世紀初，是相對合理的研究角度，但隨著研究的深入，紀昀、乾隆與《總目》學術思想不能畫等號。

在論述紀昀與《總目》的關係時，所用文獻分為兩種，一是紀昀自己所言其與《總目》纂修的關係，二是當時或後世文人的記載。現在看來，首先需要對上述文獻進行考辨，然後分析紀昀與《總目》的關聯，再參照紀昀刪訂《總目》稿本進行分析。事實上，紀昀自身的學術思想，只能從紀昀詩文集入手進行研究。此書在論述「紀昀與《四庫全書總目》學術思想關係的爭論」時，已經注意到《總目》思想的複雜性。紀昀與《總目》的內在性既有聯繫又有區別，需要分別對待。

《總目》唐宋詩學批評是一個很好的視角，《總目》的唐詩批評、宋詩批評是一個很大的問題，吳亞娜《〈四庫全書總目〉宋代文學批評研究》（西南大學博士學位論文 2017 年）、蔣勇《〈四庫全書總目〉唐人別集提要研究》（西南大學博士學位論文 2020 年）對這兩個問題進行了詳細闡釋。在此書中，首論紀昀詩學觀與《總目》詩學批評，這一問題現在可以修正了。而《總目》唐詩批評既有價值，又留有繼續研究的可能性。《總目》的唐詩批評，或說以四庫館臣為代表的清中期官方唐詩批評，不僅僅只體現在唐集考辨、唐詩史觀、「推源溯流」的研究方法、比較批評法與知人論世說、重唐詩風骨與性情這五個方面。論《總目》宋人詩文集考辨方面的成就，主要做了如下總結：一是宋人別集的輯佚，二是「大典本」宋人別集與宋詩流派研究，三是宋人別集的辨偽，四是宋代詩人的考證。《總目》宋詩批評的研究是一個重要課題，這是因為「《總目》考辨精微，評論較公允，基本上反映了清代宋詩學研究的學術水平，是宋詩研究的集大成之作，對宋詩學研究產生了重要的影響，是現代宋詩學研究的基礎」〔註57〕。

〔註57〕張傳峰：《〈四庫全書總目〉學術思想研究》，北京：學林出版社，2007 年，第176 頁。

　　乾隆與《總目》的關係，乾隆對《總目》學術思想的影響，這兩個問題研究的較為充分。此書從乾隆與《總目》的編纂，乾隆的正統論及其體現，乾隆對東林黨的態度問題，乾隆對理學家講學的態度問題，乾隆的華夷之辨等方面進行詳細論述，闡述《總目》的學術思想。事實上，這個問題既不能忽視，又不能過於抬高。關於乾隆與《總目》的思想觀念問題，司馬朝軍亦有詳細考述。

　　此書第五章主要是宏觀方面研究，對十八世紀學術思潮與《總目》的關係進行探討。然而是書只對《總目》的漢學觀與宋學觀進行總結性評述，具體細節則缺失。

　　從總體來看，《總目》學術思想研究是一個較大的問題，如果選擇角度重新論述這一問題。筆者認為似乎可以直接從《總目》入手，探索其經學思想、史學思想、子學思想與文學思想，但此課題難度極大，一人之力恐難完成。

「四庫總目學」史研究

　　陳曉華著，商務印書館，2008 年。

　　是書緒言，陳曉華先生首先提出了「四庫總目學」和「四庫總目學史」兩個概念。「四庫總目學」亦可簡稱為「總目學」，即是圍繞《總目》進行研究的學問。陳著認為「總目學」應該包括三方面的內容，一是《總目》編撰過程的研究，以及《總目》補訂、續編、批評與研究；二是對《總目》研究方法的總結；三是對已有《總目》成果的批評和研究，即間接的、二次的《總目》研究，簡言之，即為《總目》研究之研究。歸納起來，陳著「總目學」內容包括《總目》文獻學和《總目》學術成果研究兩個主要方面。其實，「總目學」概念可再行界定，一切與《總目》相關的學術成果均為「總目學」的研究內容。無論是《總目》文獻學、《總目》史料學、《總目》辨偽學、《總目》批評學，還是在《總目》框架下形成的經學史、史學史、子學史、文學史，抑或是《總目》學術方法、學術思想和文化價值等方面均在「總目學」研究範疇之內。至於《總目》辨證之辨證，批評之批評，亦是「總目學」研究階段不可或缺的環節。「總目學史」即對《總目》的研究歷程、研究成果、研究方法和研究思想等進行歸納總結和規律性探討的學問﹝註58﹞。「總目學」研究的歷史即為「總目學史」。《總目》研究已有二百多年歷史（《總目》稿本到定本的編纂過程可視為「總

﹝註58﹞陳曉華：《「四庫總目學」史研究・緒言》，北京：商務印書館，2008 年，第 4 頁。

目學」研究之發端），對《總目》研究史的研究是一個動態的過程。陳著在一定程度上呈現了《總目》研究的二百年歷程，實現了其在緒言中所言的「初步構造起『四庫總目學』研究的框架，為學術界提供了一個具有整體性、多層次和可操作性的研究體系」。此題可繼續深入研究，進行精細化探究，分析《總目》研究成果，對成果進行分段分期，形成以時間為縱向，以成果為橫向的網狀研究體系。此有待後來者為之。

全書共六章內容，以《總目》為研究對象，分編撰及流傳、補撰、續編、辨證、學術價值和思想文化六個方面進行研究，涵蓋《總目》研究的主體方面。在港臺研究資料方面，陳著中亦有相關論述。

《四庫全書總目》集部研究

柳燕著，湖北人民出版社，2013 年。

柳燕先生此著以《四庫全書總目》集部為研究對象，依次從楚辭類、別集類、總集類、詩文評類、詞曲類以及集部存目六個方面進行研究。緒論三節，分別從《四庫全書總目》與「四庫總目學」，《四庫全書總目》集部研究綜述，基本思路與研究方法三個方面進行概述。對「總目學」九個方面的橫向概括，即概述性研究、纂修研究、學術思想研究、目錄分類研究、經史子集各類研究、提要辨證與訂誤、《總目》與四庫系列叢書綜合研究、《總目》與其他目錄著作比較研究，頗為全面。四個時期的縱向研究史，分析了《總目》研究的節點，有助於研究者把握《總目》研究的發展走向。《總目》集部研究綜述，詳細考查了 2013 年以前《總目》集部研究的相關情況。

全書主要內容如下：第一章《總目》與楚辭類研究，對《總目》楚辭類著錄情況的分析、觀念及學術分類價值的探討、漢至清楚辭研究發展史的總結，頗為詳贍。論述過程中所列圖表，所統計數據，甚為詳晰。第二章《總目》別集類研究，通過著錄情況、與其他目錄之比較、批評思想探究三個方面，呈現出《總目》別集類的系統情形。第三章《總目》總集類研究，分別從著錄情況、目錄分類價值、編纂思想及學術價值三者探究總集類相關問題，縱向研究色彩濃厚。第四章《總目》詩文評類研究，著錄情況、分類價值、對詩文評類的再批評，三個層面亦較有系統感。第五章《總目》詞曲類研究，三節內容依次呈現的是詞曲類著錄情況、與其他目錄著作之比較、詞曲觀念。其中第四、五章是《總目》研究史上較為少見，可謂是是系統研究詩文評類、詞曲類的開端。

第六章集部存目整體研究，對存目情況、存目標準進行總結。附錄有三，一《總目》文獻收錄統計表，二《總目》集部文獻數量統計表，三歷代目錄著作經史子集四部分類一覽表。

　　此書的重點在於《總目》集部著錄思想研究，高華平先生在序中也說明了這一點。《總目》集部研究選題宏大，研究也緊密結合《總目》本身，同時以歷時性眼光審視集部著錄各小類的總體情況，研究價值自不待言。就總體性研究而言，這是《總目》研究史上一部重要的著述。然集部文獻眾多，跨越歷史時代久遠，隨著《總目》研究的深入，分時期研究成為《總目》集部研究的又一方向。從總體研究到具體研究，從宏觀研究到細節研究，這是《總目》研究的必然走向。研習《總目》者，或以此書為參考，從中選取可進一步研究的角度。

明代文學還原研究——以《四庫總目》明人別集提要為中心

　　何宗美，劉敬著，人民出版社，2014年。

　　是書前言云：「明代文學是本書研究討論的大範圍，《四庫全書總目》明人別集提要則為其具體對象，而『還原』既是本書擬取的研究觀念和研究方法，也代表此種研究之目標的特有指向性。」在明代文學還原研究的探索中，著眼於清人對明代文學的批評和接受，《四庫全書總目》是一個重要的切入點。家師何宗美先生通過對明人別集提要的梳理，發現三個問題：一，「《總目》對明代文學的批評不是局部的，它通過數以千計的別集條目形成了對明代文學評價的整體觀念體系」；二，「《總目》對明代文學的評價並非純粹意義的文學批評，是帶有很強的封建王朝觀念形態的東西」；三，「《總目》明代文學批評的片面和錯誤實屬難以避免，而且因其涉及對象極廣，故其片面和錯誤也不是個別的、局部的，其是是非非必然影響到對明代文學的整體性評價」〔註59〕。這一發現和判斷，有極高的學術價值，後之研究《總目》明代文學批評者，皆肇端於此。通覽書之前言，這是一篇有很大學術史意義的通論性文字，對歷史文獻、學術思想和理論評價進行了系統而全面的概括，建構起《總目》明人別集提要的思想體系。全書主要採用實證研究和思想辨析相結合，個案研究和整體研究相結合的方法，深入、透徹地對問題進行了剖析。

〔註59〕何宗美、劉敬：《明代文學還原研究——以〈四庫總目〉明人別集提要為中心·前言》，人民出版社，2014年，第3頁。

全書分五章內容：第一章「明初」架構及宋濂、高啟詩文提要考辨，第二章臺閣體及其審美範疇考釋，第三章茶陵派及其流派屬性辨證，第四章復古派批評的批評，第五章公安派、竟陵派的官學遭遇。家師何宗美先生通過對這五部分內容的研究，意在還原明代文學批評的真實面目。對明代文人著述的宏觀把握，對文本細讀和提要細繹的微觀探究，得出有異於現行文學史、批評史、思想史的結論。相信諸多結論在經過歷史檢驗後，會被寫入相關學術史中。這部著作在明代文學研究領域是難得一見的建構性作品，在「四庫學」研究領域也是有開創性意義的著述。王鑑蘇、歐明俊有《還原：學術的氣度與品格——評何宗美、劉敬〈明代文學還原研究〉》一文〔註60〕，稱此書在學術理念、學術方法、學術思想諸方面皆有突破。

《四庫全書總目》史部研究

郭合芹著，蘭州大學出版社，2016年。

此書為蘭州大學史學理論及史學史研究所屈直敏、趙梅春主編的「蘭州大學文庫」之《四庫研究叢書》一種。據屈直敏在前言中所言，《四庫研究叢書》是蘭州大學史學理論及史學史研究所四庫學研究成果的階段性彙集，共收錄四本專著，即此書與汪受寬與安學勇的《文溯閣〈四庫全書〉四種校釋研究》、劉鳳強的《四庫全書館發微》、徐亮的《〈四庫全書〉西北文獻研究》。

是書以《總目》史部為研究中心，涉及史部類例觀、正統觀、史學批評等研究角度。首先，《總目》史部分類對傳統目錄學著作既有繼承又有創新，保留了《隋志》中「正史」等傳統類目，更改了「古史」「霸史」等名稱，取消了「舊事」「儀注」等類目，重新進行了類目編排，增加了「別史」「史鈔」「史評」等類目。這些變更從不同角度體現了《總目》史部分類的原則和特點。貫通古今，擇善而從；因書設類，科學性強，體現史學的時代發展；「合其近密，離其疏遠」；「循名責實，義求至當」；區分著錄與存目；歸類刪繁就簡；維護正統史學觀；實用為主等史學類目特點。其次，從《總目》史部總敘、類序、按語、提要等形式入手，揭示史學著作「辨章學術，考鏡源流」之旨。再次，《總目》史部所反映的學術旨趣值得關注，維護封建正統觀及以史為鑒的主旨是直接而明顯的，而《總目》關於明代史學的思想卻有著特殊的「史學觀」，

〔註60〕 王鑑蘇、歐明俊：《還原：學術的氣度與品格——評何宗美、劉敬〈明代文學還原研究〉》，《中國文學研究》，2014年第4期。

這是一個較為重要的課題。另者，明史在《總目》中的著錄原則，也需要區別
對待。關於四庫館臣刪削、篡改、禁燬的史料，也應該是研究的重點。對遼、
金、元史的對音研究，既涉及史學問題又涉及音譯問題。最後，此書對《總目》
史部提要的研究注重的是宏觀視角，如博採善擇、史實褒貶、知人論世等觀點
的歸納總結。關於史學提要內容，前代史學批評的積累值得研究，《總目》對
前代的史學批評之批評也是一個重要研究視角。此書著眼於整個史部的研究，
限於篇幅未能完全展開。

文溯閣《四庫全書》四種校釋研究

汪受寬、安學勇校釋，蘭州大學出版社，2017 年。

此書是蘭州大學文庫「四庫研究叢書」之一，由蘭州大學史學理論及史學
史研究所屈直敏、趙梅春主編。

是書有汪受寬所撰序論，詳細介紹了文溯閣《四庫全書》的前世與今生。
其要者有四：一，文溯閣建成於乾隆四十七年（1782）正月，同年十一月文
溯閣《四庫全書》謄鈔完竣。自四十七年十月二十日起至乾隆四十八年
（1783），分五次運抵盛京，乾隆五十五年（1790）和五十七年（1792）陸錫
熊分兩次進行覆校。二，清末民國時期，文溯閣《四庫全書》的遭遇。1900
年八國聯軍侵華，盛京被俄軍佔領，文溯閣《四庫全書》部分卷冊流散。1914
年，文溯閣運抵北京，存於故宮保和殿。1922 年，溥儀欲將文溯閣《四庫全
書》盜售日本人，售價 120 萬元。北京大學教授沈兼士極力反對，後迫於社
會各界壓力，交易取消。1924 年，張學良將文溯閣《四庫全書》運回瀋陽。
後又派人前往北京，依據文淵閣《四庫全書》補鈔了佚失的七十二卷。1932
年，文溯閣《四庫全書》歸偽國立奉天圖書館。三，文溯閣《四庫全書》的
西遷。1966 年 10 月，中蘇關係緊張，出於戰備考慮，決定將文溯閣《四庫
全書》撥歸甘肅省保管。在甘肅省圖書館，先後庋藏於永登連城魯土司衙門
大經堂和榆中甘草店書庫。2005 年蘭州九州臺建成文溯閣《四庫全書》館，
文溯閣全書入藏地下書庫。四，文溯閣《四庫全書》是迄今為止存世四閣之
中唯一一部尚未影印之書。2003 年上海古籍出版社出版了甘肅省圖書館編選
的《影印文溯閣四庫全書四種》。此書所選四種書包括經部宋吳仁傑《易圖
說》，史部元李好文《長安志圖》，子部明沈繼孫《墨法集要》，集部明康萬民
《璇璣圖詩讀法》。

　　是書為校釋本，汪受寬述撰寫目的有二，一是「為了將《影印文溯閣四庫全書四種》以最方便閱讀的形式提供給廣大讀者」，二是「為了藉以公布研究成果」「使廣大讀者，包括學術界同僚，以及相關領導，對文溯閣四庫全書有更真切的認識，瞭解其學術價值和文獻版本價值，推動文溯閣四庫全書的影印出版」（序論第9頁）。此書體例也在序論之中，共計六條。

　　此書詳細校釋並研究了《易圖說》《長安志圖》《墨法集要》《璇璣圖詩讀法》四本書。每本書首列導讀，次提要（或御題），次原序，次正文等。校釋詳細，甚至不厭其煩標注出異體字、古今字、通假字、俗體字、避諱字，有些注釋其實並無必要。但文溯閣《四庫全書》難見真容，詳細比勘或可呈現其概貌。《長安志圖》一書圖中的文字也進行了詳細校讀，文淵閣與文溯閣的區別一目了然。書後有四文，分別為《文溯閣本〈易圖說〉校勘研究》《文溯閣本〈長安志圖〉校勘研究》《文溯閣本〈墨法集要〉校勘研究》《文溯閣本〈璇璣圖詩讀法〉校勘研究》。精細的比較，有利於辨析文淵閣與文溯閣《四庫全書》的優劣。

四庫全書館發微

　　劉鳳強著，蘭州大學出版社，2015年。

　　此書是蘭州大學文庫「四庫研究叢書」之一，由蘭州大學史學理論及史學史研究所屈直敏、趙梅春主編。

　　劉鳳強，蘭州大學歷史學碩士，中國人民大學歷史學博士，就職於西藏民族大學。其碩士學位論文為《四庫全書館研究》，2006年獲得碩士學位。此書應是在其碩士論文的基礎上修改增訂而成。關於四庫全書館的研究，較少學者關注。郭伯恭《四庫全書纂修考》第三章，楊家駱《四庫全書學典》第三章，任松如《四庫全書答問》等有所研究。劉漢屏《〈四庫全書〉史話》，黃愛平《四庫全書纂修研究》，吳哲夫《四庫全書纂修之研究》，司馬朝軍《〈四庫全書總目〉研究》《〈四庫全書總目〉編纂考》等，利用了一些新的歷史史料，對四庫館有所發覆。2012年張昇《四庫全書館研究》出版，這是一部難得的學術佳作，幾乎將四庫館重要問題進行了全面性探究。劉先生碩士論文本也稱「研究」，但其書出版卻在張書之後，或因此改名為「發微」。

　　是書共七章內容，第一章圖書整理的傳統與四庫館的開設，第二章四庫館人員的遴選及其特點，第三章各職官分析，第四章四庫館管理制度研究，第五

章四庫館內人數與人員設置比例，第六章政治引導與學術影響——乾隆、朱筠與四庫館，第七章四庫館臣的學術共性。關於四庫館的開閉館時間，南三閣《四庫全書》的繕寫是否屬於四庫館活動，從事書籍編纂工作的人數等，劉、張兩位學者的觀念不盡相同。相比而言，劉氏研究在前，稍顯粗疏，但劉先生的史料、結論等對張先生或有一定影響。四庫館的組織機構，史料較詳，分析不足，這也是與張書相較而言的。張昇先生研究四庫館的工作流程，大致過程亦無大誤，唯需在細節方面進行深入探究。工作流程大致包括搜集底本、甄別、校閱、撰寫提要、鈔寫、校對、裝潢、刊刻等，這一過程對研究《四庫全書》成書頗有助益。所考四庫館臣事蹟，主要是幾位總裁較為細緻，包括于敏中、程景伊、英廉、王際華、金簡等人事蹟。關於總裁的作用，涉及包括擬定章程、選拔人才、裁正編纂中的問題、抽閱書籍、監察督促、主持書籍的刊印、總責後勤事務、禁燬書八個方面的主要內容的論證。對總校官陸費墀等，纂修官周永年、戴震、邵晉涵、翁方綱、程晉芳、劉權之、吳省蘭、王太嶽、任大椿、姚鼐等有簡略論述，有助於瞭解四庫館臣為《四庫全書》所做的貢獻。此書根據《纂修四庫全書檔案》考四庫館臣名錄，所考數量有補於四庫館在館職官名錄，對於進一步考察四庫館臣數量以及事蹟頗有助益。關於政治引導與學術影響的研究，以乾隆、朱筠為例，從個案的角度進行解讀。所引文獻多出自《辦理四庫全書檔案》《纂修四庫全書檔案》《四庫全書總目》《高宗實錄》。四庫館臣的學術共性，從宏觀角度論述了四庫館臣的理性意識與經世思想，以及「六經尊服鄭，百行法程朱」主觀意識的存在。這些意識對《四庫全書》纂修，《總目》的成書不無影響。

　　此書對四庫全書館進行了較為深入的研究，可與張昇《四庫全書館研究》對讀。

《四庫全書》西北文獻研究

　　徐亮著，蘭州大學出版社，2017年。

　　是書前有導論，這是西部文化研究很有意思的一個切入點。《四庫全書》徵書之時包括了中國疆域的東西南北，七閣書成之後，北四閣，南三閣，在一定程度上促進了文化的發展。西部地區並無《四庫全書》，直至文溯閣《四庫全書》撥遷甘肅省，才發生了轉變。其一，「四庫學」在西部地區也有了新發展；其二，「是對乾隆時期《四庫全書》庋藏在西部缺席的一次彌補」；其三，《四庫全書》與甘肅文化、乃至西北文化融合，促進了學術的交流與發展。此書研究

的西北文獻包括三個部分，一是西北地區陝西、甘肅、寧夏、青海、新疆等省籍作者撰寫、注疏、集解、音義、翻譯的作品，二是西北地區的出版物，三是地方史料。全書分八章內容，第一章西北地區與《四庫全書》纂修的關係，第二章《四庫全書》中西北文獻的來源，第三章四庫館對《四庫全書》西北文獻的處置，第四章《四庫全書》西北作者及其文獻簡介，第五章《四庫全書》與西北諸省的關係，第六章《四庫全書》西北文獻存世情況，第七章《四庫全書》西北文獻在《四庫全書》體系中的地位和價值，第八章非西北作者的西北文獻。

此書諸多研究是開創性的，改變了研究者對西部地區的一些侷限性認識。如其判定「總的來說，西北的政治、經濟、文化、地理、軍事形勢從來源、纂修、禁書、文化思想等各個方面影響著《四庫全書》的纂修過程」（第 14 頁）。關於文獻來源，詳考陝西省進呈書目，確定其實際進呈種數為 102 種，列在十五個直省中的第九位。書中統計數據很多，頗有助於瞭解西北地區著作在《四庫全書》中的存留情形。西北地區的存目書、禁燬書作者也進行了統計。地域劃分依據現在的行政區劃，有些存在混亂的情形。對西北文獻這一角度的研究涉及很多問題，各種問題需要以個案進行深入探究，這樣方能顯示出選題的價值。簡言之，此種問題需要在意義層面進行研究。需要指出的是，地域文獻、文學、哲學、歷史、地理研究，自身需要有其特殊性，《四庫全書》與《總目》中的區域文獻是值得特別關注的。江浙文化與北方文化之間的關係，也是一個重要的研究角度。

四庫總目唐集提要會證平議

張佳著，中國社會科學出版社，2016 年。

書前有廣西大學李寅生教授序。張佳碩士期間從李寅生學習，博士師從尚永亮教授。

前言主要論《總目》唐集提要的寫法、創獲、問題。唐集的創獲，主要從考據學、辨偽學、輯佚學、金石學、校讎學、版本學、目錄學、注釋學、傳播學等九個方面進行概述。存在的問題則是論述的重點，也是唐集提要能夠繼續進行研究的原因所在。問題一，唐集提要對沈佺期、宋之問、王昌齡、岑參、李益等人隻字不提，詩文集不予著錄，原因為何？問題二，唐集提要沒有保持體例、重心的一致，詳略剪裁偶有不當。問題三，四庫館臣對唐史史料的分辨和採擇存在諸多矛盾，致使《總目》唐集提要存在不足和缺陷。此書或是從這

三個角度進行研究。前言中提及準備寫作的兩文，《宋敏求編校唐集考》與《唐集唐注考》，內容參此書前言。

　　凡例五則，主要內容包括：綜合前人研究成果（包括胡玉縉、余嘉錫、崔富章、李裕民等著述），作初步學術史總結；重在集成唐人別集的文本生成概況、版本流變情形、注本史與研究史，及唐集著錄演變的各種複雜線索；此書為其博士論文《唐人別集成書與流傳研究》（武漢大學 2014）的前期成果。

　　正文內容首列提要內容，次錄前人研究成果，如胡玉縉補正、余嘉錫辨證、李裕民訂誤，再為張佳補記。所補內容以今人研究成果為主，較少涉及《總目》唐集提要本身的辨證。學術史是值得關注的，但似乎脫離《總目》提要本身的評判。值得一提的是，所有補記均涉及唐集版本、今人對唐集的整理等，這一工作可補《唐集敘錄》《古詩文要籍敘錄》。

《四庫全書總目》精華錄

　　司馬朝軍，武漢大學出版社，2008 年。

　　司馬朝軍在四庫研究領域取得頗多成就，已出版《〈四庫全書總目〉研究》，《〈四庫全書總目〉編纂考》等著作。主持國家社科基金項目「《四庫全書總目》與文獻整理研究」，中國博士後科學基金會資助項目「《四庫全書總目》編纂考」，武漢大學人文社會科學重大研究課題「《四庫全書總目》彙考」等與「四庫」有關項目。

　　據《精華錄》例言知，司馬朝軍對《總目》進行總體研究、專題研究的同時，擬完成高級、中級、初級三種注釋本，分別稱之為《四庫全書總目詳注》《四庫全書總目精華錄》《四庫全書總目導讀》。此書有四大價值，價值之一，為研究者提供最新研究信息，包括作者研究、文本整理與研究的最新成果。除在注釋之中有所體現，書後參考文獻亦羅列「四庫」最新研究成果。價值之二，所選提要正文的整理校勘精準。是書分「總敘類序」與「提要精華」兩個主體部分。「總敘」全選經、史、子、集總敘四篇，類序全錄易類、書類、詩類、禮類、春秋類、孝經類、五經總義類、四書類、樂類、小學類、正史類、編年類、紀事本末類、別史類、雜史類、詔令奏議類、傳記類、史鈔類、載記類、時令類、地理類、職官類、政書類、目錄類、史評類、儒家類、兵家類、法家類、農家類、醫家類、天文算法類、術數類、藝術類、譜錄類、雜家類、類書類、小說家類、釋家類、道家類、楚辭類、別集類、總集類、詩文評類、詞曲

類四十四類小序。「提要精華」共選提要一千篇，這些提要一是能夠代表中國文化的經典文獻，二是書未必重要但提要寫得精彩者。所選提要以浙本《總目》為底本，以殿本《總目》與文淵閣《四庫全書》書前提要為校本，刪去了書名之後的書籍採進信息。所選的每篇提要均經過整理和校勘，整理方式見「例言」所陳。價值之三，對於爭論問題的態度。凡涉古籍真偽、是非的問題，均最大限度地徵引相關文獻，並給出自己的評判。價值之四，節錄《總目》提要原書的原序原跋，研究者可就此比勘。

司馬朝軍先生通讀《總目》已難記遍數，何況編著此書是在精心研究的基礎上，經十年最終成書，其價值自不待言。其在《〈四庫全書總目〉精華錄‧自序》中言明此書編寫之初衷，稱「《總目》洵為《四庫全書》之津逮，然終因其卷帙浩大，通讀為難。至於澄汰沙礫，披檢精英，勢在必行。是以《精華錄》之編纂，早成弦上之箭矣」〔註61〕。也談及《精華錄》編纂的內在邏輯，「是錄之纂也，首以《總目》釋《總目》，次以《四庫全書》釋《總目》，復以《四庫全書》外之群書釋《總目》」。碩士研究生可據定本《總目》參讀此書，《總目》文獻入門門徑或許可得。

四庫全書總目選

吳伯雄編，鳳凰出版社，2015 年。

本書選錄《總目》總敘、類敘，以及部分精彩提要，對於瞭解《總目》的大致情況和學術源流很實用。吳伯雄云此書「可以備一本在案頭，隨時翻閱，隨時領略《總目》的奇語妙論」。是書「前言」云《四庫全書總目》的優點有八：其一「辨章學術，考鏡源流」；其二類例嚴明；其三高瞻遠矚，有大判斷；其四持論通達；其五評價公允；其六見解卓越；其七類比貼切得當；其八文筆暢達典雅。

是書的編選有一定的思想和角度，初入「四庫學」門者，先翻閱《四庫全書總目》全本再翻閱此書。

四庫全書總目提要‧醫家類及續編

李經緯、孫學威編校，上海科學技術出版社，1992 年。

〔註61〕 司馬朝軍：《〈四庫全書總目〉精華錄‧自序》，武漢：武漢大學出版社，2008年。

此書將《四庫全書總目提要・醫家類》與《續修四庫全書總目提要》以及清阮元著《四庫未收書目》中的醫家類書目提要合編一冊，共收醫家書目提要600餘條。是書加合理分類，以著作年代排列，詳細點校。書末附書名及著者索引，便於檢索。查找醫學類典籍，可由此書索得。

四庫全書總目提要四部類敘

江標輯，光緒二十一年（1895）本，靈鶼閣叢書本，藝文印書館「百部叢書集成」本，新文豐出版公司《叢書集成新編》本，中華書局影印本均據靈鶼閣叢書本。

此書是《四庫全書總目提要》經史子集四部類敘之總彙。

《四庫全書總目》的官學約束與學術缺失

何宗美、張曉芝著，人民文學出版社，2017 年。

何宗美師對「《四庫全書總目》的官學約束與學術缺失」有獨到的見解，迻錄如下，以備就讀研究生者參考。

此書研究立足於一種觀念：官學；三個板塊：版本研究、文獻研究和批評研究；五大內容：《總目》內部研究的版本研究、文獻研究和批評研究，與外部研究的生成研究、影響研究。《總目》研究究竟研究什麼，何宗美師概括為「類的辨析」「史的還原」和「篇的考證」。以明人別集提要為例，從這三個維度展開研究，可為《總目》的整體研究提供一定的參考和借鑑作用。先生對《四庫全書總目》有深刻的見解，以下提綱挈領的總結，可為「四庫學」入門者提供學術參考：

> 「官學」，既是對《總目》的定性，也是對《總目》的定位。《總目》不是個性化著述的產物，也不是某一思想流別的集體之作，而是由皇帝欽定的人物完成皇帝欽定的任務，這是它最大的特點。所以，落實到《總目》的具體文本，也具有了與一般學術著作不相同的內在結構和思想肌理。一般學術著作要表達的最終只能集中到作者表達意志這一點上，其旨歸就此一個層面，一以貫之，以己言寫己意，不可為他人做嫁衣裳。《總目》則不然，它的內在肌理至少有兩個層面：一個層面是館臣的價值評判，但這是從屬性的，被支配的；另一個層面則是清王朝官方的價值評判，屬於支配和決定作用的。二者交融為一，有時也體現某種雜混的情形。因此可以說，《總

目》文本的意義形式是隱喻式,而這種隱喻式的意義形式造成之根據就是官學約束而非其他因素。

《總目》研究終不免要落實到以每一則提要為基本材料的研究,而每一則提要的基本內容大體可以歸納為版本、文獻和批評三大方面,所以,《總目》研究就將落實到版本研究、文獻研究和批評研究「三個板塊」。

「史的還原」欲求得紮實之基礎,則應立足於「篇的考證」之落實。《總目》以單篇纂輯成書,每篇提要從雛形到定品,非出一人之手,亦非成於一時,其內容多據他書而少自創。這些特點,從積極一面來看則使此一書能集眾人所長,精益求精,同時往往言之有據,不作鑿空之語;從消極一面看,它的一些缺點也由此而生,如前後不一,文獻疏誤,以及所據與所評對象不可吻合等等。〔註62〕

《四庫全書總目》思想研究、批評研究,何宗美師探賾甚深,我自入先生門下,先生以文學思想考察及文學批評探究之法相授,而《總目》則是研究對象。

《四庫全書總目》明人別集提要研究

張曉芝著,吉林人民出版社,2018年。

全書五章內容,另有緒論一章。緒論指出是書研究內容為《四庫全書總目》明人別集提要,研究視閾是《總目》的官學約束與學術缺失,研究角度為《總目》明代觀、版本觀念、徵引文獻研究、文學觀念考辨以及明人別集提要的影響和研究走向五個方面。研究方法是還原。研究《總目》明人別集提要旨在對明集提要中的版本有更全面的認識,清理文學觀念的塵垢,把握動態下的明代文學觀,並對明集提要的價值給予正確的評判。

第一章從四庫纂修諭旨與《總目》明代思想,館臣與《總目》提要稿及其明代文學觀,官學侷限下《總目》明集批評的整體性與個別性三個方面揭示《總目》的官學身份。第二章研究明集提要的版本,對明人別集的採集,版本闕誤的原因進行探析。第三章對明集提要徵引文獻進行研究,分別以《列朝詩集小傳》《靜志居詩話》為例,進行個案研究。第四章對明集提要的文學觀念進行考辨,首先分析《總目》總體明代文學觀,其次從稿本系統、閣本系統、定本

〔註62〕何宗美、張曉芝:《《四庫全書總目》的官學約束與學術缺失‧緒論》,北京:人民文學出版社,2017年,第1~25頁。

系統三個層面探析《總目》明代文學觀之嬗變，再次從文學團體意識、多元批評因子、情與理的細節三個維度審視《總目》明代文學觀的微觀意義。第五章為明集提要的影響與研究走向，館臣的學術思想通過《總目》表現出來，而二百年前的《總目》儼然扮演批評史的角色，對文學史、批評史產生重要影響。以文學史為例，《總目》明人別集觀念，各時期文學史採取默認、複製、革新三種態度；《總目》批評明人別集產生的思想意識，文學史有屈從，有認同，也有刷新。研究走向包括兩個大的方面，一是基礎工作的深入研究，二是思想意識的全面清理。

　　《總目》研究，既有整體性研究，也有分時段研究，分經、史、子、集四部研究。但是《總目》研究尚處於上升階段，「總目學」這門學科尚未形成，現在宜稱「《總目》研究」。而《四庫全書》研究也並未真正形成一門專學，也應以「四庫研究」代替「四庫學」術語。

《四庫全書總目》學術思想與方法論研究

　　趙濤著，中國社會科學出版社，2016 年。

　　是書為「河南大學圖書館學術叢書」之一種，係趙濤先生 2007 年完成的博士學位論文。據封頁中的內容簡介所言，此書主要通過對翁方綱、姚鼐、邵晉涵、余集四家分纂官所撰分纂稿與《四庫全書總目》進行比勘和分析，從學術史、思想史視角研析影響《四庫全書總目》學術思想和方法論的歷史與學理因素，揭示和詮釋《四庫全書總目》學術思想及方法論的內涵和實質，闡釋和評價其經學論、史學論、諸子學論、文學論的意義和價值。此書考與論結合，宏觀與微觀相彰，力求從基本材料入手，得出一些新的結論。

　　全書六章內容，包括《總目》纂修時代與學術背景，《總目》的纂修與學術思想趨向，《總目》的經學思想與方法論，《總目》的史學思想與方法論，《總目》的諸子學思想與方法論，《總目》的文學思想與文體批評。書前有閻琦序，序中詳細講述了論文的選題、寫作過程，值得在讀研究生認真讀一過。緒論部分指出「《總目》研究多在補正、訂誤上用力，從宏觀上研究《總目》的比較少；在目錄、版本、輯佚、纂修方面研究的比較多，從思想、文化、學術、歷史角度探討的比較少」〔註 63〕。近幾年《總目》學術研究在宏觀方面確實薄

〔註 63〕趙濤：《《四庫全書總目》學術思想與方法論研究・緒論》，北京：中國社會科學出版社，2016 年，第 7 頁。

弱，經學、史學、文學思想方面的研究，少學學者在努力，對諸子學思想的研究少之又少，學術方法的研究存在缺陷且不夠深入。趙氏研究《總目》學術思想與方法論，目的是探求中國古籍目錄與中國古代學術文化源流、學術思潮之間的關係。研究角度和切入方向是思想史與學術批評史，揭示《總目》的經學觀、史學觀、子學觀、文學觀。

對《總目》纂修時代與學術背景的討論，涉及學術基礎、時代背景、學術思潮與實體條件，所論中規中矩，對背景的挖掘站在了宏觀歷史的角度。論《總目》的纂修與學術思想趨向，對分纂官所撰提要進行分析，見微知著，頗有價值。論文分析《總目》經學思想，從尊崇漢學的漢學觀、貶斥宋學的宋學官、務切實用的經世觀三個方面進行闡述。指出「編撰《四庫全書》及《總目》的四庫館漢學家佔了主體，成了推廣宣揚漢學大本營，加之清廷對這一時期文化政策的調整，漢學上升為官方學術，並在學術思想領域超越宋學而佔據了主導地位，訓詁、考證、輯佚、校勘等研究一時成為顯學，以考證為特徵的樸學發展迅速，在清代前期形成思想文化界主流的乾嘉學術」〔註64〕。而經學方法論，主要從歸納法、演繹法進行總結，這一點略顯簡單。總結《總目》史學思想，包括「大一統」思想與正統史學觀，「以古鑒今」的史學功用觀，「經世致用」的史學價值觀。這些史學思想具有典型性，也大體符合《總目》史學觀。需要指出的是，乾隆時期對待明史的態度是一個重要學術點，這一問題需要進一步研究。而史學方法則歸納為實學考證法、溯源考證法、比較考證法、辨證考證法、參互考證法，創新性明顯。子學駁雜，思想更是繁複，「《總目》子部提要中具有系統的諸子學思想」〔註65〕。如「摒棄異端，歸附六經」「推崇實學，反對玄空」「合流三教，融會吸收」「重視教化，輕視技藝」等子學思想，集中概括了《總目》的子學學術體系。子學方法論則包括了以子證經和以子考史兩種方法，這兩種方法論有著學術史意義。子學與經、史之間的關係，《總目》是如何界定，如何探究，如何辨析是一個很重要的學術點。從目錄學角度探究《總目》對經、史、子書的劃分，從文獻批評的角度發掘《總目》對子書的定位，從部分經書、史書提要中提及的子書，可反觀子書的價值與地位。清中期學術總結的學術思想，子學是一重要研究視角。粗略來看，清中期對中國

〔註64〕 趙濤：《〈四庫全書總目〉學術思想與方法論研究》，北京：中國社會科學出版社，2016 年，第 176 頁。

〔註65〕 趙濤：《〈四庫全書總目〉學術思想與方法論研究》，北京：中國社會科學出版社，2016 年，第 255 頁。

子學的建構有著一套系統，這套系統的外衣即為乾嘉樸學。最後，是書研究《總目》的文學思想與文學批評，對《總目》總體的文學思想、文學理論體系有所總結。如「尊唐遠宋」的唐宋文學價值論，涉及到詩騷之辨、情理之辨、文史之辨諸問題，問題的思考角度是很深入的。此書對《總目》文學批評宏觀層面的系統性理論研究是值得肯定的，但館臣對待唐、宋、元、明、清各代文學是有所傾向的，細節問題需要深入探究。

此書附錄有二，一是將翁方綱、姚鼐、邵晉涵、余集四家分纂稿與《總目》進行了比勘，二是將同種書不同分纂稿與《總目》進行了比較。通過對比，可發現多種有效信息。特別是同種書為何有不同分纂稿，這一問題值得深入研究，涉及到《總目》分纂稿與定本的關係，也就是《總目》文獻源的問題。

《四庫全書總目》：前世與今生

周積明、朱仁天著，國家圖書館出版社，2017 年。

周積明先生主要從事中國文化史、社會史、清代思想史研究，多著力於《四庫全書總目》、紀昀等研究，朱仁天先生師從周積明教授。

《四庫全書總目》入選國務院公布的《國家珍貴古籍名錄》（編號0432010347），此書為《四庫全書總目》而撰，收入《中國珍貴典籍史話叢書》第 18 種。書前有叢書主編韓永進序，據序知 2007 年國家啟動「中華古籍保護計劃」，截止 2014 年國務院陸續公布了四批《國家珍貴古籍名錄》，共計 11375部珍貴古籍。2012 年底，國家圖書館啟動「中國珍貴典籍史話叢書」項目，「為書立史」「為書修史」「為書存史」。編纂原則有二，一是遵循客觀，切近史實；二是通俗生動，圖文並茂。

此書分為七章內容：第一章《四庫全書總目》的編撰，第二章《四庫全書總目》的編撰官，第三章乾隆帝與《四庫全書總目》，第四章《四庫全書總目》的版本與流傳，第五章《四庫全書總目》的研究，第六章《四庫全書總目》對乾嘉學風的影響，第七章《四庫全書總目》的文化價值。全書有學術性、理論性和綜述性，利用了學界已有的研究成果。研究《總目》的編纂問題主要著眼編纂緣起和編纂過程，所用文獻僅為《纂修四庫全書檔案》《于文襄手札》。這或是為了將歷史脈絡呈現出來，也是為了遵循叢書的編纂原則。對《總目》的體例和分類進行了詳細的介紹。《總目》編纂官全體系「四庫館臣」的一部分，書中借用張昇先生的研究成果，引用《四庫全書館研究》中的《四庫館館臣表》。

詳細介紹了十一位分纂官，翁方綱、姚鼐、邵晉涵、余集、張羲年、程晉芳、戴震、周永年、劉權之、鄒炳泰、任大椿。又介紹總纂官紀昀、陸錫熊，介紹總裁官于敏中、王際華、金簡。所論館臣事蹟雖簡，但重要文獻基本涵蓋在內。研究館臣與《總目》的關係，實際上是一項複雜的工作。此書介紹已然把重點內容撮出，研讀者在獲取館臣基本信息的同時，也能獲得一些學術信息。需要說明的是，此書研究的是《總目》編纂官，而《四庫全書》纂修官不必提及，也不需要提及。關於乾隆與《總目》的關係，研究者給出了倡導者、保障者、指導者、監督者、掌控者的角色，這一論述並無大誤，初研者或可據此瞭解乾隆在纂修《四庫全書》及《總目》中的作用。關於《總目》的版本及流傳，分別從四庫館臣寫本（鈔寫進呈本、七閣寫本、稿本）、殿本、浙本、粵本、日本文化年間刊本等予以介紹，脈絡清晰，言簡意賅。關於《總目》的研究，從《總目》補正、箋疏、學典、文化史研究、文獻學研究與編纂研究等方面進行綜述，《總目》研究的概況可從此瞭解。關於《總目》「學典」一詞的提出，採用的是楊家駱所著《四庫全書學典》（世界書局 1946 年）一書。可參見《四庫全書學典》敘錄。《總目》文化史研究對周積明《文化視野下的〈四庫全書總目〉》、張傳峰《〈四庫全書總目〉學術思想研究》、陳曉華《「四庫總目學」史研究》進行綜述，評述三書的優缺點，提示後續研究的可能性。對於文獻學研究與編纂研究，介紹司馬朝軍《〈四庫全書總目〉研究》與《〈四庫全書總目〉編纂考》兩部書。見兩書敘錄。另，此書介紹了日本、臺灣「總目學」研究成果，「在日本，昭和四十七年（1972）日本弘栄社出版了土曜談話會四庫全書總目敘編集委員會編纂的《四庫全書總目提要敘譯注（集部）》。昭和五十九年（1984）日本研文出版社出版了近光藤男的《四庫全書總目提要唐詩集の研究》……筧文生、野村鯰子合著的《四庫提要北宋五十家研究》（日本汲古書院，2000 年）和《四庫提要南宋五十家研究》（日本汲古書院，2006 年），則是關於《總目》宋代別集著錄研究的優秀之作……在臺灣地區，龔詩堯的《〈四庫全書總目〉之文學批評研究》（花木蘭文化工作坊，2005 年）……莊清輝的《〈四庫全書總目‧經部〉研究》（花木蘭文化工作坊，2005 年）……曾守正的《權力、知識與批評史圖像——〈四庫全書總目〉「詩文評類」的文學思想》（臺灣學生書局，2008 年）」〔註66〕。《總目》對乾嘉學風的影響，一是乾隆

〔註66〕周積明、朱仁天：《〈四庫全書總目〉：前世與今生》，北京：國家圖書館出版社，2017 年，第 178～179 頁。

朝四庫館開後，學風的變化，二是嘉道時期學者對四庫館及《總目》的批判，這部分研究是很有價值的，這是《總目》研究學史的第一階段，也就是清代「四庫學」研究相關情況。至於《總目》在目錄學和學術史上的價值，有專書專文研究，此書的總結也很到位，簡單明瞭且重點突出。

　　是書詳細介紹了《四庫全書總目》的編纂經過，運行機制，從分纂官到乾隆帝的角色功能，以及《四庫全書總目》版本的流傳、研究狀態、對乾嘉學風的影響、文化價值。此書內容豐富，史料翔實，值得一讀。此書是瞭解《總目》的重要著述之一，本科生和研究生均可從此書入手，先行入門，再行研究。

權力、知識與批評史圖像：《四庫全書總目》「詩文評類」的文學思想

　　曾守正，臺灣學生書局，2008 年。

　　「文本是一段壓縮的歷史，歷史是一個延伸的文本」。曾守正先生指出，《四庫全書》館臣在閱讀文本時，通過歷史理解，釋放文本被壓縮的世界。而館臣述評文本時，通過對《提要》的書寫，重新對歷史進行壓縮。他認為「所有的歷史理解，都不免介入現實生活的經驗、期待與想像；被構築的歷史圖像，應該是現實生活世界中的某種隱喻。」此書以《四庫全書》纂修成果——《四庫全書總目》為研究對象，以「詩文評類」為主要範圍，探述《總目》的文學思想。其研究《總目》的方式，以權力、知識和文學批評史為三個視角，這三個視角獨具特色，也獨具眼光。「四庫學」研究者，多有關注《總目》在「權力」層面的問題，「四庫」文獻學者則多關注《總目》知識層面的問題，「四庫」批評學者則多關注《總目》思想與學術批評。而曾守正先生此書則從「詩文評類」入手，探究文學在權力、知識和批評史三個層面之間的互動關係。

《四庫全書》收錄臺灣文史資料之研究

　　吳麗珠著，臺灣秀威信息科技，2004 年。

　　臺灣的原住民以口耳相傳，長期以來停留在無文字記載的階段。明末海盜佔據臺灣，燒殺掠奪，沒有留下多少文字記載。明鄭時期，在臺灣開始設孔廟，大興文教。但為期不久，清初設官治理臺灣，有關臺灣的文章始大量出現。此書著眼點為《四庫全書》收錄臺灣文史資料，對史料的梳理與研究頗顯功力。後之研究者，可依據此題縮小範圍，進行「小題大做」。

《四庫全書》之纂修與清初崇實思潮之關係研究——以經史二部 為主的觀察

曾紀剛，臺灣花木蘭文化工作坊，2005 年。

曾紀剛，臺灣輔仁大學博士，主要研究文獻學與清代學術思想。是書為《古典文獻研究輯刊》初編第三冊。此叢書由潘美月、杜潔祥主持編纂，花木蘭文化出版社出版，具體介紹見龔詩堯《〈四庫全書總目〉之文學批評研究》敘錄。

據書前提要所言，此書首先回顧多種思想史、哲學史以及學術史類的研究論著所陳述的清代學術轉衍脈絡，得出崇實黜虛的思想轉向。其次，以康、雍、乾三朝《聖訓》《實錄》為基本材料，尋求崇實思想與制度語境之間的關係。第三，以《總目》經部與史部為觀察對象，就《總目》小序系統分析著錄標準與思想旨趣的大體趨勢，再以提要中的評論為研究角度，考求四庫館臣如何呈現「崇實」圖書的擇存，以及學術批評的意識形態。全文分為六章內容，除第一章緒論，第六章結論之外，尚有四章主體內容。第二章「想像與再現：論四十五種學術論著中的『清初』論述」，包括了十五種「思想史」對於「清初思想」的陳述，二十三種「哲學史」對於「清初哲學」的陳述，以及七種「學術史」對於「清初學術」的陳述。這種綜述，一方面可以看出崇實思潮受到學者關注的偏向程度，另一方面可發現此議題發展所遭遇的侷限。值得肯定的是，四十五種學術論著跨越了近一個世紀，且包括了國外研究論著。所引著作代表了不同時代的思想特點與學術傾向，這對研究清代學術思想有一定的啟示作用，猶能體現學者對清代學術、政治、思想、哲學諸方面的看法。十五種思想史包括武內義雄著、汪馥泉譯的《中國哲學思想史》（1936），譚丕模《清代思想史綱》（1940），錢穆《中國思想史》（1952），加藤常賢等著、蔡懋棠譯《中國思想史》（1952），侯外廬《中國思想通史》（1956），楊榮國《簡明中國思想史》（1962），侯外廬《中國思想史綱》（1963），赤冢忠等編著、張昭譯《中國思想史》（1967），林夏《中國思想史》（1972），陸寶千《清代思想史》（1978），韋政通《中國思想史》（1979），張豈之《中國思想史》（1989），何兆武《中國思想發展史》（1990），朱葵菊《中國歷代思想史清代卷》（1993），張越《中國清代思想史》（1994）。二十三種哲學史著作包括謝無量《中國哲學史》（1916），鍾泰《中國哲學史》（1929），蔣維喬《中國近三百年哲學史》（1932），馮友蘭《中國哲學史》（1934），范壽康《中國哲學史通論》（1936），金公亮《中國哲學史》（1940），宇野哲人著、唐玉

貞譯《中國哲學史》（1955），任繼愈《中國哲學史》（1963），黃公偉《中國哲學史》（1966），周世輔《中國哲學史》（1971），北京大學哲學系《中國哲學史》（1980），勞思光《新編中國哲學史》（1981），孫叔平《中國哲學史稿》（1981），羅光《中國哲學思想史》（1981）臧廣恩《中國哲學史》（1982），肖萐父《中國哲學史》（1982），李維武《中國哲學史綱》（1988），馮友蘭《中國哲學史新編》（1989），姜林祥、苗潤田《中國哲學史》（1992），劉貴傑《中國哲學史》（1994），孫開泰等《中國哲學史》（1995），陳慶坤《中國哲學史通》（1995），陳清《中國哲學史》（2000）。七種學術史著作包括梁啟超《中國近三百年學術史》（1929），楊東蓴《中國學術史講話》（1932），錢穆《中國近三百年學術史》（1937），林尹《中國學術思想大綱》（1953），黃建斌《中國學術發展史》（1974），鄺士元《中國學術思想史》（1979），林啟彥《中國學術思想史》（1994）。第三章「乾隆時期強化崇實觀念的幾個面相：從上諭檔略論清高宗『崇實黜虛』的文教精神」，通過審視教育宗旨、檢討科舉現象，從具體面相反映出乾隆「崇實黜虛」的文教精神，再以「經筵講論」為期許，探究文教精神蘊生的基底。這一問題的總結是為了探究崇實精神在纂修《四庫全書》之時，是否存在一定的思想痕跡，這種痕跡或者紋理是有意識的操作程序還是精神層面的直接滲入。第四章「《四庫全書總目》經史二部的著錄取向」，從經部小序系統標舉的著錄準則，史部小序系統所反映出的著錄取向，發現經史小序反映出重考證崇實用的思想傾向。第五章「經史二部提要的措辭與崇實內涵的呈顯」，通過採取以詞頻統計為主、原文瀏覽為輔的方式，篩檢出與「崇實」意義相關的措辭語彙加以分析，解讀乃至重構最為鮮明、最具代表性的思想徵狀及其歷史文化脈絡。通過分析「篤實」「實行」「實用」「切實」「淳實」「徵實」「實際」「實學」等詞，探究這些詞語背後隱藏的時代學術風格。

　　此書的研究視角很獨特，論述也較為樸實，特別是對已有學術觀點的判斷、摘錄、引用和分析，使得論述頗有厚重感。書中每頁注釋文字較多，有的甚至超過正文，兩者比較閱讀是很有意思的。或將正文通讀，或將注釋單獨閱讀，有不同的收穫。

　　書後附錄一為「兩岸四庫學研究論著目錄簡編（2000.03～2002.02）」，附錄二為「《四庫全書總目》經部提要崇實措辭彙表」，附錄三為「《四庫全書總目》史部提要崇實措辭彙表」。若以「實學」為基點，繼續研究《總目》子部、

集部相關理論，也是一個很好的論題。但需要注意的是，以集部為例，「實」依舊是館臣所在意的學術風格，「華」雖是文學的另一面，但館臣並不十分認同，而且對唐、宋、元、明、清各代文學的批評傾向性不同。這種複雜性的背後，隱藏的問題需要認真思考討論，方能揭示問題的實質。批評思想既有「動脈血管」般的統攝作用，又有「毛細血管」般的全面調節作用。

《四庫全書總目》之文學批評研究

龔詩堯著，花木蘭文化工作坊，2005 年。

是書為《古典文獻研究輯刊》初編一冊。此叢書由潘美月、杜潔祥主持編纂，花木蘭文化出版社出版。佛光人文社會學院圖書館館長杜潔祥在《古典文獻研究輯刊》出版說明中說：「《古典文獻研究輯刊》是把臺灣近五十年來，以古典文獻為研究主題的論著，儘量彙集出版，提供學術界取用的方便……我們在編輯《古典文獻研究輯刊》時，特別採取了比較開放的理念，以便對應此學特性。凡是當代的學術論著，只要以古典文獻為其研究主題，其內容無論偏重其書、其人、其學，或是三者照應關聯，我們都儘量兼容並包，一方面，務使古典文獻研究『為人作嫁』，讓其他學門研究者減省鑒別文獻勞煩的初衷，能繼續發揮作用；另一方面，則務使古典文獻研究與時俱進，隨時開拓領域的新興成果，也能受到該有的關注。」他們根據臺灣碩博論文網站，編輯了《當代臺灣古典文獻研究博碩士論文類目》初稿，按照論文研究性質，歸納為二十九個專題。一四庫學研究，二叢書研究，三類書研究，四圖書館史研究，五藏書史研究，六歷代出版研究，七古代印刷研究，八歷代書目研究，九專題書目研究，十輯佚學研究，十一辨偽學研究，十二考據學研究，十三校勘學研究，十四版本學研究，十五傳注學研究，十六方志學研究，十七金石學研究，十八經學文獻研究，十九史學文獻研究，二十諸子學文獻研究，二一文學文獻研究，二二文字學文獻研究，二三語言學文獻研究，二四文獻學史研究，二五佛教文獻研究，二六道教文獻研究，二七古籍整理與研究，二八專題文獻研究，二九出土古籍研究。

《古典文獻研究輯刊》初編有北京大學文化資源研究中心龔鵬程序，序中說：

> 一方面是一九四九年以後大陸學人大批蹈海而來，學術傳承在此具體開展；一方面則是文物圖籍也有一大批轉移來臺。除了一般人所熟知的故宮博物院、中央圖書館、中央研究院等珍貴文獻外，

　　許多遷臺之公私機關學校，亦攜有不少檔案圖書。甚至像我就讀的臺灣師範大學，乃是在臺建立的新學校，但也有東北大學託管的大批古籍。就是私家藏書，數量也不在少，珍閟精槧，往往而有。待時局稍定，輯比整理，或景刊傳佈，自然也是順理成章之事，文獻之學以是漸盛。

　　這裡面，有公家機關的整理，如故宮、中研院、中央圖書館所做的大量工作。也有出版社結合民間資源推動的文獻事業，如廣文書局編《書目叢刊》；學生書局編《書目季刊》《近代史料叢刊》《明代方志選輯》；文海出版社編《近代史料叢編》；新文豐刊印《道藏》《佛藏》，編《叢書集成》；藝文印書館編《百部叢刊》，以及世界、鼎文、明文等無數出版業對文獻工作之投入，其熱情均是可驚的，輯刊、校補、景印、彙考之古籍不知凡幾。甚至比大陸還早印行《四庫全書》，編出《敦煌寶藏》《中華續道藏》等等，總體成績，不在大陸古籍整理事業之下。此外就是學校教育體系對文獻學的教育與研究了。

　　臺灣並未推動文字簡化運動，因此仍有濃厚紹續早期大陸學風之色彩。或上溯清儒詁經考訂之法，或繼接五四以科學方法整理國故之緒，以文字聲韻為入學之始基，以徵文考獻為治學之本業。版本、校勘、輯佚、辨偽，咸有專家。師弟相承，配合故宮、中研院、中央圖書館之研究人員，形成了穩定的文獻學研究傳統。五十餘年來，政局雖頗有變化，但這個領域相對穩定，且因新科技（如計算機數據庫）、新數據（如出土文書簡帛）不斷發展，文獻學之研究亦迭有新猷。潘美月、杜潔祥兩位先生主編的這套《古典文獻研究輯刊》，就是注意到臺灣文獻學教育體系的發展及研究成果，才發願編此叢書的。

臺灣大學中國文學系潘美月作序云：

　　在臺灣，最早從事古典文獻學的教學與研究，有三位大師：蔣復璁先生是圖書館界的大老，一生從事文獻的搜集、分類與編目；屈萬里先生被譽為經學大師，但他在文獻的整理、文獻的鑑別，功不可沒；王叔岷先生學問淵博，眾所皆知，他在文獻的校勘、辨偽、輯佚方面，貢獻最大。我有幸能躬逢其盛，學生時代從慰堂師學目錄學，從王師學校讎學，從翼鵬師學古籍整理、版本鑑別，並撰寫學位論文，從此奠定了日後從事古典文獻學研究與教學的基礎。

　　1967 年起，我執教於母校「國立」臺灣大學中國文學系。雖然前十五年所教的都是普通課程，但從未放棄對古典文獻學的研究；其間所遭遇的種種挫折，實不足為外人道也，卻一直抱持著「衣帶漸寬終不悔，為伊消得人憔悴」的態度，一路走來，始終不變。在這時期，我遇到一位良師兼益友——昌彼得先生。他是繼三位大師之後，對古典文獻學具有重大貢獻的學者。

　　此外，我兩位志同道合的好友劉兆祐教授及吳哲夫教授，他們在古典文獻學方面的研究教學以及指導相關論文，亦得到學術界的肯定。

《古典文獻研究輯刊》已經出版九編，現在也收錄了大陸學者的部分學術著作。初編共 40 冊，第一類即為「四庫學研究專輯」，第一冊，龔詩堯《〈四庫全書總目〉之文學批評研究》；第二冊，莊清輝《〈四庫全書總目・經部〉研究》；第三冊，曾紀剛《〈四庫全書〉之纂修與清初崇實思潮之關係研究——以經史二部為主的觀察》。

　　是書與《古典文獻研究輯刊・初編》之總目合刊。全書六章內容，第一章緒論，提出研究動機、研究方法、研究範圍，重心是探究《總目》中的文體論與文學批評。第二章《四庫全書總目》的實際批評，採用宏觀研究法，對《總目》龐雜的批評予以省略，僅從批評中述論其中特點，總結批評方法與模式。第三章《四庫全書總目》的文學批評標準，這一部分從四個方面進行探究。其一，從「不僅為文體計」這一標準探究《總目》的首要精神。其二，從「文如其人」探究文采之外的文學批評標準。其三，從「詞采不可以禮法繩之」述文采在《總目》中的地位。其四，從「不主一格」分析館臣批評所具有的寬厚的態度、觀點的全面。總體上看，這一論斷合乎《總目》的部分批評標準。但並非是《總目》僅有的文學批評標準，微觀層面，不同時代文學批評標準不同，即便是同一時代不同的階段文學批評標準也有差異。因此，關注宏觀的文學批評就相當於搭建起樓層的地基和輪廓，而微觀方面則是讓樓層能夠運轉的電線、水管等，這也是必要的研究點。隨著《總目》研究的持續，越來越多的學者開始關注中觀、微觀層面的研究，甚至是連續性的線條研究，也就是源與流的關係。分析《總目》產生如此文學批評的主客觀原因，也是《總目》研究的學術點之一。第四章為《四庫全書總目》文學批評的「公論」觀念，「公論」是具有時代性的，在清代，館臣所進行的評論合乎統治者思想，但隨著時代變

遷與文學研究的深入，這種所謂的「公論」已經不符合或說不是文學發展的真正原因。對《總目》文學批評進行省察、指瑕是合乎文學研究的發展趨勢的。文學批評與政治情境的關聯性是毋庸置疑的，但這種關聯性在哪裏？起到了多大作用？是否有對文學作品的批評脫離政治思想而獨立存在？這些問題是個案，也是總體研究的細節分布，值得關注。文學批評的觀念不能僅是一個，而應該是多層面、多角度、多系統的立體評價網絡。第五章文學批評的呈現機制與《四庫全書總目》的作者問題，這是一個相對較大的問題，本身也可作為一個大問題展開論述。基於本書，龔氏從紀昀一手刪定、集體纂修、乾隆影響三個方面予以審視。各觀念是符合實際情況的，《總目》文學批評的呈現機制應該包括這樣幾個層面，一是分纂官所撰寫的分纂稿，也就是稿本系統中的部分批評機制，這是一個點的問題；二是由分纂稿形成的初次彙編稿，以《四庫全書初次進呈存目》為中心所形成的第一個「面」的文學批評體系；三是定本《總目》所形成的立體形態批評網絡。除此之外，宏觀指導層面的清高宗、于敏中等人，對文學批評的總體把控是值得探討的問題。又者，存世的文淵閣、文津閣、文瀾閣三閣閣本系統的書前提要與《總目》的差異性，在文學批評方面也存在一定的問題，值得思考。

《總目》文學批評研究已經形成系列成果，如柳燕《〈四庫全書總目〉集部研究》（2008），張曉芝《〈四庫全書總目〉明人別集提要研究》（2015），吳亞娜《〈四庫全書總目〉宋代文學批評研究——以宋人別集與詞集提要為中心》（2017），王美偉《〈四庫全書總目〉清代文學批評研究》（2017），何素婷《〈四庫全書總目〉元別集提要研究》（2018），蔣勇《〈四庫全書總目〉唐集提要研究》（2019），吳文慶《〈四庫全書總目〉明小說家類提要研究》（2020），張金鋒《〈四庫全書總目〉宋總集提要及其文學批評研究》（2022）等博士論文。

《四庫全書總目·經部》研究

莊清輝，臺灣花木蘭文化工作坊，2005 年。

莊清輝，國立政治大學中國文學系碩士，主要研究目錄學。是書為其碩士學位論文。

此書收入潘美月、杜潔祥主編的《古典文獻研究輯刊·初編》第 2 冊。全書分為十一章，第一章緒論，第二章書名，第三章卷數，第四章撰者，第五章板刻，第六章辨偽，第七章批評與價值，第八章《四庫提要》經部之編纂體例，

第九章《經義考》與《四庫提要》之關係，第十章《四庫全書》各種提要之比較，第十一章結論。內容豐富，例證翔實，各種情形，幾乎面面俱到，然亦有冗雜之感。

緒論部分主要陳述《總目》總體情況，缺少對《總目》經部研究現狀的分析。第二章書名主要探討《總目》經部所記書名之義例，甚為細緻，幾將《總目》著錄經部書籍書名情況進行完整歸類。主要「義例」分為以下七種情形：一為引書目以說明書名之異同，二為參考是書目以定書名，三為分析書名差異的原因，四為解釋書名意義，五為辨證各種書目著錄書名之失，六為辨正《總目》書名之失，七為斥取釋氏之語以名經解。這種歸納過「散」，雖然各種情形歸納較全面，但卻未能將幾種「義例」進行系統總結。實際上，書名著錄情況，館臣是十分謹慎的，皆有據可查，樸學思想在這其中起到了很大作用。第三章主要析論《總目》經部所記卷數之義例，歸納出以下情形：一，引書目所記卷數，以證散佚；二，卷數分合現象在《總目》經部的體現；三，卷數減少的情形；四，卷數增加的情況；五，卷數差異的原因；六，釐定校勘，定古籍卷數；七，辨正各種書目著錄卷數之失；八，辨正提要卷數之誤；九，卷數之殘缺。第四章探討《總目》經部所記撰者之義例，歸納為五種情況：一，辨撰者之差異；二，定著撰者；三，考辨撰者之生平；四，辨正各種書目、方志及個人之誤；五，辨正提要之失。其中第五種實際上並不是義例，而是作者對提要的辨證。第五章主要考究板刻與學術的關係，目錄記載板刻之重要性，《總目》經部所記板刻之義例。第六章為辨偽，以例證之法，逐一說明《總目》經部辨偽方式、作偽原因、偽書存目之故、一書由疑異至辨偽之經過、偽書貽害經術之大、斥萬斯大詆周禮為偽書之非。第七章關於《總目》經部的批評與價值，認為經部提要有褒揚漢學的立場，對宋儒持批評的態度，貶斥宋明理學的傾向，貶抑明代學術的事實。這種分析並非失誤，但內容之間時有交叉，論述難免捉襟見肘。關於提要評定各家說經得失，力斥諸儒竄亂經傳的論述，基本是提要歸類，較少論述，系統分析較弱。第八章從著錄原則、存目原因分析經部編纂體例。這部分論述較為薄弱，事實上編纂體例與二、三、四、五、六章所論的內容是同一個問題。第九章是個案研究，發現《經義考》與《總目》之間存在一定的關聯性。《經義考》成為館臣必要的參照標準，在《總目》之中有非常明顯的體現。這一方面莊先生歸納的較為詳細，可從各個角度看出《總目》與《經義考》之間的關係。

《總目》引《經義考》、辨《經義考》、諷《經義考》、補《經義考》、糾《經義考》多種情形並存，使得這個問題十分複雜。需要指出的是，引《經義考》是否存在館臣觀念上的認識，是否存在對《經義考》的刻意批評，這是需要深入研究的話題。第十章《四庫全書》各種提要的比較，分為書前提要與定本《總目》比較，《薈要提要》與《總目》的比較，定本《總目》殿本與浙本的比較，文淵閣《四庫全書》書前提要與文溯閣書前提要的比較四種情形。各種差異性背後的原因需要關注。書後附有四庫全書綜覽表，信息來自楊家駱著《四庫全書學典》。

　　總體而言，是書精細的考究，將經部各種問題暴露出來，以供學者參考。現象的多雜是問題之一，本質原因的探索似乎不可忽略。關於經部的論述，恐要建立在經部文獻的辨證、梳理的基礎上，特別是要從書籍進呈、書籍擇選、分纂稿撰寫情形等過程性的事實進行研究。

《四庫全書》的《詩經》學觀點研究

　　林怡芬著，花木蘭文化出版工作坊，2011 年。

　　是書收錄於潘美月、杜潔祥主編《古典文獻研究輯刊》第十二編第三冊，獨立書號，依舊單行本發行。作者林怡芬先後就讀國立臺灣師範大學國文系、國立雲林科技大學漢學資料整理研究所。據此書提要所載，是書從《四庫全書》所著錄書籍概況、四庫館臣所作的考證來探討《四庫全書》的《詩經》學觀點。緒論部分提出研究動機、目的、範圍、方法，對前人研究成果進行了綜述。緒論部分對章節的安排其實與討論的問題有部分不吻合，論文宣稱不從《總目》來探索《詩經》學觀點，但僅有第五章直接切題。第二章「《詩經》學爭議問題」，第三章「《四庫全書》之編纂背景」，第四章「《四庫全書總目》經部詩類的《詩經》學觀點」，皆非「扣題」之章節。論題與論證並不相符，所論常常游離於論題之外。即便是第五章「《四庫全書》著錄的《詩經》學觀點」，論述內容也只是《四庫全書》經部詩類的著錄情況、著錄典籍的實際內涵，也非切題之點。著錄情況並非站在《詩經》著述的角度進行探究，而是宏觀層面的徵書研究。對於著錄《詩經》書籍的實際內涵，則僅從《毛詩注疏》唯一提要入手進行研究，所考內容與標題並不對稱。這部研究《四庫全書》的著作問題很大，並未達到預期設定的目標，而一直在「門外」徘徊，更是難達「廊廡」之間，所謂「登堂入室」幾無可能矣。